# 自主、抗争与妥协

## 民国上海同业公会价格功能嬗变研究

严跃平 著

中国社会科学出版社

## 图书在版编目(CIP)数据

自主、抗争与妥协：民国上海同业公会价格功能嬗变研究/严跃平著.
—北京：中国社会科学出版社，2017.10
ISBN 978 - 7 - 5203 - 1097 - 0

Ⅰ.①自… Ⅱ.①严… Ⅲ.①行业组织—研究—上海市—民国
②物价波动—研究—上海市—民国 Ⅳ.①F279.275.1

中国版本图书馆 CIP 数据核字(2017)第 238464 号

| | | |
|---|---|---|
| 出 版 人 | 赵剑英 | |
| 选题策划 | 刘　艳 | |
| 责任编辑 | 刘　艳 | |
| 责任校对 | 陈　晨 | |
| 责任印制 | 戴　宽 | |

| | | |
|---|---|---|
| 出　　版 | 中国社会科学出版社 | |
| 社　　址 | 北京鼓楼西大街甲 158 号 | |
| 邮　　编 | 100720 | |
| 网　　址 | http://www.csspw.cn | |
| 发 行 部 | 010 - 84083685 | |
| 门 市 部 | 010 - 84029450 | |
| 经　　销 | 新华书店及其他书店 | |

| | | |
|---|---|---|
| 印　　刷 | 北京明恒达印务有限公司 | |
| 装　　订 | 廊坊市广阳区广增装订厂 | |
| 版　　次 | 2017 年 10 月第 1 版 | |
| 印　　次 | 2017 年 10 月第 1 次印刷 | |

| | | |
|---|---|---|
| 开　　本 | 710×1000 | 1/16 |
| 印　　张 | 16.25 | |
| 插　　页 | 2 | |
| 字　　数 | 217 千字 | |
| 定　　价 | 76.00 元 | |

# 序

樊卫国

近代上海崛起有三个优势阶段：其一，区位优势阶段。19世纪中叶至19世纪70年代，上海凭借区位优势，沪地口岸的内外贸易量迅速超过广州，成为中国第一商埠。其二，规模优势阶段，19世纪70年代至甲午战争前后，上海大规模市场成型，形成了容纳规模化生产的市场空间，民族替代工业兴起，上海成长为近代民族工业聚集之地。其三，制度优势阶段，甲午战争至民国初年，沪地局部市场经济形塑，生产要素的市场化配置广泛展开。发展优势由自然因素向社会因素不断转换递进，制度优势成为近代上海崛起的最终最深刻的因素。其中近代上海各业行业组织及其行业规约是近代上海制度优势的一个极重要组成部分。

上海开埠后，交易规模和交易密度增大，传统的人格化交易向着非人格化的陌生人交易转变，市场主体普遍产生对规则的需求，在政府制度供给缺失的条件下，市场"游戏规则"，主要由民间合约共识而来。"自由经济"及"市场自治"是开埠后上海经济转型的一种有效的制度形态。其一，行业组织成为市场治理的主体；其二，形成了民间制度自给自足的制度供给机制。

早期的民间市场制度大都为不成文的民间商俗，许多行业业规由此细化和专业化；实现这一制度变迁的正是各业民间行业组织——工商会馆、行业公所、同业公会等行业组织。以组织协调取代个体协调成为市场进化的必然产物，民间交易制度由一般个人契约形态进入以行业规约为主的大契约形态，行业组织成为这种社会化大契约的组织载体——社会化市场交易的中层制度框架。民国以降，行业组织及其制度不仅是市场制度的主干，也是市场社会的纵深结构。民国上海同业公会是近代中国发育发展最充分、最活跃的经济群体，普遍的行业组织和行业制度构成了近代上海局部市场形态的一个极重要的制度标志和结构形态。

价格治理、协调蕴涵着企业、市场、政府等诸方面关系，同业公会及行业规约提供的有序性，一方面为政府干预市场提供了有效的路径，一方面也制约了政府的无度干预。同业公会及其行业制度客观铸就了政府与市场间的一道制度边界。

建立专业市场的价格规范，协调同业纠纷，维护市场秩序，沟通政企关系是民国上海各业同业公会的基本会务。经济学理论认为，价格反映了市场活动的所有信息，但市场信息并非都是合理的、正态的、真实的，有不少市场信息是非理性的、扭曲的、虚假的，这就需要进行市场治理。有关近代行业组织的价格规范和协调，学界有些不同的看法和评价。但比之传统行会的严厉而刻板的价格控制，多数学者以为近代上海民国同业公会的价格治理总体上值得肯定的，因为它有利于民族工商业、金融业、服务业等行业有效有序的发展，特别在面对进口洋货、在华外资企业产品激烈的市场竞争时，节制和规范价格竞争的边界是必要的。

跃平这本书是在博士论文的基础上充实修改而成，比较系统地阐述和研究了民国上海工业、商业、服务业等同业公会价格治理的制度、机制及其运作形态；分析了自由经济时代和统制经济时代同业公会价格治理的不同约束条件及实施路径，书中运用了博弈论及数量分析的方法，并提出了一些学术解释和见解。跃平梳理了行业价格协调变迁的历史脉络，概括了不同时期的阶段性特征，认为民国沪地同业公会的价格治理形态及其与政府的关系上经历了自主、妥协和抗争的历史变革，颇具见地；书中有关日占时期沪地同业公会价格治理状况的阐述和分析也具新意。此书可谓有关民国上海行业制度、行业组织研究的一个新成果，对于现今的市场治理亦有一定的史鉴意义，值得有相似兴趣的读者诸君一读。

跃平七年前考进上海社会科学院经济研究所，随我攻读中国经济史的博士学位。进社科院时，他是一名地方高校的教师，在职进修，奔波于两地，兼顾工作、学业、家庭，甚为不易。跃平好学、勤奋、多思，三年读博除了修完社科院经济所的各门必修课、选修课外，还积极地去沪上高校听讲座和参与学术会议，并时常对一些中外历史经济现象发问和质疑，有些问题我可以回答一二，有些问题我难以回答，于是师生自由讨论，各抒己见，可谓教学相长。撰写经济史博士论文，搜集史料是一项基本工作。为了尽可能地多搜集第一手资料，跃平在相当长一段时间泡在上海档案馆。清晨，他骑自行车去档案馆等开门。外滩不能停放自行车，他将车停放在延安路，再步行去档案馆，一待就是一整天，披沙拣金式地搜寻相关史料。资料的充实为他的博士论文提供了坚实的基础，当年博士论文盲审，得了高分，获得了上海社科院的第二名。

博士毕业不久，跃平赴美国麻省州立大学达茅斯校区访学，后被所在单位聘为副教授。近几年，跃平主持和参与了多项课题，并时常携论文参与各类学术会议，由一个青涩好学的学子成长为一位有所作为的青年学者。

经济史研究是一项坐冷板凳的工作，功在其中，乐也在其中；期望跃平能坚持学术价值，为中国经济史研究增砖加瓦，不断有新的学术作品和论见的问世。

2017 年 9 月下旬
写于上海浦东康桥寓中

# 目　　录

# 图表目录

# 第一章 导论

## 第一节 选题缘起、理论价值和现实意义

### 一 选题缘起

同业公会，是指相同行业的手工业、工业、商业或其他行业主体，为了共同的利益和目标而组织起来的民间自治团体。它们在政府与企业、企业与市场之间发挥着服务、沟通、协调和监督作用。经济史上，同业公会在近代上海市场经济发育过程中，扮演过沟通政府与市场的中间桥梁的角色。通过制定章程和业规约束同业经济行为，并且会根据会员违规行为实施惩罚措施。民国同业公会在稳定市场秩序、解决同业价格纠纷以及协助政府实施统制经济政策等方面发挥过重要作用。

民国时代的上海是中国第一大商埠，在全国经济发展中具有非常重要的地位。晚清以降，上海就已经有很多的同乡同业组织，最早出现的是会馆和公所，它们的成员联系基于乡缘或者业缘，成员大多来自同一个地方，具有比较浓厚的传统色彩，属于比较封闭的行业组织。随着近代工商业的发展，上海逐渐出现很多具有近代市民社会性质的行业组织——同业公会，它们与会馆和公所相比，具有良好的治理结构、相对健全的治理结构和更为开明的章程规定。1917年北洋政府颁布《工商同业公会规则》以后，工商同业组织更是如雨后春笋般地涌现，它们逐渐成为市场经济的重要力量；1929年南京国民政府正式颁布《工商同业公会法》，该法强制要求各行业成立同业公会，此后同业公会在上海经济史海跌宕起伏、浮

浮沉沉，在民国上海经济史中具有非常重要的地位。1912—1949年，上海成为近代中国社会经济变迁的缩影。在本书研究时期内，上海依次经历了北洋政府、南京国民政府、汪伪政府和国民政府后期。此外，还有比较特殊的孤岛时期。在不同的历史阶段，由于政府的更替和时局的变化，同业公会发挥的协调作用也不尽相同，工商同业公会与政府和会员的关系也处于不断变化之中。

价格协调与管理是同业公会重要经济功能之一。价格机制是市场机制的核心，价格灵敏地反映经济参数的变化，比如反映需求之间的关系，价格应该是由市场自由决定的。但是，市场机制的发育需要经历较长的过程。在市场发育并不完善的民国时期，经常会出现市场失灵的情况，而国家没有提供健全的价格法律制度，同业公会可以起到协调行业价格的作用，在一定程度上可以弥补国家正式法律供给不足的缺陷，有利于维护正常的市场秩序。行业价格自律是同业公会调节市场秩序的重要环节，也是同业公会重要功能之一。

从上海同业公会价格协调方面入手，研究1912—1949年同业公会价格自律与行业自治功能变化以及相关制度变迁。民国早期，工商同业公会制定内部价格标准，允许会员在一定范围之内进行价格浮动。价格协调可以比较有效地防止同业间恶性竞争，起到维持市场秩序和维护行业利益的作用。

在20世纪30年代初期，由于西方资本主义世界的经济大萧条，上海经济也遭受重创，很多行业出现恶性价格竞争现象，市场秩序进一步混乱，同业公会出于行业自救的目的，对行业内部价格进行相应的管理，价格协调能够起到有效的缓冲作用。

抗战全面爆发以后，上海先后经历孤岛时期和汪伪政府时期。出于统制经济的需要，同业公会成为汪伪政府统制工具。同业公会受制于汪伪政府的全国商业统制总会，在价格协调方面的作用与以往出现较大区别。而到了抗战胜利以后，由于恶性通货膨胀，国民政府要求同业公会配合政府采取限价政策，希望同业公会成为限价的有力助手。同业公会的自主性受到极大限制，围绕价格和利益纠纷，同业公会展开了与政府的博弈，可谓自主与妥协始终存在。

清末以降至民国，同业公会在协调行业价格方面，经历了曲折变化的历程。同业公会协调价格的原因、方式和效果颇具研究价值。本书旨在民国上海同业公会的价格协调形成合理的经济史解释，并对当今行业协会发挥协调功能提出自己独到的见解。

### 二　理论价值

首先，在一定程度上推进民国同业公会的研究。在民国上海，同业公会作为第三方组织成了沟通政府与市场的桥梁，积极地发挥了行业组织的协调和服务功能，比较有效地解决市场失灵所带来的困境，对稳定市场和维持市场秩序起到了很重要的作用。而价格协调又是同业公会比较重要的功能之一。有效的价格协调可以避免恶性的市场竞争，维护同业成员的经济利益和维持良好的市场秩序。结合史料发现，行业组织的业规中都非常明确地规定同业价格，并且衍生了相应的价格形成、公布、执行以及处罚制度。

其中，同业公会是如何制定价格、价格协调与企业成员的关系以及与政府间的关系如何、民国上海同业公会价格管理与协调经历了哪些制度变迁以及对当时经济产生了何种影响，这些问题均具有重要的学术价值。以同业公会为研究对象，围绕它们的价格协调功能，基于翔实的史料收集和文献梳理，经过严格论证，期待能够认知同业公会实行行业价格协调的途径和方式。价格协调对于行业的绩效和不足如何，价格协调对于市场和政府的关系是如何协调的，价格协调对上海地区经济发展起了什么作用，这些都是值得思考与探索的问题。

其次，目前国内外有关同业公会研究中，比较重视从宏观视角分析行业组织，也有不少学者在论述同业公会的功能时会提到价格功能，但是现在还没有专门研究价格协调的论著和论文等文献。本书在这方面将做新的尝试，希望能够通过较全面的剖析，发现民国上海同业公会价格协调的路径、效果和历史意义，同时也希望本书能为以后更多有关行业价格协调的研究提供参考文献。

再次，本选题很注重方法的选择，在理论方法上进行创新，将引用博弈论与历史比较制度分析方法，这两种较新的方法有助于解释经济史的很多现象。博弈论可以很好地解释同业公会与政府、市场和同业间的关系，历史比较制度分析通过比较分析，研究经济史上一些制度为何可以做到自我实施。在研究同业公会价格协调方面，可以分析没有政府法规供给和干预情况下，同业公会价格协调机制实施的原因。

最后，本书的论据全部来自上海档案馆有关的同业公会史料，很多档案资料还是首次使用，具有很高的学术价值。在资料准备过程中，发现很多同业公会价格协调特点，从而总结出同业公会价格协调的共性和特性，这对于全面掌握民国时期的同业协调具有重要的意义。

### 三　现实意义

"以史为鉴，可以知兴替。"当代行业协会存在的问题，在历史上也曾经存在过。在国内外学者研究的基础上，重新审视近代上海的同业公会的经济功能，立足于同业公会价格协调方式和制度变迁的研究。这些研究对于中国目前行业协会的价格管理以及反对价格卡特尔都有比较重要的现实启示，通过经济史分析同业公会与会员以及政府的相互关系，论述同业公会在价格协调中的角色和地位，论证民国时期上海同业公会在经济和市场中的作用，提出对行业协会健康发展有益的政策性建议。

# 第二节　文献综述

### 一　国内外研究历史和现状

同业组织的价格协调，最早开始于会馆、公所和行会经济功能的研究。早在晚清时期，学界就开始对行业组织的价格功能给予较多的关注。随着行业组织形式的变迁，学者们的视野也逐渐从旧式组织转移到新式同业公会。价格协调，不仅包括行业内产品和服务价格的制定和商议，同时还包括行业间价格的谈判与沟通。自晚清民国以来，围绕上述问题，学界已经展开了饶有成效的研究，这些研究成果为本书的研究提供了宝贵的文献参考和史料借鉴。本节以价格协调为线索梳理关于同业公会的作用和功能的研究。

### （一）同业公会雏形组织会馆和公所与价格管理

晚清以降至民国初期，行业组织主要以传统会馆和公所为主，而这些组织已经具有近代工商同业公会的雏形，但是也不可避免地带有浓厚的封建色彩[①]。在涉及行会组织的价格功能时，大部分学者都认为它们在行业价格协调和管理方面具有积极作用，能够起到调节市场交易秩序的作用。

中国近代学者全汉升研究了中国行会制度史，认为中国传统行会具有统制原料与价格功能[②]；樊卫国认为上海地区民国时期会馆公所为了整顿市场秩序，纷纷制定价格，进行价格协调，价格管理对经济发展具有积极作用[③]；王日根研究中国会馆史，认为其在市场机制下发挥了重要的作用[④]；宋伦以明清时期山陕会馆为研究对象，认为会馆制定价格，指导市场正常运作，从而使工商会馆成为市场运营不可或缺的场所[⑤]；马飞跃研究认为在商品经济不发达的社会里，为了避免彼此的恶性竞争，会馆统一规定了商品的价格，在客观上可以起到限制不正当竞争行为的作用[⑥]；梁丽莎认为会馆沟通商情和评议市价，工商会馆成为市场交流信息、调剂城市商品

---

① 张忠民：《前近代中国社会的商人资本与社会再生产》，上海社会科学院出版社 1996 年版。

② 全汉升：《中国行会制度史》，百花文艺出版社 2007 年版。

③ 樊卫国：《近代上海的市场特点与口岸经济的形成》，《学术季刊》1994 年第 2 期。

④ 王日根：《近代工商性会馆的作用及其与商会的关系》，《厦门大学学报》（哲学社会科学版）1997 年第 4 期。

⑤ 宋伦：《明清时期山陕会馆研究》，博士学位论文，西北大学，2008 年。

⑥ 马飞跃：《清代工商业会馆公所规章制度探析》，硕士学位论文，上海师范大学，2008 年。

买卖的市场运作场所，在这里可以制定各行价格，制裁不正当竞争行为①。

境外学者中，从晚清时期就开始关注会馆和公所的价格功能。有些学者在研究中国近代行业中间组织过程中零星提到价格管理的功能。马高温（Macgowan）是较早研究中国传统行会的，他以宁波的潮州行会和温州的制粉业行会为例，说明每个行会都制定了产品价格折扣的界限，认为行会具有制定产品价格的功能②。甘博（Gamble）以近代一些行业组织为例，认为这些行业的同业者为了协议划一价格，经常聚会商议办法，并且制定相应规章惩罚私自调整价格者③。有一些学者认为传统政府经济协调能力薄弱，所以很多经济管理让渡给商人团体，使会馆公所得到很多经济权力，包括价格协调能力，比如步济时（Burgess）在他的研究报告中，他调查了七个手工业行会，发现有五个规定统一价格④。清水盛光认为近代中国行会为限制自由竞争而做的努力，不仅在质量方面，在价格方面也是广泛存在的⑤。

有关传统行会组织中会馆和公所的价格协调的文献显示，这两种性质的组织大多具有比较深厚的封建色彩，它们所公议的价格具有较强的约束力，违反价格的行为将遭受严格惩罚，而且这种处罚是多边的，即一旦某一成员具有违规行为，将会受到整个行业的处罚。

**（二）近代同业公会价格协调功能的研究**

随着近代工商业的发展，上海各业同业公会数量不断增多，国民政府通过对工商团体整顿，颁布相应的法律法规改组已经存在的

---

① 梁丽莎：《近代工商会馆市场化因素及其对现代市场经济的启示》，硕士学位论文，西北大学，2008 年。

② D. J. Macgowan, "Chinese guilds and their rules". *China review*, No. 12, 1883.

③ Gamble S D. *Peking, a Social Survey*. London: H. Milford, 1921.

④ Burgess J. *The Guilds of Peking*. New York: Columbia University Press, 1928.

⑤ 清水盛光：《传统中国行会的势力》，《食货月刊》1985 年第 6 期。

各种工商团体为同业公会①。同业公会在成立时制定的章程和业规中都有价格的规定，公会定期召开会员代表大会商议价格。

民国时期有些学者就已经关注同业公会的价格管理与协调功能，如李森堡从同业公会与政府的互动关系出发，认为中国应该策动各省积极发展商会及工业与各业同业公会，实施适当管制，以协助政府平抑物价，增加生产，调节供销，同业公会的价格自律行为对于统制经济具有很大的支持作用②；张仲礼等研究上海近代城市史，认为面临国外和国内竞争，协调产销关系、核定产品售价成了同业公会的当务之急，新式工商同业公会的定价方式与旧式会馆公所区别很大，前者是有助于消除同业间相互倾轧，有利于市场经济的发展；而后者更多的是利用严格的业规将会员的价格限制在某一范围之内，具有强制色彩；同业公会统一货价与改善企业经营管理、改进生产技术结构是并行不悖的③。华中师范大学近代史研究所一批著名学者对近代商会和同业公会等有深入研究，可谓硕果累累。马敏和朱英认为从经济职能来看，近代工商同业公会已经摆脱行会的封闭性，而利用资本主义的经济杠杆如价格维护资产阶级的整体利益，其经济职能表现出资本主义竞争机制的特点，这种特点是市场经济发展的结果，有利于推动中国经济社会近代化进程④。魏文享的硕士和博士论文对中国近代同业公会做了比较透彻全面的论述，在他的研究成果中涉及同业公会价格方面不是很多，但提出了在统制经济等特殊时期，同业公会的价格管理意义重大。从同业公会与统制经济的关系出发，同业公会协助主管官团评议价格，并

---

① 在1918年北洋政府颁布了《工商同业公会法则》，1929年制定了《工商同业公会法》，1932年又公布了《工商同业公会法施行细则》，这些法律法规强制要求成立同业公会，上海市同业公会的数量也空前增多，据上海档案馆的资料显示，该馆典藏449个全宗、48599卷近代同业公会档案，这是非常丰富的档案资源，到1936年，上海同业公会数量达到360个。

② 李森堡：《同业公会研究》，青年书店1947年版。

③ 张仲礼：《近代上海城市研究》，上海人民出版社1990年版，第537页。

④ 马敏：《中国同业公会史研究中的几个问题》，《理论月刊》2004年第4期；朱英：《近代中国商会、行会及商团新论》，中国人民大学出版社2008年版。

且配合实施限价政策，政府十分重视同业公会平抑物价功能，在战时的情况下，价格协调功能显得尤为重要①。李柏槐主要集中于民国成都同业公会研究，在他的博士毕业论文中，论述了成都同业公会的价格协调，同业公会职责在于"专司评定本会会员所售货物市价及银币市价，厘规划一之责"，并且认为同业公会这种行为是不符合经济本身发展运动规律的，但在维护市场正常秩序方面具有比较积极的作用②。侯宣杰研究了广西近代工商同业公会的价格协调职能，认为可以将价格管理化复杂为简单，政府也十分重视同业公会的此项功能③。上海社会科学院经济研究所一些学者对同业公会研究也较多，近几年也有不少成果问世，张忠民通过研究同业公会业规，也赞同同业公会定价是为了防止同业间恶性竞争的观点④。樊卫国从非政府组织的视角分析和研究了近代上海同业公会的经济调解作用，其中非常重要的一个作用就是进行价格管理⑤。严跃平、樊卫国研究了全面抗战之前上海同业公会的价格协调，通过论述价格制定、执行和惩罚机制，说明同业公会在自由经济时期发挥了很重要的协调作用。在政府管制相对宽松的背景条件下，同业公会价格协调机制能够实现自我实施⑥。

有些学者着重研究某一个具体行业同业公会，通过史料分析，得出结论一般都认为民国同业公会的价格功能对于市场秩序和经济发展具有积极意义。张胜平通过研究 1925—1949 年的上海轮船业

---

① 魏文享：《中间组织——近代工商同业公会研究》，华中师范大学出版社 2007 年版。

② 李柏槐：《民国时期成都工商同业公会研究》，博士学位论文，四川大学，2005 年，第 135—140 页。

③ 侯宣杰：《工商同业公会与近代广西城镇市场经济的发育——基于原始档案之实证研究》，《广西民族研究》2006 年第 3 期。

④ 张忠民：《从同业公会"业规"看近代上海同业公会的功能、作用与地位——以 20 世纪 30 年代为中心》，《江汉论坛》2007 年第 3 期。

⑤ 樊卫国：《近代上海非政府组织的社会经济协调作用——以近代经济群体为中心》，《上海经济研究》2007 年第 11 期。

⑥ 严跃平、樊卫国：《浅析 1937 年之前的上海同业公会价格协调机制》，《上海经济研究》2012 年第 9 期。

同业公会，认为该同业公会议定各航线运价，可以避免成员间的不正当竞争关系①。翟梅宇认为民国时期上海时装业同业公会采取最低限价策略，避免了恶性竞争，维护会员共同利益②。汪耀华着重研究了上海书商业同业公会，通过史料描写了上海该同业公会的发展历程，从晚清到民国一直发挥着积极中间人作用，通过定价协调形成与政府的良性互动③。

总之，已有文献研究普遍认为民国同业公会通过章程和业规限制会员价格，制定行业参考价格标准，可以避免市场中的恶性竞争，从而起到维护市场正常秩序的作用。

### （三）近代同业公会价格协调活动与政府的关系

民国时期，由于政治局势的不断变化，上海市政府与同业公会价格调节活动的关系也不尽相同，同业公会经济活动的自主性或独立性都需要政府赋予一定的权限，二者一直处于互动博弈状态之中，同业公会价格协调自主性和独立性都具有鲜明的时代特点。

樊卫国研究了近代上海同业公会组织与社会群体的关系，认为政府过多干涉影响了同业公会的功能发挥，在价格调节方面受到政府干预④。魏文享认为同业公会在与政府交往中出于维护商人利益的目的，具有能动性，同业公会在面对政府时表现出对抗与妥协的态度⑤。李德英认为同业公会对政府存在较大的依附性，在南京国民政府后期几乎丧失了经济自治权⑥。黄汉民研究认为政府的授权

---

① 张胜平：《上海市轮船业同业公会研究 1925—1949》，硕士学位论文，东华大学，2009 年，第 31—35 页。

② 翟梅宇：《民国时期上海地区时装业研究》，硕士学位论文，江南大学，2007 年，第 15—20 页。

③ 汪耀华：《上海书业同业公会史料与研究》，上海交通大学出版社 2010 年版，第 100—108 页。

④ 樊卫国：《论民国沪地同业公会与其他社会群体的关系》，《上海经济研究》2009 年第 12 期。

⑤ 魏文享：《中间组织——近代工商同业公会研究》，华中师范大学出版社 2007 年版，第 135—159 页。

⑥ 李德英：《同业公会与城市政府关系初探——以民国时期成都为例》，载刘洪奎、刘海岩《城市史研究 第 22 辑》，天津社会科学院出版社 2004 年版，第 223—232 页。

与协调有利于增强同业公会的权威性①。宋钻友指出政府对同业组织现代性具有深远影响，可以为新式同业协会提供法律依据②。胡光明考察研究了天津商会和工业会，得出结论认为，行业协会组织被政府控制，自己成为工具而失去独立性，这在民国后期表现得非常突出③。刘兰兮通过一个案例，分析研究了在南京国民政府统制经济时期，红茶商人通过同业公会和商会与政府进行抗争的原因、经过和结果，认为同业公会在政府与商人间起到了桥梁作用④。陈雷研究了南京国民政府统制经济时期同业公会的活动与作用，认为政府信用降低时，同业公会具有非常重要的领导责任⑤。

在1917年北洋政府颁布的《工商同业公会规则》第三条中规定，"同业公会由地方实行行政主管官厅或地方最高行政长官核准，并呈报农商部备案"⑥。同业公会一直都处于政府管理之下，两者间的关系错综复杂。上述学者关于它们关系的论述大多集中于民国后期即抗战胜利以后的时段，普遍认为同业公会的独立性较差。在整个民国时期，政会关系不是一成不变的，具有鲜明的时代性差异，这种关系贯穿于同业公会运行的始终。政会关系是本书研究的一个维度，通过论述政会关系的变化，论证同业公会价格协调管理的实际作用与效果。

### （四）近代同业公会价格协调与企业和市场的关系研究

同业公会是一种中间组织，两头分别连接着政府与会员，在市

---

① 黄汉民：《近代上海行业管理组织在企业发展与城市社会进步中的作用》，载张仲礼《中国近代城市——企业·社会·空间》，上海社会科学院出版社1998年版，第174—182页。

② 宋钻友：《从会馆、公所到同业公会的制度变迁——兼论政府与同业组织现代化的关系》，《档案与史学》2001年第3期。

③ 胡光明：《论国民党政权覆亡前的天津商会与工业会》，《天津社会科学》1999年第1期。

④ 刘兰兮：《南京国民政府的市场管理与经营（1927—1937）》，载陈支平《货殖——商业与市场研究》，黄山书社出版社2008年版，第50—58页。

⑤ 陈雷：《国民政府战时统制经济研究》，博士学位论文，河北师范大学，2008年，第35—55页。

⑥ 修正工商同业公会规则，《钱业月报》1923年第4期，第183—184页。

场中发挥着比较重要的协调作用，如何处理好与会员的关系是同业公会日常重要业务之一。

樊卫国对民国上海同业公会研究较多，通过史料论证，认为同业公会与其他社会群体间存在着携手联合的可能[①]。王相钦研究认为随着近代市场经济的变化与发展，与国内市场发展密切相关的商人组织、企业组织也会发生变化[②]。季铭研究也认为同业公会是维护市场良好秩序的重要力量，其中很重要的环节是需要调动会员的积极性[③]。马长林研究了上海近代钱业同业公会，认为该公会对金融银团的作用举足轻重，能够很好地协调会员的利益[④]。刘俊峰、张艳国认为同业公会诞生之日起就具有维护行业利益和完善市场的经济职能[⑤]。

**（五）从其他视角对同业公会或行业协会价格调节的研究**

国内还有些学者不是从经济史视角看同业公会的价格协调，而是从制度经济学、社会学、政治学、法学等其他角度研究这个问题，同样，他们的研究成果对于本书也具有很重要的参考价值。

清华大学公共管理学院贾西津等研究了封建行会等行业协会的功能，认为由于竞争的增强，特别是价格竞争，行业协会起到了解决冲突的作用，这对于当今转型时期的行业协会具有借鉴意义[⑥]。朱英还从市民社会角度分析了以同业公会为基层组织的商会的经济功能[⑦]。孙丽军在博士论文中论述行业协会通过达成价格协议，直

---

① 樊卫国：《论民国沪地同业公会与其他社会群体的关系》，《上海经济研究》2009 年第 12 期。

② 王相钦：《市场、市场经济与近代市场》，《商业经济与管理》1995 年第 1 期。

③ 季铭：《解放前上海粮食同业公会与交易市场情况》，《中国粮食经济》1996 年第 4 期。

④ 马长林：《民国时期上海金融界银行团机制探析》，《档案与史学》2000 年第 6 期。

⑤ 刘俊峰、张艳国：《同业公会在近代社会变迁中的作用》，《光明日报》2008 年 4 月 13 日第 7 版。

⑥ 贾西津等：《转型时期的行业协会——角色、功能与管理体制》，社会科学文献出版社 2004 年版，第 53—61 页。

⑦ 朱英：《转型时期的社会与国家——以近代中国商会为主体的历史透视》，华中师范大学出版社 1997 年版，第 573—582 页。

接确定价格最低限，价格上涨或者下跌都是通过行业自律协议决定的[①]。谢增福通过研究行业协会功能，认为行业价格信息共享和传递过程中，行业协会扮演了重要角色。孙立清从制度经济学角度考察了中国民间化行业协会的功能[②]。黎军首次从行政法角度对行业组织的问题进行较系统的研究，认为行业组织在政府与市场之间起到了中介作用[③]。鲁篱从经济法角度对行业协会进行研究，分析研究了行业协会自治权的内容和自治功能[④]。

### （六）历史的比较制度分析方法

历史的比较制度分析（Historical and Comparative Institution Analysis）方法兴起于 20 世纪 90 年代，是经济制度史学发展的第三个阶段[⑤]，它由美国斯坦福大学格瑞夫（Avner Greif）教授创立，这是一种非常独特的研究经济史的方法。格瑞夫论述中世纪北非马格里布商人和意大利热那亚商人由于文化和信仰等方面的巨大差异，导致两地经济社会发展走上迥然不同的路径[⑥]。前者文化具有集体主义特征，而后者是个人主义更加明显；信仰上前者是穆斯林，而后者信仰基督教。这种研究对象主要是具有自我实施(self-enforcing) 功能的制度，认为文化是影响制度的重要因素，从而将博弈论和历史经验的归纳法结合起来。格瑞夫将制度定义为"自我实施的对行为非技术决定的约束"[⑦]，这种分析范式具有重要的创

---

① 孙丽军：《行业协会的制度逻辑》，博士学位论文，复旦大学，2004 年，第 96 页。

② 孙立清：《中国民间化行业协会制度经济学分析》，博士学位论文，南开大学，2007 年，第 53—57 页。

③ 黎军：《行业组织的行政法问题研究》，北京大学出版社 2002 年版，第 6—13 页。

④ 鲁篱：《行业协会经济自治权研究》，法律出版社 2003 年版，第 23 页。

⑤ 源于 20 世纪 50 年代的西方新经济史学革命以后，新经济史学大致经历了三个阶段：新古典制度经济史学、新制度经济史学和历史制度分析。具体情况可参阅韩毅教授和隋福民的著作。隋福民：《创新与融合——美国新经济史革命及对中国的影响(1957—2004)》，天津古籍出版社 2009 年版，第 261 页。

⑥ Avner Greif. *Institutions and The Path to The Modern Economy*：*Lessons from Medieval Trade*，London：Cambridge University Press，2006，p. 22 – 30.

⑦ Avner Greif，"Cultural Beliefs and the Organization of Society：A Historical and Theoretical Reflection on Collectivist and Individualist Societies"，*The Journal of Political Economy*，Vol. 102，No. 5，1994.

新意义，因为自我实施制度不同于以往制度经济学家所提出的国家和集中法律下的制度，它是在缺少或不存在国家与集中法律下的制度，这为民国时期上海同业公会的规章、价格协调以及同业会员的执行情况等各个方面研究提供了一个非常新的分析框架，可以用此方法分析全面抗战爆发之前的上海同业公会价格协调机制。本书也将尝试用历史的比较制度分析方法来解释同业公会的价格协调行为、制度、制度变迁与作用。

国内对历史比较制度分析研究较多的学者是辽宁大学韩毅教授，其著作《西方制度经济史研究——理论、方法与问题》以全新的视角分析制度经济史[1]。秦海也是较早研究历史比较制度分析的学者，早在 2001 年他就在《经济社会体制比较》期刊发表介绍美国斯坦福大学经济史学家格瑞夫及其学术观点的文章，认为历史比较制度分析是现代经济制度分析的一个创新点[2]。除此之外，史晋川利用格瑞夫历史比较制度分析中的人格化和非人格化交易的概念，分析研究了温州模式演变趋势[3]；钱滔利用历史比较制度分析方法研究了经济转型过程中，企业、市场和地方政府的内在关系[4]；陈涛从历史比较制度分析视角研究了明代食盐专卖制度的演进[5]。借鉴格瑞夫所采用的博弈论方法分析经济史中的问题，对本研究具有重要理论参考价值，因为在上海民国同业公会研究中，论证也需要涉及各方利益主体的博弈，可以解释国家价格法律供给不足的条件下，同业公会价格协调机制自我实施的机理。

### （七）同业公会的史料收集、筛选和应用

经济史的研究离不开丰富的史料，笔者从 2011 年 3 月开始着

---

① 韩毅：《西方制度经济史研究——理论、方法与问题》，中国人民大学出版社2007 年版，第6—22 页。

② 秦海：《阿弗纳·格雷夫的历史制度分析》，《经济社会体制比较》2001 年第2 期。

③ 史晋川：《温州模式的历史制度分析——从人格化交易与非人格化交易视角的观察》，《浙江社会科学》2004 年第2 期。

④ 钱滔：《地方政府、制度变迁与民营经济发展》，博士学位论文，浙江大学，2005 年，第7—28 页。

⑤ 陈涛：《明代食盐专卖制度演进研究》，博士学位论文，辽宁大学，2007 年，第6—21 页。

重收集上海同业公会的档案史料，史料包括旅业同业公会、棉纺业同业公会、百货业同业公会、书商业同业公会等比较典型的各业同业价格协调档案，这些第一手资料对于本研究不可或缺，在同类研究中，这些档案大都还没有被利用，所以这也是本书阐述中非常有利的一个方面，丰富的史料是本书重要论据的来源。

## 二　文献评述

目前国（境）内外学者对同业公会研究主要是从以上几个方面进行，大都认为从行会发展到同业公会，同业公会的近（现）代性得到加强，也更适应市场经济的发展。在不同阶段，随着经济和政治形势改变，同业公会对同业的协调有不同的方式，其影响与作用也很不一样，同业公会的自主性程度也会有所区别。

这些学者所做的努力对于同业公会的研究具有非常重要的推动作用，使更多有兴趣的学者也投身于同业公会的研究。但是，目前所做的研究也存在一定局限，比如方法和视角的选择，很多问题逐渐被发现，研究需要更进一步地深入。

本书的研究侧重于同业公会的价格协调，其中主要分析行业组织在价格管理方面所做的努力及其绩效。以史料为基础，采用博弈论为工具尝试分析价格协调中所涉及的各个主体博弈关系，从全局整体视角研究价格协调的实施方式、特点和意义。

大多数学者都认为价格协调是同业公会的重要职能，但都只是在论述它的经济功能的时候提到，对于同业公会是如何具体进行价格协调的、价格协调的作用、价格协调与同业的关系、价格协调与政府的关系以及价格协调与市场的互动等，这些方面都没有得到更深的剖析，而这些角度和内容恰好是本研究所特别关注的，因而这也算是一种尝试和探讨，在前人研究基础上深入研究价格协调的具体实施情况，结合翔实的史料，力图做到研究的客观性、严谨性和真实性。

另外，学者们所研究的行业也比较有限，往往集中于绸缎行业、银行业、书业等行业，对于其他工商业和服务业的研究相对较少，本研究在内容安排上则分别从工业、商业和服务业中选择最具代表性的同业公会进行研究，论述它们价格协调的经济活动，得到一些结论，并于最后分析价格协调对上海经济的影响以及对现今行业协会经济调控的启示和借鉴意义。

## 第三节 研究方法和框架结构

### 一 研究方法

#### （一）史料和文献研究法

这是本研究最重要的研究方法，民国上海行业价格协调的文献主要来自上海档案馆馆藏资料、民国期刊和报纸，搜集 1912—1949 年的主要同业公会价格协调的资料。史料内容包括同业公会会议记录、代表人物传记和民国企业史料，这些都是第一手资料；有些文献目前利用率还比较低，比如孤岛、汪伪时期的同业公会史料。民国期刊报纸主要来源于《民国期刊电子全文数据库》《申报》、英文的《北华捷报》（*North - China Herald*）、《益世报》等。

#### （二）个案分析法

个案分析法，重点在于发现该个案具有的典型特点。重点选择民国上海典型行业的同业公会为例，棉纺织同业公会作为研究对象，因为棉纺业是民国上海第一大产业。该同业公会在北洋、南京国民政府、汪伪和抗战后的历史阶段都曾起到过比较重要的价格协调作用，特别是在抗战胜利以后，棉纺业成为最重要的统制行业之一，棉纺同业公会与政府的博弈和较量充分体现了同业公会价格协调的特点和作用，研究此公会具有明显的代表性和典型意义。

#### （三）比较分析法

上海行业价格协调中，由于经历不同时期，社会政治经济形势具有很大差异。不同的时期有不同政策，而且不同行业也存在区别，对此可以采用比较分析法。本研究中，比较分析分为横向与纵向两个维度。研究民国上海行业价格协调，横向方面对比不同主体（公所、会馆等传统组织与同业公会间）、客体（各会员的态度和对策等方面）、实施方法、与政府和市场的关系（不同行业间的比较）等方面的异同。纵向方面侧重于同一同业公会在 1912—1949 年不同历史阶段的价格管理协调方法异同。民国上海由于政治局势的改变，每个时期同业公会的生存和发展环境都存在较大差异，因而比较不同阶段价格协调方式、特点和作用，具有比较重要的学术价值和意义。

### （四）归纳法与演绎法结合

通过搜集大量史料，发现其中的规律，进行归纳总结；同时从一般的行业协会知识和理论出发，试图发现特殊时期价格协调路径与方法。归纳和演绎两种方法将同时采用，特别是利用历史比较制度分析解释同业公会价格协调机制的自我实施性时，特别需要这两种方法的结合。历史比较分析需要通过博弈论分析经济现象，然后从经济史中寻找答案，看理论是否符合经济史中的现象。在国民政府进行严厉限价时期，由于统制经济的实施，同业公会的价格协调机制发生变化，通过案例的分析，归纳总结得到统制经济时期同业公会价格协调机制的特点和作用。

## 二　框架结构

框架结构总共分为六章，结构安排如下。

第一章为导论部分，主要介绍选题背景依据、文献综述、理论和现实意义等。这一部分简单介绍研究民国上海同业公会价格协调的意义、研究方法和创新以及不足等，是研究的总体介绍。

第二章：清末民初上海同业组织价格协调。首先是对同业公会概念的界定，本书中的同业公会是从广义上定义的，包括晚清旧式同业组织和新式工商同业公会，因为晚清公所和会馆已经具有同业公会的雏形，因而有必要研究它们在价格协调方面的作用，可以将此部分研究成果作为后文的对比对象，从而发现从清末民初开始，上海同业公会在价格协调机制方面的嬗变。

第三章：自由经济：同业公会自主协调。全面抗战之前，上海总体处于自由经济阶段，即使有部分政府管制，但是政府较少干预同业公会价格协调职能，同业公会可以比较自主充分地实行行业价格协调和管理。同业公会制定章程和业规，通过会员代表大会，以协商的方式确定行业价格标准并呈定主管部门备案，要求同业公会成员或非成员都要严格遵守所定价格。由于国家缺乏价格法规的供给，同业公会的价格协调规则具有民间法的特点，违规会员将会受到同业公会的惩罚。价格协调过程中，没有政府的法律干涉和约束，因而可以用历史比较制度分析，以博弈论为分析工具论证同业公会价格协调机制具有自我实施的特点。

第四章：抗战时期上海同业公会价格协调。分为几个阶段，孤岛时期，上海公共租界和法租界内经济出现畸形繁荣趋势，社会相对自由，政府干预较少，同业公会得到一个相对轻松的活动环境。同业公会价格协调具有与战前相似的特点，即能够独立地制定并执行行业价格标准。

在汪伪政府统治上海时期，由于战争统制物资的需要，同业公会配合全国商业统制总会执行政府的限价政策。在战时统制经济条件下，同业公会的自主程度低于抗战之前，在价格方面，同业公会的职能不是制定价格，而是要求同业会员遵守和执行政府的限价标准。但尽管如此，同业公会仍然没有放弃对正当权益的追求。

第五章：抗争与妥协：战后同业公会的苦难历程。该部分着墨最多，因为可以体现同业公会价格协调的艰难历程，也可以充分反映在统制经济时期，同业公会围绕价格协调产生的与政府、会员的复杂关系变化。同业公会作为行业中间组织，始终连接着政府与会员，是沟通二者的重要桥梁。战后政府加强对重要行业的统制，比如棉纺业等，棉纺同业公会在统制经济阶段发挥了重要的价格协调作用。此时的价格协调与抗战之前存在巨大区别，突出表现在战前的协调价格是在同业内部进行，公会可以制定价格标准，同业公会约束的对象是会员及非会员。而在统治经济时期，同业公会的价格协调集中于协调政府与会员的关系，自身不能制定价格，只是传达政府限价标准，要求同业会员遵守政府的限价。由于利益冲突和博弈力量的变化，同业公会价格协调过程凸显与政府关系的变化，即妥协与反抗同时并存。本章利用博弈论为分析工具，解释同业公会因为价格问题与政府关系变化的根源，实现从经济学视角分析同业公会价格协调特点和作用。

第六章：结语。通过史料分析，以博弈论作为主要分析工具，解释了从清末民初到上海解放这段时期同业公会价格协调特点和作用，并指出经济史上同业公会的价格协调对于现在行业协会具有积极的借鉴意义。

# 第二章　清末民初上海同业组织价格协调

　　本书研究的时期从清末民初至 1949 年，主要是民国时期上海行业组织同业公会的价格协调与管理，但为了更全面清晰地了解该时期内同业公会价格协调政策、方式以及相关制度安排，有必要研究与同业公会一脉相承的旧式行会组织会馆和公所的价格管理，以便对比它们价格功能和职责方面的异同。再者，民国时期由于政局、经济和社会形势变化复杂，1912—1949 年的 38 年时间内，时期差异非常显明，为了比较客观真实地解释同业公会价格协调制度以及制度变迁问题及原因，有必要将这些问题置于具体时代背景中，考虑每个时期同业公会具体的价格制度，分析同业公会价格管理与协调中所体现的各种主体关系，① 总结对比同业公会价格协调特点及作用。

　　在上海近代经济史中，有几个非常重要的年份，1912 年民国成立，1937 年上海沦陷，1945 年结束日伪统治，1949 年国民政府统治终结。本书按照以上时间特点分期研究，因为上述时期内上海经历的社会经济背景差别很大，同业公会与政府的关系不断发生变化，政府制定的经济政策对同业公会约束和限制程度不同，换句话说，同业公会在不同时期内自治程度随政府政策变化而变化。因而，可以以特殊年份作为时期的分界线。

---

　　① 政会关系指的是政府与同业公会的关系，在民国时期，政府的经济政策差异较大，总体来说，可以分为自由经济时期和统制经济时期，这两种经济政策下，同业公会的自由程度和自主权限非常不一样，因而价格管理与协调方式和作用体现明显时代特性。

## 第一节  清末民初上海行业组织

上海在近代中国社会经济发展的地位逐渐提升，1852 年以后成为中国第一大商埠。随着社会经济变迁以及工商业的繁荣，上海市场经济发育逐步完善，在市场中出现一些居于政府与市场之间的第三部门，它们在经济中发挥着协调市场交易的作用，对于民国早期上海市场经济发育和发展具有重要的促进作用。其中，同业组织的价格协调有利于维护市场交易秩序，能够推动上海社会经济的现代化进程。

上海较早出现的同业组织是会馆和公所，它们是中国传统行会性质的组织。是上海由传统城市向近代化转型过程中的产物。会馆和公所是有联系而又有明显区别的两个概念。会馆一般是基于地缘关系，但是具有比较明显的商业性特点，即这些会馆由同乡经商贸易关系作为联系纽带，不断促进上海商业的发展和繁荣。有些学者认为上海会馆与城市商业发展具有正比关系①。由来自同一地区的商人出于联系乡谊而形成的组织，有的是在旅沪同乡会的基础上发展而来。这些组织具有很明显的地域特点，一般都会在会馆名称中冠以地区名字，比较有名的包括潮州会馆、山东会馆、徽宁会馆、浙宁会馆、江西会馆、洞庭东山会馆、湖南会馆、常州八邑会馆等②。这类会馆多由各地旅沪商帮组建而成，潮州会馆始建于乾隆四十八年（1783 年），它由潮州府八邑商人组织成立，但后来因为同乡意见出现分歧，而分裂成海阳、澄海和饶平三个会馆③。另外在上海也有一些会馆名称没有冠以地区名，而是以某行业名称命

---

① 郭绪印：《城市转型中近代上海会馆的特点》，《学术月刊》2003 年第 3 期。
② 有关上海近代会馆组织可以参见上海档案馆藏档案，可见同业会所全宗汇集（卷宗号以 Q116 开头）、旅沪同乡会全宗汇集（卷宗号以 Q117 开头）和上海市公所会馆档案（卷宗号以 Q118 开头）。
③ 薛理勇：《老上海会馆公所》，上海世纪出版股份有限公司 2015 年版，第 204—212 页。

名，这种会馆更具有行业的特点，如木商会馆、丝业会馆、茶叶会馆和药业会馆等，它们是由某一地区商人组织形成的从事该行业生产或交易的群体组织。① 在晚清以降，会馆的地域观念呈现出越来越淡薄的趋势②。公所虽然也是传统行会组织，但与会馆相比具有不同的特点，它更多是基于业缘关系组织成立的组织，参与成员超越了地域局限，成员联系的纽带不再是乡缘而是行业交易的关系。从公所名称上大致可以看出其所从事的行业，比如上海芯业公所就是制造蜡烛芯的商人团体，类似的还有煤业公所、书业公所、钱业公所和震巽木业公所等③，但也一些公所仍以地区命名，如比较典型的宁波商人在上海的四明公所，粤东广州、肇庆人的广肇公所等。相对来说，公所比会馆更具有行业中间部门的特点，它们更多地从事某一行业业务，因而近代性也越明显④。这两种形式的行会组织都具有传统封建特性以及落后性，它们的业规规范制度虽然有积极作用，比如避免成员恶性竞争和维护较好的行业秩序，但其封建性也较明显，表现为严格限制竞争和缺乏民主性⑤。行会组织是居住在同一都市的同业商人所组织的团体，制定相应规则或者业规约束同业成员的行为，通过相应的制度安排会议制度进行协调议决，能够比较积极地协调内部纠纷以及向外争取合法权益⑥。由于自身的狭隘性和封闭性，传统行会组织会馆和公所逐渐走向衰落，而被新式工商同业公会所取代⑦。

---

①　谢俊美：《清代上海会馆公所述略》，《华东师范大学学报》（哲学社会科学版）2000 年第 2 期；黄福才、李永乐：《论清末商会与行会并存的原因》，《中国社会经济史研究》1999 年第 3 期。

②　何炳棣：《中国会馆史论》，台湾学生书局 1966 年版，第 101 页。

③　有关公所的史料可参见上海档案馆相关档案材料。

④　彭泽益：《十九世纪后半期的中国财政与经济》，人民出版社 1983 年版，第 162—163 页；虞和平：《鸦片战争后通商口岸行会的近代化》，《历史研究》1991 年第 6 期。

⑤　马敏、朱英：《浅谈晚清苏州商会与行会的区别及其联系》，《中国经济史研究》1988 年第 3 期。

⑥　全汉升：《中国行会制度史》，百花文艺出版社 2007 年版，第 140—152 页。

⑦　吴慧：《会馆、公所、行会：清代商人组织演变述要》，《中国经济史研究》1999 年第 3 期。

# 第二节　上海民国早期会馆公所的价格协调作用

国内学者对于会馆和公所社会功能研究较多，而对于其在经济事务中的作用研究相对较少。在法律制度很不完善时期，行业自治具有重要意义。会馆和公所的行规是成员必须遵守的制度安排，行规之所以能够比较顺利运行，原因在于行业组织具有非常严格的多边惩罚功能。国家法律制度缺失，传统会馆和公所的行规制度具有习惯法性质，能够弥补国家正式法律供给的不足。会馆和公所作为近代工商业组织，其功能主要表现在：限制同行间竞争，保护本行从业者利益。各个行会组织行规中会出现非常严厉的行规规定，参与者若有违反，将会受到惩罚。行规中一般都有价目的条款，并且价目具有强制执行的特点，即成员必须遵守。在法制建设落后以及市场发育不充分的民国前期，这种强制行规能够比较有效地限制行业内或行业间价格竞争，从而起到维护市场秩序的作用。行会对于"违者"经常是"公罚"或者"永革"，可见都是采用多边惩罚策略的，也就是从业者加入行会以后，遵守行规是最优选择，否则一旦出现违规或者欺骗，结果是不仅会被惩罚，甚至会被开除，以至被同行或他行其他从业人员了解其以往的违规，最终"永革不准在境生理"。违规成本巨大，这就是所谓的多边惩罚机制，即一方违规进行价格操作，将受到来自多方的惩罚，无疑会增加违规风险和成本。多边惩罚策略具有集体性质，行会的所有成员都会参加对违规行为的惩罚，所以在维持市场秩序方面具有威慑力。本章基于档案史料论述多边惩罚机制，期望能够发现会馆公所价格管理或协调机制运行的机理，其结论对于后文相关研究具有参照对比意义。

会馆和公所业规或行规中的价格，是行业议定价格，会员必须严格遵守这个价目。狭义上来讲，价格协调是出于行业秩序的要求，会馆公所制定相应的价格政策，召集会员商议参考价格，以便会员价格在参考价格范围内浮动，这是价格产生制度。而广义上来说，价格协调机制不仅包括价格议定，还应包括价格执行和违约惩罚制度，会馆和公所通过各种途径使会员接受并执行所定价格，一旦有会员违反业规超出所定价格范围，行业组织将会处罚违规行为。

## 一　上海会馆和同业公所价格形成机制

价格形成机制就是会馆和公所议定价格的形式，通常是以同业契约形式议定价格。契约是能够证明同业成员间的权利和义务关系的制度安排，在形式上表现为成员签订的契据①，内容包括价格议定和执行等情况。它独立于国家制定法之外，依据某种社会权威和社会组织，具有一定的强制性②。

订立合同议据是比较常见的商事习惯。公所邀集同业召开会员大会，讨论议定行业价格。上海宝辉堂烛业公所议价就是一个典型案例。该公所认为原价格不能适应新的市场情况。由于原料价格上涨，行业开支非常浩大，有些会员出现入不敷出的现象，所以召集同行在宝辉堂确定主要商品价格。经过所有会员同意并且签订了允议书，南市、新闸、西门、英租界、虹口等区域从业会员都署名签订议据合同，主要会员有：义顺利、瑞泰、大开元、黄大升、兴泰、义大、义元昌、茂生恒、广源祥、周一大、公和等，立允议书一式两份，分别存于宝辉堂和芯业公所，并且声明"所发之货一律照议定之价结算，不增不减，所有价目开明于后，日后客货到店，必须当时结账付洋不得拖欠。倘有某号结账不照大盘以及拖宕银款硬搭小洋等情各芯客必欲会同一律与该号停止交易，偶有龙洋角子应当照市贴水，以昭公允，不准徇情，如期限之内市价或有上落，既经订立合同议据，均无异言，至期满之后，芯价进本或增或减再行妥商酌议，此系公同允洽"。③

通过同业商议，议定如下具体价格：

---

① 这种契据有不同的称呼，比如公允书、联合约、信约据等，虽然名称有所不同，但从根本上来说都是契约的外在表现形式。

② 马敏：《商事裁判与商会——论晚清苏州商事纠纷的调处》，《历史研究》1996年第1期。

③ 《宝辉堂、芯业公所关于烛芯议价的合同议据》，1910年，上海档案馆藏，资料号：S435 - 1 - 10 - 1。

素芯每两码银计大洋三元二角；大式每斤计大洋七角；荤油芯照前定之价每码加洋四角；宣统二年十月立合同议据于宝辉堂、芯业公所。①

执行期限为1908—1912年②，在此期间"所发之货一律照议定之价结算③"，期满之后同业再重新议定新价格。可见，所议价格具有较强的执行力，每个会员必须遵守所订立价格，不能私自改变，也不能对价格提出疑义。

由同业召集开会商议价格制定的办法在清末以至民国初年是比较常见的现象，这种定价方式具有一定的民主色彩，不仅制定价格要经过如此程序，而且以后修改调整价格也需同业共同协商。价格根据生产成本以及当时经济形势而定，以合同议据的形式要求同业一律严格执行。

无独有偶，1916年农历正月初十和正月十一两天，上海书业公所也邀集同业开会讨论修改书价的问题。当时"同业各局号陈称年来欧战不已，纸价继续飞涨，工本日渐浩大，相去悬殊，实在不敷工本甚钜，请即公议加价"④。于是该公所在同业会议中重新修订书价，最终决定将之前实行的价格改为六开加价五厘，其他六开以下者按照各个标准类推，其余普通浮冷花色一律照1915年上半年售价酌情增加20%，并且规定"此系按照现在纸市议定，倘后再有增涨，随时再议，业经特会常会两次通过，议由本所刊发批发价单知照全体同业一律施行"。⑤

不仅以上两公所通过同业会议形式商讨价格制定，据上海档案馆藏同业公会档案史料，发现很多会馆或公所也是通过这种方式调

---

① 《宝辉堂、芯业公所关于烛芯议价的合同议据》，1910年，上海档案馆藏，资料号：S435 - 1 - 10 - 1。
② 档案原文是"光绪三十四年年底起至宣统四年年底止"，上海档案馆藏档案，卷宗号为：S435 - 1 - 10 - 2。
③ 同注释3档案。
④ 《上海书业同业公会及书业公所关于调整售价的通知和有关会议记录》，1916年，上海档案馆藏，资料号：S313 - 1 - 183。
⑤ 同上。

整价格。价格协调和修正的原因一般都是因为原料上涨，同业无法再继续经营，因而需要协商修改价格。同业组织履行行业智囊和专家的职能，积极争取本业正常经济利益。公所在经过同业全体代表会员商议之后制定行业价格，协商价格对于行业经营具有指导意义，如 1914 年上海履业公所在农历二月初一商议调整价格，协调结果一致同意在原价旧盘基础上一律增加银元两分，修改各种不同类型靴鞋价格，如表 2-1 所示。

表 2-1　　　　　　　　**履业公所公订价格表**　　　（单位：洋元）

| 靴鞋类型 | 板靴 | 文靴 | 三嵌半桶 | 长桶快靴 | 钜桶快靴 | 快靴 |
|---|---|---|---|---|---|---|
| 新价 | 三角 | 三角两分 | 三角 | 两角六分 | 两角三分 | 两角 |

资料来源：《履业公所、商民协会和履业同业公会关于公议售价的通知和价目单以及有关讨论评价事项的有关文书》，1914 年，上海档案馆藏，资料号：S250-1-103。

## 二　会馆和公所对违反价格的处罚机制

研究这个问题，需要将传统行会组织置于一定的历史空间和分析框架之下。会馆和公所所处的历史阶段特点决定了它们在行业事务管理中所处的地位和所发挥的作用。客观上，通过价格管理和协调可以促进行业健康有序发展，对于当时社会经济发展具有推动作用。传统会馆和公所在执行价格和处罚违价过程中具有强制性特点，虽然经常出现公所修订章程的现象，但总体来说，相关制度安排执行情况还是比较奏效的。

清末和民国早期，由于政局动乱，政府管理社会经济能力有限，相对来说，行会组织拥有较强的管理能力，在一定程度上弥补了政府失灵和市场失灵，可以起到积极的协调和调解作用。它们制定若干对成员具有约束作用的制度，这些制度具有自我实施的特点，即不需要国家强制执行，而通过行会组织内部的约束可以达到制度自我执行。在价格协调方面，行业组织会馆和公所的自主权表现为能够比较自如制定价格，并且要求同业成员严格遵守。会馆和公所具有严格的惩罚机制，能够在最大限度上保证行业内部价格的基本稳定，从而维护市场正常交易秩序。

前文已述民国行会组织通过契约或者以立允书的形式制定价格。在执行和处罚方面，它们同样也是通过契约形式限制同业违反价格行为，尽量减少违规现象出现。如上海烛业宝辉堂公所于1926 年 11 月出面维持行业价格秩序，"议将门、批烛均归一律以昭划一而维生计，业经公议允洽以后一律遵守公定价目，不得紊乱，兹为预防乱规起见，由各号缴存公所大洋拾元，如有乱规察出之后，将所缴之款作为罚款，并将事实登诸报端以暴其丑，而为乱规者戒。其乱规者应再缴存公所大洋拾元以补其数而维久远，处罚之后仍须遵公盘不得再乱以维公益，此系公众有益之事，均出自愿，恐后无凭，特立此允议书存证"。①

有时，为了更加谨慎起见，不仅需要立允书，还要求有其他行业重要人物参与见证作监督，事后如有违反行为发生，可以凭此作为处罚依据。如立允议书（老祥成、万成、元丰、万祥）烛号等"兹为彼此经营烛业均在近处，互有利害关系，为此承蒙宝辉堂公所从中调解议定自丙寅年冬月念台日起各号允百货物价目均规一律，不得稍有参差"。② 更进一步地，为了防止违规，避免违背协定事情发生，要求各会员商号先缴纳保证金洋拾元，保证金存于宝辉堂，宝辉堂起到保持公正的作用。如果会员商号有违规行为，那么之前所缴纳的保证金将被作为罚款，该项罚款将办酒席以做赔礼。同时，违犯价格标准的商号还必须另外再缴纳洋拾元，以此类推。

另外，烛业公所还对上述契约进行补充："立联合约为同业之营业稍有误会，以至售价不一。今由松太宝辉堂烛业公所公推郑芳标、何荫生君驾临敝邑竭力劝导各方顾全大局议，要俟后不得乱规，若有紊乱条规，议条规于后愿各号守是为盼，由宝辉堂保存此

---

① 《宝辉堂烛业公所各成员送交该所的允议书存执》，1926 年，上海档案馆藏，资料号：S435 - 1 - 10 - 2。

② 同上。

志。"① 并且重新制定四条规则如下：

（1）门售烛价一律归照公议划一不二；

（2）批发烛照公价一律分埠议源，自议定之日起红货不在此列；

（3）如有参差乱规必须受宝辉堂处罚，如不服气，再由宝辉堂法律议事；

（4）同业义气相投，彼此取消前疑，以续同业同乡之谊；

见议人：沈楚楠、郑芳标、何荫生②。

可见，为了执行所制定的价格制度，公所采取了一系列制度安排，比如契约制度、见证人制度以及相应惩罚制度。处罚方面比较典型的方式有"事实登诸报端以暴其丑"和直接经济处罚。但是，为何这种制度具有自我实施特点呢？换句话说，即在国家法律不完善时期，行业组织作为第三部门所制定的价格制度能够促使成员自觉遵守的原因在哪里？这些问题可以通过利用历史比较分析方法得到论证和解释。

## 第三节　历史比较制度分析方法的解释

近代中国由于国家法律制度供给不足，即缺乏专门管理和控制经济秩序的法律，同业组织价格协调机制的执行和维护不可能依靠国家法律，要想维持价格相对稳定，需要有另外一种机制维系价格协调机制的运行。价格执行程度取决于惩罚机制是否完善。同业组织价格规定具有多边惩罚的威慑能力，借助于多边惩罚机制，同业价格协调机制才可能正常进行，而这背后需要多种因素支撑，主要包括文化、道德和信仰等各方面的影响③。这些因素共同作用于行

---

① 《宝辉堂烛业公所各成员送交该所的允议书存执》，1926 年，上海档案馆藏，资料号：S435 - 1 - 10 - 2。

② 同上。

③ 从史料来看，多边处罚机制比较明显，即在传统行会组织中，如果某一成员发生违规行为，他所受的惩罚不仅来自组织，而且同一行业甚至是其他行业也会对他进行惩罚，在这种情况下，成员违规行为成本非常高。

会组织，有利于价格机制的完善和实施。

## 一 博弈论与经济史结合

在历史比较制度分析中，格瑞夫认为行会组织就是一个联盟（coalition），在联盟内部成员间的关系受到一种隐含契约的约束，它要求这种关系只能在具有特殊身份"标识"的参与者之间建立。尽管没有明确的法律条文和正式规定，参加联盟的成员将不再雇用曾经有过欺骗行为的参与者。行会之所以作为一个制度存在而且普遍存在，是因为国家困境的存在，行会具有文化信仰的依托，所以能够广泛地在不同的商人集团之间建立信息声誉机制，并对行会会员产生诚信和道德强制，因而也就会比较顺利地实行惩罚机制①。他的一系列研究成果都是基于历史比较制度分析，以博弈论为分析工具，比较合理地分析了多边惩罚机制的原因和作用②。日本很多学者对行业行规机制以及行会制度变迁也进行了大量研究，比如冈崎哲二通过研究日本株仲间，指出株仲间这种组织关系的职能，认为受到不法行为伤害的成员向株仲间的行司报告情况，行司通过文书传阅等方法联络全体成员③；青木昌彦在格瑞夫研究基础上全面论述了这种机制，讨论了文化信念和自我实施的合同的作用，引入第三方私人实施机制——商法仲裁者，监督欺骗行为，传递商人的行骗信息，特别考虑了第三方实施者的激励和行为，将第三方内生化④。

格瑞夫还提出了内生制度变迁理论，认为在重复博弈中制度中出现一种比较特殊的特征：能够在所研究的制度暗示下逐步改变；

① Avner Greif, "Contract Enforceability and Economic Institution in Early Trade: the Maghribi Traders' Coalition", *The American Economic Review*, Vol. 83, No. 3, 1993.

② Avner Greif, "History Lessons: The Birth of Impersonal Exchange: The Community Responsibility System and Impartial Justice", *The Journal of Economic Perspectives*, Vol. 20, No. 2, 2006.

③ [日] 冈崎哲二：《经济发展中的制度与组织》，何平译，中信出版社 2010 年版，第 83—87 页。

④ [日] 青木昌彦：《比较制度分析》，周黎安译，上海远东出版社 2001 年版，第 71—75 页。

边际变化并不必然导致制度行为发生变化①。这些比较特殊的特征由制度内生，所以区别于参数；另外它们不直接决定影响行为，因而也不是变量，格瑞夫将它们定义为准参数（quasi-parameter），制度变迁其实就是考察准参数的变化，如果制度是在更小的参数范围内才能实现自我实施，则这种自我实施将会逐渐走向削弱，从而发生制度变迁，反之，将会逐渐增强。

博弈论与经济史研究密不可分。博弈论基本概念包括：参与人、行动、信息、战略、支付函数、结果和均衡。其中，参与人、行动、结果统称为博弈规则②。在经济社会中，博弈规则随处随时可见，这种博弈规则构成了制度，以青木昌彦和格瑞夫为代表的经济学家认为制度是博弈参与人、博弈规则和他们的均衡策略。格瑞夫更是不再区分正式制度与非正式制度。

在经济史中，制度变迁是一种常态，每一种制度在一定外在和内部条件综合影响下会持续存在一段时间，诺斯用新古典经济学"需求—供给"分析框架，采用"成本—收益"分析方法解释制度变迁，产权、国家和意识形态是其制度变迁理论的重要基石③。历史比较制度分析方法则认为制度变迁是参与人的动态博弈，经济史上丰富的历史素材为博弈论的开展提供了非常重要的基础，国内学者韩毅认为经济史为博弈论提供了"活生生的实验室"④。笔者也赞同这种观点，认为博弈论可以解释很多制度以及制度变迁问题，在特定历史条件下，每个博弈主体具有比较完备的心智模式和共同知识，也就是说参与人有较强理性。有人也许会对此提出质疑，但是格瑞夫认为如果把参与人面临的环境看成制度化的规则，而不是博弈规则，那么当这种制度化的规则加总了分散的个别信息，从而提供共

---

① ［美］阿夫纳·格瑞夫、戴维·莱廷：《内生制度变迁理论》，孙涛、李增刚译，《制度经济学研究》2005年第2期。

② 张维迎：《博弈论与信息经济学》，格致出版社2012年版，第7页。

③ ［美］道格拉斯·C.诺斯：《经济史中的结构与变迁》，陈郁、罗华平等译，上海三联书店、上海人民出版社1994年版，第1—25页。

④ 韩毅：《西方制度经济史研究——理论、方法与问题》，中国人民大学出版社2007年版，第136页。

享的认知信息，这就相当于弥补了个人的有限理性，[①] 所以即使参与人都只有有限理性，经典博弈论也能在经济史的制度变迁研究中发挥理论作用。另外，格瑞夫用特定情景模型（context - specific model）解决博弈论中可能出现的不确定性问题。这种模型建立在经验研究基础之上，格瑞夫认为这种模型可以考察历史环境中的细节，是建构博弈论模型的基础。总之，格瑞夫的历史制度分析主要包括两个阶段，首先是从史料出发，经过归纳形成假说；然后运用历史经验对所形成的假说进行检验和验证，采用的工具是博弈论。

对于多边惩罚策略，可以从两方面理解。在会馆和公所中，一般会出现两种欺骗。一是成员对外的欺骗，即某行业在交易过程中，出现某些成员对别的行会成员的欺骗，此时，其他同业组织就会联合所有的成员对此行会进行抵制，这是在中国近代行会史上经常出现的现象，而且从史料中也已经看到，确实存在这种经济现象。二是行业内部的欺骗，内部的欺骗主要是由于某些成员的机会主义，违反了行会的行规，常常会受到重罚。因为这两种情况，分析的方法和工具以及得到结论都一样，所以本书重点分析后者，即某一同业组织中成员出现欺骗和违规时，组织内部是如何惩罚的。

## 二　博弈模型

此模型中，两个参与主体假设为行会组织即会馆或公所（T）和行业从业者或称为成员（M）。假设：

（1）成员先行动，因为它有投机心理，希望能够通过某些途径获得超额利润，从而具有违反行规的心理冲动，然后是行会组织开始行动，行会很清楚成员所采取的行动，而且成员也清楚行会知道将会知道他们的行为，因而这是一个完全信息动态博弈[②]。

（2）行会成员有两种策略选择，即选择遵守或者不遵守行规。

（3）行会组织也有两种策略选择，即处罚与不处罚。

---

① 聂辉华：《制度均衡：一个博弈论的视角》，《管理世界》2008 年第 8 期。

② 张维迎：《博弈论与信息经济学》，上海三联书店、上海人民出版社 2004 年版，第 95 页。

（4）假设成员遵守行规时的支付为 R，此时行会组织不需要太多的管理，市场秩序比较良好，它的支付为 B，同时假设遵守行规的支付贴现因子为 δ；如果成员铤而走险触犯行规，进行与行业行规相违背的活动，它将面临被严厉处罚的后果，一般来说这种处罚具有多边性质，即一旦发生处罚，它将永远不会再得到其他就业的机会，设 y 为违规且归自己所得到的好处，因而它具有一定的即时收益，这种短期收益有两种可能结果，第一种是没有被行会组织充公，而侥幸保留；另一种情况是被行业组织充公，后一种情况我们不讨论，因为充公的结果更明显，非常直接地证明投机违反行规不可取。我们在文中讨论的是没有被充公的情况，让行会成员考虑未来收益与即时收益的比较，做出合乎理性的决定。这种收益为 R+y，但它未来的收益假设为 0，行会处罚所付出的成本为 d，则未来两者支付为（0，B-d）；如果不处罚，行业秩序混乱，行会成员所得支付就一直为 R+y，而行会将面临社会舆论等压力，损失设为 e，则二者支付为（R+y，B-e），可以利用博弈树较清楚地表明两者博弈情况[①]。

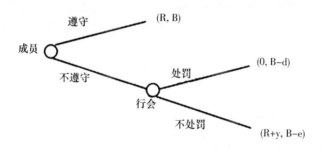

**图 2-1　行会组织与成员动态博弈关系**

在图 2-1 所示的博弈图中，如果成员遵守行规，则博弈结束；如果不遵守行规，则行会组织会采取相应的措施，即处罚或者不处罚。

---

① 其中博弈括号中的支付前者为行会成员，后者为行会组织。

命题：如果行会组织与成员之间不存在协调问题，两者都采取冷酷战略（trigger strategies），即参与人在开始时选择合作，在接下来的博弈中，如果对方合作则继续合作，而如果对方一旦背叛，则永远选择背叛，永不合作[1]。此时这个博弈具有一个子博弈精炼纳什均衡。

证明：假设存在冷酷战略，也就是说，一旦行会成员发生违规行为，则永远没有改过的机会，将永远被开除出这个行业，因而这个成员第一期总收益函数为 $R + y$，而未来所有的收益将为 0，故它未来所有总收益为 $R + y$；但如果它遵守行规，现期收益为 $R$，未来所有期数收益贴现总和为：

$$R + R \cdot \delta + R \cdot \delta^2 + R \cdot \delta^3 + \cdots + R \cdot \delta^n = \frac{R}{1 - \delta}$$

将此结果与 $R + y$ 进行比较，解不等式 $\frac{R}{1 - \delta} > R + y$ 得如下结果：$\delta > \frac{y}{R + y}$，只要此不等式成立，行业组织成员有足够的耐心和远见，认为眼前的利益不足以弥补未来的损失，则理性的成员不会轻易违反行规，从而可以证明，认为行会行规具有较强约束力，而且这种制度规范具有自我实施的性质，只要其中的变量没有发生变化，行规和规制会一直持续下去。证明完毕。

## 三　回到经济史的检验

在用博弈论所得结论还必须经过历史中经济现象的检验，做到理论与史实相结合，现在我们可以通过历史来检验这个结论是否成立。

首先，假设一个具有完全信息的经济，这种假设具有合理性，因为近代行会对于惩罚是要公布信息的。如宝辉堂将"事实登诸报端以暴其丑"，可见这里的信息是相对完全的，即一旦有价格违规

---

[1] 张维迎：《博弈论与信息经济学》，上海三联书店、上海人民出版社 2004 年版，第 95 页。

现象出现，行会内部其他成员都会知道这些信息。

其次，假设行会组织中的每个成员都是理性的，他们在行动前都会权衡利弊和得失。正如前文已述，违规者在面对行规惩罚时的损失成本巨大，有可能会受到所有其他成员的排斥。从行会组织成员自律角度出发构建的各种惩罚措施，能够保障交易执行，是信用关系得以成立的基础。这些措施通过长期演化内化在行会组织、制度和文化之中，最终成为行会会员的行为偏好。每个成员都认为只有严格遵守业规才是最优选择，而违反业规的结局最不经济，从而形成一种能够被会员普遍接受的价值观和信用文化。历史比较制度分析的制度变迁和路径依赖理论能够对从个体的信任到动态和长期演化中的组织、制度、文化中的信任更好地给以解释。

近代中国虽然有一些法律条文的制度供给，但相对于频繁的经济交易来说，国家和中央法律体系缺乏强制执行的条件，因而行规就成了重要的约束力量。历史制度分析重点正好放在缺少国家和集中法律制度强制下的自我实施制度上。从中国传统社会中"礼"与"法"的关系来看，在儒家文化传统下，以礼制为特点的非正式秩序对人们行为的约束要远远大于正式的法律规则的约束，在近代礼俗社会中，只有非常有限的法律，而且司法程序也非常不完善，因而同业内部的行业调节就显得格外重要。

最后，行会成员最优选择是遵守业规。历史比较制度分析中的重复博弈可以解释行会会员在行规面前的选择。如果只是单次博弈，行会会员的理性行为就是欺骗或者违规，因为自从欺骗以后不会再与其他成员交易，参与人从自身利益考虑选择的策略必然是不管对方选择什么行为，都选择背叛，也就是违反行规，结果导致的均衡却是两败俱伤，这就是"囚徒困境式"的博弈。如果会员认为交易只有唯一的一次，因而就有违反行规的动机。格瑞夫证明在重复博弈中，会自发地形成博弈主体间的信用机制，在行会中长期的重复博弈中就会形成声誉机制和多边惩罚机制。行会成员作为博弈主体从自身利益出发，考虑到将来的交易与合作关系，致力于形象和声誉的建立与维护，而且这种声誉非常重要，往往一旦某成员铤而走险违反行规，最终会导致身败名裂而被开除出行会。各成员必须要严格遵守行规，在短期来看似乎对成员不经济，但从长期来看，遵守业规带来的收入预期远远超过采取欺骗和违规行为所获得的全部短期利益。

总之，历史比较制度分析非常重视文化因素在历史路径依赖中的作用。文化与制度间的互动和相互作用，构成了社会历史变迁的动态过程，传统的儒家文化以及义利观对行业行规中多边惩罚机制具有保障作用。从档案史料来看，行会组织会馆和公所有传统经济伦理思想中的义利观，价格违规者将会被业内所不耻，由于声誉影响所造成的损失远远超过违规业规的利得，因而通过这种内在的约束机制能够有效限制违规行为的发生。从而，我们可以认为它们所采用的价格协调机制具有自我实施的特点。

但是行规的约束功能也不是一成不变的，特别是随着市场经济的发展，这种传统的行业组织也逐渐向更具有近代色彩的同业公会转变，行规的自我实施特点也在发生变化，原因在于博弈过程中的参数和变量发生改变从而导致行规约束的自我削弱，本书其后部分将会分别对此问题进行论述。

# 第四节　小结

旧式行会组织会馆和公所，学界一般认为它们具有一定的封闭性。从广义上来看，它们也是同业组织，因而也属于本书的研究范围。向近代化新式工商同业公会转变过程中，发挥过比较积极的协调作用。由于业缘或者是地缘的关系而组织成立的行业组织，曾经扮演过第三部门的角色，有利于维护正常的市场交易秩序。

清末以降至民国，旧式行业组织具有比较完全的制度价格权限。在一般的业规中，价格是重要内容之一。通过集体商议，行业组织制定的价格具有指导意义，能够比较有效地减少市场交易中的恶性竞争。在价格的执行方面，它们采用多边惩罚机制，即按照事先约定，行业组织内部可能形成一个类似于联盟的组织，它们可以起到实施多边惩罚的作用，如果某一成员违规将会面对来自联盟组织多方面的惩罚。由于违规具有较高成本，甚至会被永远开除出相关行业，因而能够较好约束成员的价格行为。通过历史比较制度分析，认为传统文化因素促进多边惩罚机制的形成，从而有利于价格协调机制的自我实施。

总之，旧式行业组织的价格协调机制自我实施特点非常明显，行业组织的经济行为在一定程度上可以弥补国家正式制度的供给不足。

# 第三章 自由经济：同业公会自主协调

　　第二章论述了上海清末以及民国初期即北洋政府时期旧式行会组织即会馆和公所的价格协调，并且通过历史制度分析方法论述了多边惩罚机制实行的背景和原因。本章研究时期为 1917—1937 年。因为 1917 年北洋政府颁布《工商同业公会规则》以后，开始出现真正意义上的同业公会，而 1937 年对于中国和上海都是很重要的年份，从经济上看，1937 年之前南京国民政府虽然也有统制经济成分，特别是大萧条之后，受到欧美等国统制经济政策的影响，国内从学界到政界都涌现出各种统制经济思潮，国民党五届一中全会通过《确定国民经济建设实施计划大纲案》，确定"建设国民经济，必须为全盘之统制"的基调[①]。但总体来说自由经济占据主导地位[②]，因而，本章时间的节点选择不是 1935 年，而是 1937 年。以 1937 年抗战前上海同业公会行业价格协调作为研究对象，分析在政府管制相对较松的环境下，同业公会价格协调的形成、执行和惩罚机制，可以更清晰地认识同业公会作为第三部门在民国经济社会中的功能，可以比较完整地了解在政府有限甚至是缺乏管理的环境下，同业公会如何实现行业自治以及如何协调管理行业内外价格。在执行价格机制方面，战前自由经济时期的同业公会与旧式行

---

　　① 徐建生：《民国时期经济政策的沿袭与变异（1912—1937）》，福建人民出版社 2006 年版，第 55 页。

　　② 郑会欣：《战前"统制经济"学说的讨论及其实践》，《南京大学学报》（哲学·人文科学·社会科学版）2006 年第 1 期。

会组织存在较大差异，表现在行业内部约束力的减弱，同业公会内部处罚机制、方式和特点随着现代化程度的增强发生了变化。而且由于社会政治经济形势的差异，同业公会价格协调也存在着明显不同。在自由经济时期，国民政府较少管制工商业同业公会，行业价格由市场自由决定，但是由于政府缺乏相应的价格法律法规，协调市场价格的任务就落到了工商同业公会身上。

## 第一节　自由经济：市场和行业组织的角色定位

自 1912 年南京临时国民政府成立，到 1949 年南京国民政府结束在中国大陆的统治为止，作为重要的经济主体，政府、企业和市场的关系随着民国时期国际国内政治经济形势的变化，而发生巨大的变化。每个阶段它们之间的关系都呈现非常明显的时代特点，对同业公会价格功能的发挥也具有不同的影响作用。按照政府对市场的管制程度，民国时期的经济形式可以分为自由经济和统制经济。前者主要表现在政府对市场管制相对较少，政府法律法规供给不足，同业公会较多地行使价格协调和管理功能。而后者却因为世界经济萧条、战事频繁以及物价高涨，南京国民政府和汪伪政权都在上海采取过统制政策，而物价统制成为统制经济的重要组成部分。

### 一　自由经济及民国的自由经济形态

自由经济是一种没有政府干预自由放任状态的经济形态，有时候也被称为经济自由（Economic Freedom）。据《新帕尔格雷夫经济学大辞典》解释，经济自由通过与别人交换而取得收益，这种收益可以通过市场的自发作用得到充分实现。市场是一个"发现的过程"，在这个过程中市场的参与者根据市场的变化进行调整，在此过程中"看不见的手"自动协调人类的经济活动而不需要求助于政府干预[①]。

---

① ［英］约翰·伊特韦尔、［美］默里·米尔盖特、［美］彼得·纽曼：《新帕尔格雷夫经济学大辞典（第二卷 E－J）》，经济科学出版社 1996 年版，第 35 页。

经济自由状态没有政府干预，经济能够按照市场供求规律正常运行，这种经济形态非常的要素是自由竞争，生产、分配和消费都不需要政府的参与。上海在北洋政府到南京国民政府的 20 世纪 30 年代早期基本上处于自由经济状态。

学界大多都是从政府强弱的视角分析民国自由经济存在的政治背景和制度基础。清朝覆灭之后，北洋政府虽然在名义上推翻了封建帝制，但是从实质上来说，它只相当于一个弱政府。有的学者甚至认为 1912—1949 年，中国存在两个民国，而 1927 年之前的民国是极度自由的时期[①]。内外交困的北洋政府，面临各种压力，政治不稳定直接导致政府权威的弱化[②]。而这种国家力量的弱化，使得经济秩序较少受到政府"有形之手"的干预，相对自由和规范的市场环境逐渐形成，在无形中促成了另一股力量的相对强大，那就是民间力量的兴起，二者之间力量此消彼长。政府管理能力缺失，导致以同业公会为代表的民间力量得到较快的发展。在价格协调和管理方面，更是没有颁布价格法规约束和规范市场主体的行为。北洋政府因为太弱而无法控制诸多行业，民国经济是按照市场经济规律自由发展，政府虽然制定若干法律，但是数量太少，不足以支撑各种行业市场秩序，因而各种民间制度和规则约束就显得尤为重要[③]。在上海的同业公会章程中，业规就是非常典型的行业约束，在缺乏公共调解机构和相关制度安排的环境下，这种软约束可以发挥积极的管理功能。

除了政府软弱的原因之外，北洋政府以至南京国民政府前期都是自由经济的原因，还包括自由经济思潮的滥觞与兴起，许多经济自由主义思想逐渐被应用到经济政策与实践之中，比如 1913 年张謇在《宣布就部任时之政策》中提到，"自今为始，凡隶属本部之

---

① 吴晓波：《历代经济变革得失》，浙江大学出版社 2013 年版，第 159—160 页。

② 黄翰鑫：《近代中央权威弱化下的经济现代化研究》，硕士学位论文，云南大学，2011 年，第 79 页。

③ 杜恂诚：《关于金融法制的几点断想》，载吴景平、李克渊《现代化与国际化进程中的中国金融法制建设》，复旦大学出版社 2008 年版，第 15 页。

官业，概行停罢，或予招商顶办，惟择一二大宗实业，如丝、茶叶、改良制造之类，为一私或一公司所不能举办，而又确有关于社会农商业之进退者，酌量财力，规画（划）经营，以引起人民之兴趣，余悉听之民办"。① 这就是非常典型的鼓励民间资本兴办农工商业的自由经济思想，希望能够使民族资本在资本保护扶植下得到一丝生存空间。北洋时期民族资产阶级"共和政体成立，建设我新社会，以竞胜争存"的愿景信念和舆论倾向，使得民国初年充满了民族主义和自由主义精神②。

## 二　自由经济时期的同业公会法律
### （一）《工商同业公会规则》的颁布及修订

1917 年 2 月 24 日，北洋政府农商部第 45 号令公布《工商同业公会规则》，这是民国第一部关于同业公会的法律。它主要包括同业公会的成立、规章以及日常事务等相关内容。规定成立同业公会的目的和宗旨在于"以维持同业公共利益，矫正营业上之弊害为宗旨"，各同业公会规章应该载明公会的名称、地点、目的、办法、职员选举、权限、会议、入会、出会、费用负担以及违反规章的处罚等③。起初该规则规定同业从业人员在 10 人以上，只要具有相应经营地点和营业种类，经过主管官署同意批准就可以成立④。但由于当时政局非常不稳定，兵荒马乱，军阀混战，很多规定都成了一纸空文，能够真正履行和实现的并不多⑤。总体来说，《规则》只是粗线条地规定同业公会设立的相关问题，因而内容简单，语焉不详。尽管如此，这一法规的出台，标志着新式工商同业公会开始代替以往旧式行会组织，现代资产阶级性质的民间工商团体正式开始

---

① 张謇：《张謇自述》，安徽文艺出版社 2014 年版，第 245—246 页。
② 徐建生：《民国时期经济政策的沿袭与变异（1912—1937）》，福建人民出版社 2006 年版，第 33—35 页。
③ 《法令——工商同业公会规则》，《东方杂志》1917 年第 4 期。
④ 庞玉洁：《开埠通商与近代天津商人》，天津古籍出版社 2004 年版，第 163 页；刘佛丁、李一翔、张东刚、王玉茹：《工商制度志》，上海人民出版社 1998 年版，第 378 页。
⑤ 张仲礼：《近代上海城市研究》，上海人民出版社 1990 年版，第 537 页。

出现。从此，同业公会成为调节行业经济的重要力量。

在 1917 年 4 月北洋政府农商部制定《工商同业公会规则》之后，该部认为有可能导致全国各地利用相关规则集合不正当团体，于是在 1918 年 4 月 27 日重新修订同业公会规则。

新规则比较全面地规定了同业公会的目的、章程、组织、选举和职员等各个方面的内容，主要内容如下所示。①

（1）工商同业公会，以维持同业公共利益，矫正营业之弊害为宗旨；

（2）工商同业公会之设立，以各地方各重要营业为限，其种类范围，由该处总商会、商会认定之。凡属手工劳动及设场屋以集客之营业，不得依照本规则设立工商同业公会；

（3）工商同业公会之设立，须由同业中三人以上之资望素孚者发起，并要制定规章经该处总商会、商会查明，由地方长官呈候地方主管官厅或地方最高行政长官核准，并汇报农商部备案；

（4）前项规章，应载明左列各款，经同一区域内四分之三以上之同业者议决：名称及所在地；宗旨及办法；职员之选举方法及其权限；关于会议之规程；关于同业大会及出会之规程；关于费用之筹集及收支方法；关于违背规章者处分之方法；

（5）同一区域内之工商同业者设立公会，以一会为限；

（6）工商同业公会，不得以同业公会名义，而为营利性事业；

（7）工商同业公会，如有违背法令，逾越权限，或妨害公益时，地方主管官厅或最高行政长官，得命解散并报农商部备案；

（8）工商同业公会之职员，有违背规章之重大情事时，得由公会议决除名。

**（二）《工商同业公会法》的颁布**

自 1912 年民国成立以来，有关工商同业公会最主要的法律法规分别是 1917 年和 1918 年的《工商同业公会规则》以及 1929 年

---

① 以下内容来自民国期刊《银行周报》1918 年第 2 卷第 18 期内容，笔者在此进行语言简单修正。

的《工商同业公会法》，后者于 1929 年 8 月 17 日由南京国民政府公布。为了将旧有的工商业团体改造成为新式工商同业公会，南京政府成立以后，便颁布了《工商同业公会法》及其《施行细则》，其中规定，同业公会"以维持增进同业之公共利益及矫正营业中弊害者为宗旨"。同一区域内经营正当之工业或商业者，有 7 家以上的同业公司或行号，均须依法设立同业公会，并强制规定原有的工商各团体限令在一年之内必须改组完成。此法无论在形式上还是在内容上都比前者完善，强制要求各行业都要成立同业公会，比较详细地规定同业公会在数量、资质、主管部门、名称和职员等各方面的要求。

相比较而言，《工商同业公会法》（以下简称《公会法》）与北洋政府时期的《工商同业公会规则》（以下简称《规则》）有相同的地方，比如宗旨都是为了同业的整体利益，矫正行业中各种弊害；同一地区都以一业为限；出入会资格；职员选举；不得进行营利事情等[1]。不同之处主要体现在以下几个方面。

1. 行业范围要求存在差异

《公会法》第一条明确指出"凡在同一区域内经营各种正当之工业或商业者均得依本法设立同业公会"[2]，具有强制性。这一点与《规则》区别明显，在《规则》中第二条是要求重要行业，而且还必须经过商会的认定，不具有强制性，政府对同业公会的态度发生变化，缘于北洋政府时期社会动荡，政府具有限制民间随意组织团体的考虑。1927 年南京国民政府成立以后，在形式上已经统一了全国，政局相对于北洋政府时期要稳定。随着工商业经济的发展，政府需要同业公会发挥第三部门作用，积极配合政府进行市场和行业协调，因而强制要求正当行业必须成立同业公会。

2. 发起人数量和规章要求不同

《规则》中要求同业中声望较高的三人发起组织成立同业公会，

---

① 《工商同业公会法施行细则》，《工商公报》1930 年第 20 期。
② 《工商同业公会法》，《工商公报》1929 年第 16 期。

而《公会法》要求同业公会成立必须要有同业公司行号7家以上发起；另外有关同业公会各种决议必须要通过一定数量比例会员同意才能通过，这个比例在两部法规中要求不一样，《规则》要求同一区域内四分之三以上同业者决议才能通过，而《公会法》只要求公司行号代表的三分之二参加就可以。

3. 对同业公会行业管理事务规定趋于细致化

《规则》内容相对简单，只有八条规定，仅从宏观方面规定同业公会的从属以及业务开展的基本方向，没有详细解释同业公会实施管理的职责和义务。比如在代表选举方面，《规则》只在第四条中规定"职员之选举方法及其权限"，寥寥几字，没有更多解释。而在《公会法》中，就明显不同，第八条比较详细地规定"会员选举之代表，每一公司行号得派一人，但其最近一年间平均使用人数超过十五人者，得增加代表一人"。

4. 执行效果明显不同

《规则》颁布之后，施行起来并不顺利。当时上海市总商会是持反对态度的，因为它考虑到该规则的实施会引起工商界人士的误解，可能会让上海各同业公会乃至工商界之间产生分歧而造成组织分化，最终农商部接受市总商会的请求，暂缓施行该规则。而《公会法》却具有强制性，在该法出台之前，同业公会的成立具有较强的自主性，是否成立公会完全由行业中各企业自由决定，没有受到政府法令的监管和控制。但《公会法》颁布之后，各行业不仅必须成立同业公会，而且要接受政府的监管。

可见，在自由经济时期，民国政府对同业公会的立法经历了一个不断发展和不断完善的过程，同业公会设立的范围逐渐扩大，并且由自愿组织成立转变为强制成立，这也体现政府制定同业公会政策逐渐走向成熟，对同业公会的控制也不断加强。

（三）上海同业公会数量增加

这部工商同业公会法律颁布以后，上海同业公会数量逐渐增加，几乎每个行业都有同业公会。实际上，南京国民政府颁布《公会法》的目的在于通过纳入法制轨道而实现对其全面的控制。

依照该法规，上海各同业公会必须重新登记、整理和改组。凡是上海市各行业同业公会，不论成立于什么时候，都必须按照上海市社会局的具体规定，只有通过后者的审核，才能正式成为新式同业公会。到 1931 年，上海市经过重新登记成立的同业公会有 136 家①。另据 1935 年《上海市年鉴》记载，"截至最近止，工商同业公会二百七十二，同业公会联合会三。惟其中组织健全者，计一百四十一会，共有公司行号一万零三百五十四家。其余一百三十一会，或在筹备中，或在组织训练中"②。可见，国民政府的强制性同业公会法令，在客观上确实起到了规范和促进同业公会有序发展的作用。

## 第二节　自由经济下的同业公会价格管理

在自由放任经济时代，由于政府管制相对较少，使作为社会力量的民间工商业组织团体具有较大活动空间。在这样的格局下，国家法律制度供给有限，同业公会利用章程和业规可以弥补政府制度供给的缺失，进行行业价格管理和协调，维护行业和市场交易的正常秩序，促进行业朝健康方向发展。价格是同业公会业规中重要内容③。本节研究背景为全面抗战前的自由经济环境，分析同业公会价格协调功能，详细阐释同业公会价格形成机制、协调方式以及惩罚手段，以完整地再现同业公会实施价格管理和协调的表现形式和内在动力。然后通过典型案例，论述同业公会价格管理行为，考察该时期上海同业公会价格协调的方式、特点、作用以及与政府的关系。

---

① 沈祖炜：《近代中国企业、制度和发展》，上海人民出版社 2014 年版，第 70—72 页。

② 上海市通志馆年鉴委员会：《上海市年鉴》，上海市通志馆 1935 年版，第 R28—35 页。

③ 同业公会业规条款中都比较清楚地规定"价目"或"价格"，其中要求同业通过一定方式制定或议定价格，然后按照业规要求严格遵守价格，如遇违反价格情形发生时，业规和章程中同样也有相应处罚制度说明。

## 一 同业公会价格议定机制

同业公会是代表行业利益的组织，对于本行业生产成本和价格，它们具有比较完全的信息，基本了解行业和会员的特点。民国时期，政府没有专门制定和管理价格的机构，也没有特定的价格法律规范，行业价格本应随成本变化和市场供求等关系变化而发生改变，但是在没有约束的市场中，从业人员具有投机心理，私自降低价格从而引起连锁反应，造成行业价格的混乱，进而对市场正常秩序造成很大的影响。《工商同业公会法》规定同业公会的宗旨和目的是"维持增进同业之福利及矫正营业之弊害"①，而且每个行业的同业公会业规也明确表示此宗旨，因而同业公会对于市场混乱的价格现象具有协调的职责。

### （一）同业公会业规中有关价格规定

在 1917 年由北洋政府颁布的《工商同业公会规则》以及次年修改的规则中都规定同业公会要制定相应规章制度，1929 年南京国民政府新颁布的《工商同业公会法》中更详细地规定了同业公会章程制度，其中各业同业公会都必须在章程中非常明确地规定价目或价格条款，并且还要有详细的执行依据和惩罚措施。比如上海银楼同业公会业规定：金银货物之价目，及柜上收进生旧金银之定价，概依交易所之调价为准，惟银两须另加润益费银，此项费银之多寡，由本会查核市情，随时议定，呈请社会局核准，并送请市商会备查，通告各会员一律遵照，不得擅自升降；同业所售金银货物，依据重量，核计价格外，每物每件，依照工程另加工资若干，但银质器皿亦可论件计算；顾客有以生旧金银，调换物品者，应察其成色之优劣时值核价，或遇有焊水之物品者，须当面核实照除，但无论外牌本牌，每两须贴熔耗一分；同业如有新开业、迁移、换记和开幕纪念等情形之一时，得核减金银售价及工资等项，每次至

---

① 严谔声：《上海商事惯例》，新声通讯社出版部 1936 年版，第 257—588 页。

多以一星期为限①。

这是比较典型的与价格有关规定的条款，在当时商事惯例中非常普遍。同业公会业规中的价格一般具有的内容包括价格数目、计价单位、计价标准、优惠和折扣标准等，规定非常详细，具有指导行业价格标准的功能。

**（二）议定价格机制**

自从《工商同业公会规则》颁布以后，旧式行会组织经过改组，新式行业同业公会不断出现，同业公会对价格进行协调，采用契约约束的方式限制同业价格违规行为。在自由经济时期，在议价方面，与以往旧式行业组织会馆和公所具有相似点，表现在通过行业会议并且签订合同或契约，以书面契约的形式限定同业价格行为。订立合同议据是比较常见的商事习惯，由于没有相应国家法律约束，商事习惯就成了重要的民间法律，具有维持行业秩序的作用。

上海烛业公所在改为上海烛商业同业公会之后，也遵守原来会议商定价格的惯例，该同业公所又于 1926 年 10 月、1928 年 1 月和 1937 年 5 月 1 日分别再次议定价格，也是通过契约形式规定价格和期限，其中在 1937 年 5 月 1 日由于同业源丰润林记和新源丰兴记售价出现差异，烛业同业公会对此进行协调②。"前因售价，彼此略有参差，兹承柚蜡业暨本业会员共同调解成立③"，并且在契约合同中规定："自即日起源丰润林记贡烛每斤售价照公盘提增八厘，新源丰兴记照公盘售价。嗣后如遇公盘增减，两号继续依此为例，新源丰兴记始终遵守公盘，源丰润林记亦始终照公盘每斤售高八厘，事出两愿，各不渝约，恐后无凭，特立此信约据一纸签交本业

---

① 严谔声：《上海商事惯例》，新声通讯社出版部 1936 年版，第 499 页。
② 宝辉堂在 1929 年《工商同业公会法》颁布之后改名为烛业同业公会。
③ 《宝辉堂烛业公所各成员送交该所的允议书存执》，1926 年，上海档案馆藏，资料号：S435－1－10－2。

同业公会存照。"①

不仅烛业同业公会以契约形式议定价格，上海很多同业公会在确定同业价格方面也采用同样的方式，并且按照契约中所规定的条款进行价格操作。1933 年 12 月 15 日，上海箔商业同业公会召开临时会员代表会议议案行业价格，由于之前同业中存在竞价行为，同业公会的态度和处理方式是如果已经发放减价传单，或者是已经登报载明低价出卖者，不再追究，并允许这种行为持续到该年的 12 月 25 日，但为了今后行业信誉和整体利益，有必要重新议定价格，并且要求同业严格遵守。会议规定自 1933 年 12 月 26 日起，"应仍照本公会市价单统一售价不得紊乱"。②

### （三） 议价机制特点

#### 1. 较强约束力

同业公会的议定价格方式具有明显特点和代表性，具有比较强的约束力，以契约形式规定和执行价格。在清末民初同业组织议定价格需要所有同业会员一致同意通过，而在《工商同业公会法》以后，同业公会举行会员大会商议价格时，只需要大多数成员同意即可，如上海度量衡器业同业公会业规中规定凡同业商品价目，由本会执监委员会议定价目单，提交会员大会 2/3 以上之通过，呈请市社会局核准后才可以实施；而蛋业同业公会只要求半数同意就能通过③。在行会时代，传统会馆和公所相对独立，所议定的价格可以立刻得到执行，而在民国时期同业公会价格政策经历了从制定到议定的变化，所议定价格必须呈报上级主管部门备案以后才能实施。

议定价格是必须遵守的，所定价格不仅适用于会员，对非会员也具有约束力。如 1935 年由于经济行业萧条，上海旅商业同业公会制定统一八折价格政策，明确要求上海市区内会员与非会员同时

---

① 《上海市箔商业同业公会关于同业间贱卖货品的纠纷及整顿南北同业自由竞卖、议订统一售价办法的记录簿》，1933 年，上海档案馆藏，资料号：S437 - 1 - 20。
② 同上。
③ 严谔声：《上海商事惯例》，新声通讯社出版部 1936 年版，第 424 页。

遵守划一价格①。但也有特殊情况。有的同业公会考虑到新开张或乔迁新址同业的利益，允许它们在一定期限内不遵守议定价格，给予相对优惠的差别待遇，但这种差别维持时间不长，一般在制定业规或者会员大会中明确提出持续时间。如上海南货业同业公会业规第二章价目第六条规定："同业中如有新开张、地址迁移和更换牌记和新屋落成等情况，得举行减价，并规定第一天每斤照码减八折，第二天每斤得减八四折，第三天每斤得照码减九二折，第四天起，依照本会定价发售并须将减价起讫日期于事前三天内通知本会，至左右邻近同业，均须情让三天，不得随同减跌。"② 再如前文所述的烛业同业公会批准自5月1日起至31日止，新源丰兴记照议定价格每斤减价八厘，但到6月1日必须按照公盘门市出售，不再有价格差异③。

2. 灵活性

有的商品本身价格变化很快，特别是时令商品和不宜长久储藏的商品，同业公会一般会频繁举行会员大会对商品实施议价。比如上海蛋业同业公会业规中规定，"鲜鸡鸭蛋，每七天议价一次；咸蛋每半月议价一次；彩蛋每个月议价一次，均由公会制定议价日期表"④。上海新药业同业公会在业规中也有类似规定，第二章价目第四条规定：同业价目，凡属繁销货物，由本会组织之评价委员会，随时议定日价单，呈请社会局核准，并送市商会备案后，通告同业遵守之，何者为繁销货，除出品人自己请求外，由评价委员会审定之，评价委员会章程另定⑤。有的同业公会还成立评价委员会，如上海市杂粮零售业同业公会业规第四条规定：同业货价，由本会组织成立评价委员会，逐日看来源之多寡及市价之上落，议定价

---

① 《上海市旅商业同业公会为划一同业房价和劝告同业不要减价竞争的有关文书以及会员对划一房价所提意见的来函》，1935年，上海档案馆藏，资料号：S335-1-85。

② 严谔声：《上海商事惯例》，新声通讯社出版部1936年版，第544页。

③ 《宝辉堂烛业公所各成员送交该所的允议书存执》，1926年，上海档案馆藏，资料号：S435-1-10-2。

④ 严谔声：《上海商事惯例》，新声通讯社出版部1936年版，第575页。

⑤ 同上书，第509页。

目，呈请社会局核准，并请送市商会备案①。

某些行业产品具有多样性，同业公会根据产品特点制定对应价格，如上海鸡鸭行业制定的价目条款很充分地体现了产品和区域特点：

第二章　价目（鸡以量计，鸭鹅以只计）

第四条：同业各行，每日于轮船到埠时，均由鸡鸭挡手，会同客户，到公会议定价目，通知各同业，一律遵守；

（1）各行所到之鸡鸭鹅各货，以轮船到埠时，查看市情，估计涨落，以公定议价为标准；

（2）鸡只南北两市，轮船到埠，或有先后，先到者先行喂售，至所售之价，须待后船所到之货，通盘统计，以定涨落，若后船埠已晚，则所来之货，次早或有涨落，亦当随时公议价目出售；

（3）鸡之价目高低，以货面别，何处出产，即定何处价格，议单注明，不得私自增改，亦不得更换出产地名，或擅自抬高价目；

（4）雌雄鸡当分称，以清界限，不得混淆；

（5）鸭鹅到埠，先由各行鸭鹅挡手，集合公会，会同客家，照市议定顶码价目，次者依照减出售，惟不得超过顶码，倘有分道之鸭，必须先至公会，互相议定价目，而后出售；

（6）本会公议价目，须审查来源去路，以当日之情形，不得以个人之私见为转移。②

同业公会价格标准因为行业产品特性不同而存在区别，这体现了同业公会价格协调的灵活性。

## 二　同业公会议价执行机制

同业公会议定价格之后，要求会员及非会员都按照所议价格进行市场交易。在北洋政府时期，同业公会行业自治权限相对较高，行业治理基本由同业公会完成，价格协调方面表现为可以自

---

① 严谔声：《上海商事惯例》，新声通讯社出版部 1936 年版，第 495 页。
② 同上书，第 531 页。

主决定会员价格及价格调整；但在南京国民政府时期，由于政府加强对行业组织的管理，政府与同业公会存在着授权和制约的关系①，因而后者的权限有所限制。但总的来说，在 1937 年之前，上海同业公会是相对比较独立的中间组织，能够自主或者通过政府部门积极协调行业价格。同业公会议价执行机制主要包括两个方面：对同业会员价格调整的态度和规定，调节会员之间由于议价而产生的纠纷，即同业内部价格协调；行业间协调价格，即同业外部价格协调。

**（一）对同业价格调整的规定**

同业会员大会决议的价格一般都有期限，在此期限之间，同业价格不能随意改变和调整，但是如果有特殊情况，如新开张、地址迁移、更换牌记和新屋落成等，会员可以申请调整价格，但必须得到同业公会批准以及在社会局备案。

上海烛商业同业公会在 1936 年 5 月 1 日立信约据，会员源丰润林记和新源丰兴记两店要求调整部分产品价格，同业公会邀请蜡业代表范宗林、烛业代表魏柏年、毛云卿、檀香业代表等做见证，批准了两店的申请，复文如下：

> 又批二斤加工花烛每对二元四角，二斤普通花烛每对二元，二斤描烛每对一元八角；又批自五月一日起至五月三十一日止特许新源丰兴记照公盘每斤减售八厘，惟至六月一日即须按照公盘门售，不得稍有参差。②

同业公会业规中规定如遇特殊情形需要调整价格，提前告知同业公会并且得到同意后可以调整价格。如上海腌腊业同业公会规定："凡同业中，倘有独存呆货过多，须放盘减价者，应于五日前

---

① 魏文享：《制约、授权与规范——试论南京国民政府时期对同业公会的管理》，《华中师范大学学报》（人文社会科学版）2004 年第 4 期。

② 《宝辉堂烛业公所各成员送交该所的允议书存执》，1926 年，上海档案馆藏，资料号：S435 - 1 - 10 - 2。

函报本会许可，或迳呈社会局核夺之。"①

## （二）调解同业内部价格纠纷

调解纠纷是同业公会职能之一，合理有效地处理纠纷，可以加强同业间联系与合作，有利于市场秩序稳定，是行业发展必不可少的润滑剂。在价格方面，即使有业规约束同业会员的行为，也会存在同业违规行为，完全避免违规是不可能的。调节价格纠纷是同业公会价格执行机制的重要组成部分，只有较圆满地处理好纠纷，所议价格才能得到执行。否则，价格协调机制只能是一纸空文。同业议价在实际运行操作过程中，一些会员可能会私自调整价格，调价行为影响到其他会员的经济利益，行业纠纷不可避免。

1932 年，上海煤商业同业公会处理了一起因会员调整价格而产生的纠纷。12 月 24 日，煤商业同业公会会员森茂慎来文指责义泰兴私自将煤价贱卖，违背业规，请同业公会给予制裁，并要求赔偿该号名誉及营业损失②。会员森茂慎与上海一品香及中国饭店有口头约定，即该煤号每年冬天给这两家饭店提供开平块煤，每吨计价 13.5 元。但由于义泰兴煤号私自降价，削价贱卖，以 12 元每吨的低价进行不正当的竞争，导致森茂慎营业和名誉损失非常严重，因而请煤商业同业公会对此进行干预，并严惩义泰兴，让其赔偿损失。之前同业公会临时会员大会已经制定煤类详细价格，并呈上海市社会局批准备案，要求所有会员都不得故意破坏价格标准。"义泰兴不但为公会会员，且为执行委员之宜，当重会章，恪守业规，以为同业表率，竟背道而驰，明知故犯，实犹违背业规第二条及第五条之规定。"③

---

① 严谔声：《上海商事惯例》，新声通讯社出版部 1936 年版，第 531 页。

② 书中有关上海煤商业同业公会会员间价格纠纷的史料都来自上海档案馆馆藏档案，《上海市煤商业同业公会会员向为落价竞争联名提出评价意见书、要求评委会划一市价及调处仓煤纠纷的来往文书》，1932 年，上海档案馆馆藏，资料号：S304-1-131。在不违背档案原意条件下，笔者对语言和数字进行相应处理，以方便读者阅读。

③ 《上海市煤商业同业公会会员向为落价竞争联名提出评价意见书、要求评委会划一市价及调处仓煤纠纷的来往文书》，1932 年，上海档案馆馆藏，资料号：S304-1-131。

两天之后，即 12 月 26 日，被指控存在价格违规的煤号义泰兴做出回应，认为森茂慎声称出售于一品香和中国饭店的煤块价格为 13.5 元，也并没有遵守同业公会价格，因为之前公会所定价格为开平煤每吨至少 14 元[①]。所以，义泰兴反问森茂慎是否遵守价格标准。义泰兴对自身违规价格承认不讳，但也指责森茂慎同样存在降价行为，而且认为不能因为只是口约就不存在抵触业规的情况，两者间的纠纷逐渐白热化。在 12 月 30 日，森茂慎再一次就义泰兴的回应请求同业公会处理，认为自身定价 13.5 元是在同业公会议定价格之前就已经存在的事实，同业公会允许该价格持续一个星期，因而不受议价限制，而义泰兴 12 元的价格是在同业公会议价之后形成的，因而明显违反业规，应当受到严惩[②]。

煤商业同业公会经过半个月的仔细考察，会公派陈渭滨、陈友锜、陈玉书、杨润生四委员先后调查，结论认为森茂慎煤号并没有破坏公议煤价的行为，而是义泰兴号破坏了业规。1 月 14 日第 17 次执监委员联席会议，由韩承傅、丁莲表两委员报告发往义泰兴说明该煤号应负破坏公议煤价的责任。结果该号经理沈锦洲愿意接受处罚，给东北义勇军捐款 200 元，同业公会并对义泰兴号提出警告，至此该起价格纠纷问题得到妥善解决。可见，同业公会在价格执行过程中严格按照业规操作，对于价格违规行为，不是只听一面之词，而是进行较长时间的调查得出比较可靠的结论，从而尽量减少同业价格违规行为发生率，确保公会价格具有实在效力。

**（三）行业外部价格协调**

同业公会价格协调不仅针对行业内部的调节，还包括当行业受到外部冲击的时候，所采取的各种维护行业利益的行为。外部冲击，是独立于行业存在的事实，既包括国内的其他行业影响，也包

---

① 《上海市煤商业同业公会会员向为落价竞争联名提出评价意见书、要求评委会划一市价及调处仓煤纠纷的来往文书》，1932 年，上海档案馆藏，资料号：S304 - 1 - 131。

② 《上海市煤商业同业公会会员向为落价竞争联名提出评价意见书、要求评委会划一市价及调处仓煤纠纷的来往文书》，1932 年，上海档案馆藏，资料号：S304 - 1 - 131。

括国际的外国商品和行业的冲击作用。行业发展不是孤立的，每个行业都会与其他国内外行业发生业务联系，尤其是民国时期，上海作为中国最重要的工商业城市，其很高的开放程度决定了上海市场无法做到独善其身，相反，近代上海的现代化和全球化促使它更进一步与国际接轨，其所受影响也是首当其冲的。在物价上，表现为上海物价极易受到国际经济形势和商品倾销的冲击。因而，同业公会议定价格的时候，不仅要了解行业自身的特点，也要综合考虑影响行业价格的外在因素，包括国内其他行业价格以及国外商品倾销价格的破坏作用。这种现象在 1937 年之前的上海同业公会间普遍存在。本节将结合典型的案例，分别从国内与国外两个途径说明行业外部价格协调。

1. 国内环境下的外部行业价格协商

行业间价格协调一般发生在某行业的上下游关联行业中，行业关联度决定了价格协调必要程度，即关联度越高，彼此价格关系也就越密切，协调的必要性就越强，反之，则越弱。本质上，行业之间的价格协调，其实就是一场行业间的价格谈判。

首先，如果以单个成员进行价格谈判，谈判力量过于弱小，谈判成本巨大，很难游说其他行业修改价格。而在大多数时期，由于其他行业成本增加，提价势在必行，似乎也在情理之中，此时要限制其他行业的价格行为，难度很大，几乎没有可能。所以就需要请求同业公会作为谈判代表，维护行业利益。

其次，就是谈判效果较差，而以同业公会作为协调和谈判主体力量，可以节约成本，增加协调成功的可能性。

最后，如果没有发生行业之间的价格谈判行为，一般来说，下游行业的同业公会会依据上游行业价格的变化，而做适应性的价格调整。同业公会这种调整，可以起到缓解行业压力的作用，同时还可以限定行业内部的调价幅度，约束行业部分会员的投机行为，即防止一些会员趁机随意调价。

上海青蓝染业同业公会与布业公所业务关系非常密切，染布号给布业商号提供染色服务，具有多年合作经历。1929 年 7 月 9 日，青蓝染业同业公会写信给布业公所，指出因为染业工资增加，原料价格上涨，希望从该年 7 月 7 日开始核准染色程度，按布加价，以维持染业血本，并且随信附上染色不同品种的成本单①。

表 3－1　　　　　　　　　染色核实成本单　　　（单位：每百匹洋元）

| 染色品种 | 大成32 蓝 | 二副32 蓝 | 三副32 蓝 | 三号小毛宝 | 四号小毛宝 | 五号小毛宝 | 四号套毛宝 | 五号套毛宝 | 六号套毛宝 |
| --- | --- | --- | --- | --- | --- | --- | --- | --- | --- |
| 成本价 | 50 | 44 | 40 | 21 | 19 | 17 | 9 | 8 | 7 |

资料来源：《上海市青蓝染业同业公会同商定土布染价有关文书》，1929 年，上海档案馆藏，资料号：S232－1－26。

该同业公会向布业公所提供成本单，旨在说明该行成本增加很快，希望对方能够顾及成本因素考虑接受提高染价。随后，又在致布业公所信中提到因为关税自主之后，进口税额增高，染布原料靛青价格飞涨，之前双方所订定染价不够弥补成本，染坊每天也是惨淡经营。"布染双方唇齿相关，惟有请贵业同人加以体谅。"②

1930 年 2 月 6 日青蓝染业同业公会致信上海布业公所，提出"敝业提出增加染资函达在案，兹为持平起见，复决核定最低实码，除呈报主管机关备案并函致各布庄外，特再附上价单一份。"③ 在这份详细价单中，规定了每百匹染布不同染色品种的价格，染价单如表 3－2 所示，并且特别注明：稀套、原纱深浅按照 1929 年度整理价单一律加 5 分银元，32 加阔东纱真色毛宝照 1929 年度整理价单一律加 3 分银元④。

---

① 《上海市青蓝染业同业公会同商定土布染价有关文书》，1929 年，上海档案馆藏，资料号：S232－1－26。
② 同上。
③ 同上。
④ 同上。

表 3 - 2　　　　　**上海青蓝染业同业公会议定染价单**　　　（单位：洋元）

| 染色品种 | 价格（每百匹洋元） |
|---|---|
| 加长纱毛宝（正号至四号） | 24 |
| 加长纱毛宝（其他型号） | 22 |
| 对开纱毛宝（正号至四副号） | 20 |
| 对开纱毛宝（其他型号） | 20 |
| 32 号东毛宝 | 20 |
| 32 号江湾稀毛宝 | 14 |
| 江阴小套毛宝 | 8.5 |

资料来源：《上海市青蓝染业同业公会同商定土布染价有关文书》，1929 年，上海档案馆藏，资料号：S232 - 1 - 26。

在收到此份价格单之后，2 月 26 日，上海布业公所在回复青蓝染业同业公会函称："贵会函开并各项价目表经本会邀集讨论议决，本坊方面均可允准，此系彼此谊属唇齿，极忍痛增加。"① 经过两同业公会之间的协调，原先所议定价格也就被对方接受了。

而有时候并没有出现行业之间围绕价格议题的谈判，只有同业公会依据市场形势而进行的价格调整。这种调整看似只在行业内部进行，但实质上看，也是因为其他行业价格发生变化而进行的一种相机选择。这种情况比较普遍，比如上海书业同业公会多次调整价格，原因都是因为其他行业价格的调整。在 1931 年 7 月 30 日，书业同业公会向全行业企业发布通告，原因如下：

"前因订书业要求增加订价，讨论多次，于执委会内议决增价办法如下：

甲：洋装每万页六角半者加一角，七角及七角半者一律加五分，八角、八角半、九角者一律不加；乙：本装每万页一律加一

①《上海市青蓝染业同业公会同商定土布染价有关文书》，1929 年，上海档案馆藏，资料号：S232 - 1 - 26。

角。本年七月一日起新发订件一律照前述办法实行。"①

本书在上海档案馆复制到一张图片，可以再现该调价的详细内容，如图 3 - 1 所示：

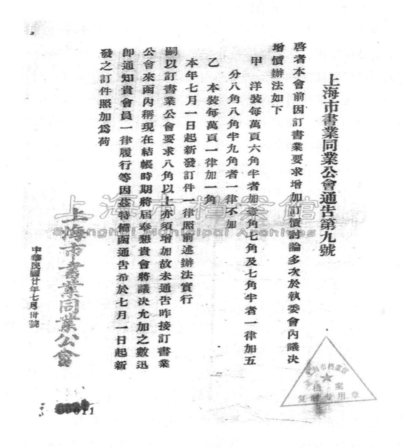

**图 3 - 1　上海市书业同业公会行业价格调整通告**

从图 3 - 1 可见，上海书业同业公会的价格调整，外因是书业价格的提高，于行业内部，为维持利益起见，必须进行相应的价格调整。这种价格协调，比较充分地体现了同业公会"知己知彼"的

———————

① 《上海市书业同业公会通告第九号》，1931 年，上海档案馆藏，资料号：S313 - 1 - 183。

特点，因为同业公会是由各行业组织成立，熟谙行业各项成本，而且具有较强价格谈判优势，能够积极发挥行业利益代表力量的作用。

2. 国外商品倾销下的价格利益诉求

1929—1933 年，资本主义世界的大萧条对中国经济也产生了深远的破坏作用，除了银价和汇率的直接影响之外，国内商品物价也因为进口商品（洋货）的价格而受到严重冲击。洋货潮水般地涌进中国市场，造成国内经济萧条，失业增加，农村经济破产。在上海，洋货倾销直接导致诸多行业面临巨大的生存压力，最直接的表现就是洋货低价倾销使得行业市场急剧缩小和商业环境恶化，迫使工商同业公会寻找各种途径以实现行业自救。

（1）20 世纪 30 年代上海洋货倾销概况

由于长期关税自主权的旁落，中国实行的是特殊的协定关税制度，这种制度有利于洋货对中国的倾销。上海作为最重要的开放工商城市，所受影响首当其冲，成为洋货倾销的重灾区。

洋货倾销造成上海物价水平总体低落。每个行业都受到洋货倾销的影响，市场价格普遍呈现下跌趋势。1929 年开始的经济危机对中国经济产生了较大破坏作用，银价及汇价剧烈波动，导致中国物价直线下跌，并且造成大量白银外流，1934 年白银出超达到 25600 余万元，同年 10 月国民政府开始征收白银出口税及平衡税，1935 年正式出超虽然减少至 5900 万元，但加上大量走私出口仍接近 2 亿元，以致国内出现通货紧缩金融恐慌的困难局面。同时，由于国内经济本身日趋衰落，造成了物价进一步下跌。国内通货紧缩，使银行收紧银根，不肯轻易放贷，引起工商业企业资金周转困难，生产经营不能顺利进行，由此导致失业增加，物价暴跌，大批工商企业破产倒闭①。据中国征信所统计，仅 1935 年中秋节前后 10 天内，上海商号一下子就倒闭了 166 家，资金外流又引起国库收入减少，国

---

① 中国科学院上海经济研究所、上海社会科学院经济研究所：《上海解放前后物价资料汇编（1921—1957）》，上海人民出版社 1958 年版，第 12 页。

际收支不平衡，这种恶性循环使社会各界均受到打击①。

国内有学者用批发物价指数表示价格走势和变动幅度②，通过上海批发物价指数表示物价增长趋势以及通货膨胀程度。批发物价指数（Wholesale Price Index，WPI）是测度通货膨胀的一种比较重要的指标，它是根据商品批发价格变化编制的指数，可以反映不同时期生产资料和消费品批发价格的变动趋势与幅度，也叫趸售物价指数。民国上海物价指数一般都用批发物价指数来表示③。本书也采用该指数来说明 1933—1935 年上海物价走势。民国政府时期，物价很多都以批发物价指数（WPI）来衡量。上海的该种指数表现不同时期生产资料和消费品批发价格变动走势与幅度相对数，其中包括粮食、其他食物、纺织品及其原料、金属、燃料、建筑材料、化学品和杂项等 154 种物品。由于批发价格是在商品进入零售、形成销售价格之前，其水平决定于出厂价格或收购价格，对零售价格有决定性影响，因而对物价变动具有比较广泛的代表性。

表 3-3　　　　**上海批发物价指数**（1926 年 1 月 = 100）

| 指数 | 1 月 | 2 月 | 3 月 | 4 月 | 5 月 | 6 月 | 7 月 | 8 月 | 9 月 | 10 月 | 11 月 | 12 月 |
|---|---|---|---|---|---|---|---|---|---|---|---|---|
| 1933 | 108.0 | 107.6 | 106.7 | 104.5 | 104.2 | 104.5 | 103.4 | 101.7 | 100.4 | 100.3 | 99.9 | 98.4 |
| 1934 | 97.2 | 98 | 96.6 | 94.6 | 94.9 | 95.7 | 97.1 | 99.8 | 97.3 | 96.1 | 98.3 | 99.0 |
| 1935 | 99.4 | 99.9 | 96.4 | 95.9 | 95.0 | 92.1 | 90.5 | 91.9 | 91.1 | 94.1 | 103.3 | 103.3 |

资料来源：《上海批发物价指数》，《上海物价月报》1935 年第 12 期。

---

① 王允庭：《民国 24 年"法币改革"》，《21 世纪经济报道》2005 年 12 月 26 日第 33 版。

② 刘兰兮：《厦门 15 种重要商品批发物价指数的编制与辨析（1929—1935）》，《中国经济史研究》2006 年第 4 期；中国科学院上海经济研究所、上海社会科学院经济研究所：《上海解放前后物价资料汇编（1921—1957）》，上海人民出版社 1958 年版，第 12 页。

③ 笔者查阅大量民国期刊报纸，发现一般在公布上海物价变化时，都是用趸售物价指数表（即批发物价指数表）和零售价格指数表来表示。但有些学者认为批发价格指数具有较强代表性，故本书也选用此指数。

经济萧条期间上海物价一直呈现下跌趋势，以 1933 年税则委员会的统计为例，当年上海大米趸售价格只分别相当于 1931 年的 55% 和 1932 年的 81%，1933 年小麦价格分别只有 1931 年的 76% 和 1932 年的 82%，茶叶价格下跌更是明显，只有 1931 年的 43%，下跌幅度超过 50%[①]。1933 年至 1935 年为上海物价下跌阶段，逐年下跌百分比例是：1933 年比 1932 年跌 7.7%，1934 年跌 6.5%，1935 年跌 0.7%。1935 年比 1931 年跌 7.7%，如 1935 年 7 月的最低数为 90.5，1931 年 8 月的最高数 130.3，相比下跌达 30.5%。1935 年最后两个月出现反弹，主要原因在于 1935 年 11 月 4 日开始法币改革，对当时白银外流所造成的消极影响起到了一定的缓解作用。

不仅在农产品领域，在工业和商业等诸多行业也受到洋货倾销的极大影响。中国主要输入品有棉布类、棉花、金属制品及矿石、机械工具、海产品、汽车以及大米等。大萧条时期，日、英、美等诸国在中国展开了激烈的贸易倾销战。其中，日货倾销尤为严重，自"塘沽协定"签订之后，日货便如潮水般涌向上海市场。日货低价倾销，还利用外商关系，勾结华商，组织大规模的漏税机关，借以减轻关税成本，令海关防不胜防[②]。如棉纺业是民国上海重要行业，棉纱直接从日本运输来沪的较少，大多数是在沪日商所生产的。1933 年，在沪纱厂共 32 家，资金达到 2.5 亿日元。日商利用在华廉价的工人和原料，大肆倾销。自 1934 年下半年起，日纱已全面恢复战前状态。1933 年在上海出产的棉纱，约 60 万包，其倾销价格比国产棉纱每包至少低 20 元之多[③]。当时很多华商纱厂因受到日商倾销而影响销路，成本亏损非常严重，"一包纱亏损约 7—8 角，每一件将亏损 30 元"。[④] 而在其他工业领域，比如煤炭行业也同样受到日煤冲击。所谓的日煤，其实有很多并非来自日本本土，

---

① 刘秉麟、潘源来：《世界倾销问题》，商务印书馆 1936 年版，第 189 页。
② 宋斐如：《中国贸易的亏损与各国在华的倾销》，《求实月刊》1933 年第 1 期。
③ 《一九三三年上海市日货倾销状况》，《救国（永嘉）》1934 年第 4 期。
④ 《日纱大量倾销中国纱厂业处境日劣》，《国际贸易情报》1936 年第 20 期。

而是从东北抚顺运输而来。笔者找到一组数据，能够比较真实地反映日煤倾销上海的情况。据1933年第263期《矿业周报》报道，当时上海煤炭市场的价格一跌再跌，很显然，其主要原因是日煤在上海的倾销。日煤为了抢占中国市场，将抚顺、元山、神田、池野品牌的煤炭价格一跌再跌。抚顺煤经由大连运到上海，"售价为十两零六钱，而此价格之中，除去运费一两三钱半，码头费六钱，佣金至少五钱，依此数计算，每吨实价仅八两一钱。更如池野一种，仅售四两，而此四两之中，除去运费等三项外，仅余一两五钱"。①

此外，洋货倾销和物价下跌带来了严重商业萧条。当时有学者认为"以商业方面而言，不景气之现象，亦与农业工业相伯仲"②，并根据萧条形势，指出"全市商业，亦因内地农村经济之破产，不能为都市之后盾，故营业并不起色。据本市商界之预测，旧历本年年底，闭歇之商铺，大小各店，将达五百家以上"③。而据刘秉麟等的调查研究，在1934年年底，上海倒闭商店大约有70余家，分析认为，倒闭的主要原因是存货过多，无法销售，而内地人民的消费能力有限，出现倒闭潮是进口货倾销后的必然结果④。

（2）同业公会与反倾销

从上述内容中，我们可以看到洋货倾销对上海经济的破坏影响。在反倾销的过程中，主要存在三个主体，即政府、企业和同业公会。这三者在利益上具有一致性，因而能够在反倾销行动中展开合作。

从政府层面来看，国民政府于1931年2月9日公布了《倾销货物税法》，后又于1932年12月公布《倾销货物税法施行细则》，但是由于各种错综复杂的国际关系，却并没有实行。

而在微观领域，单个企业却没有足够的实力和能力进行反倾销行动，所以在洋货大肆倾销的背景下，同业公会逐渐成为重要的反

---

① 《征收外煤倾销税》，《矿业周报》1933年第263期。
② 刘秉麟、潘源来：《世界倾销问题》，商务印书馆1936年版，第189页。
③ 《上海商业陷极度凋零》，《新广东》1934年第13期。
④ 刘秉麟、潘源来：《世界倾销问题》，商务印书馆1936年版，第190页。

倾销力量，它们代表行业的利益发挥行业价格协调功能，但是不再仅局限于行业内的价格协调，而是请求政府制定相关法规限制洋货倾销。据笔者所收集到的同业公会史料，可以明显看到上海同业公会面对洋货倾销所造成的行业价格下跌时所采取的自救措施，主要途径包括向政府请愿和国内跨区域同业联合。由于丝业和绸缎业是民国上海重要工业行业，而且明显地受到洋货倾销的冲击，上海档案馆馆藏档案也比较丰富。本书就以这两个行业同业公会通过反倾销维护行业价格和利益的行为为例，论证同业公会在反倾销以及在行业外部协调价格过程中的角色和功能。

在 1933 年，国内丝厂生产成本普遍较高，每担丝所需要的鲜茧约 750 元，缫工及开支每担丝约 140 元，下脚除外，每担丝的成本约在 890 元。当年每担丝市价为 900 至 1000 元，还有微薄盈利。但由于欧美日等国生丝低价倾销，价格低至 500 元，这样势必造成国内丝业每担损失约在 400 元左右①。

另据上海丝厂业同业公会统计报告，1933 年全市存丝茧总数，包括厂丝 5876 担、黄丝 2544 担、缫丝约 4000 担，合计存丝约 12000 担，另还有干茧 20000 担。存丝和干茧都抵押在银行或钱庄。当初将存茧抵押在银行时，以 750 元成本押 600 元，如果要赎出，按缫丝加利息约 30 元和缫工 140 元计算，则每担须 770 元，而售价仅 500 元，可见亏损严重。所以，上海很多厂商都不愿意出售缫丝，而继续抵押，仅押 400 元，又认为很不合算，以至到期后厂商都没有赎出抵押品②。而据《经济旬刊》报道，因为外丝倾销造成多家上海丝厂陆续停业倒闭，到 1934 年，先后勉强开工的丝厂只有 33 家，每缫丝一担亏损大洋 100 元，以致很多丝厂开工未满一个月，而亏损高达两万元以上③。

为了解决洋货倾销所带来的压力问题，上海丝厂业同业公会多次联合会员举行小组会议，商议应对方案。1933 年 11 月 16 日，上

---

① 《丝价惨跌沪丝厂什九停业》，《农声》1933 年第 172 期。
② 同上。
③ 《经济要闻：丝价跌狂沪市丝厂被迫停工》，《经济旬刊》1934 年第 5 期。

海楚信、茂伦、元丰、怡昌、懋丰、干源、泰隆、慎泰、源大、振兴、广源、实泰、久丰和福源等丝厂召开理监事联席会议，认为由于该年入秋以来，上海丝价仅相当于前一年的三分之一，而"茧丝向为我国特产，海通之初，畅销国外，迨自邻邦猛进市场竞争，而尤以经济侵略抑价倾销，遂至华丝衰落不能复振"。① 当天会议议决立即召开江浙沪区域同业公会联合会议，讨论销路的问题，要请国民政府成立丝业统制委员会，提前设立推销机关，以维持销路。

在 11 月 22 日，上海丝厂业同业公会、无锡县丝厂业同业公会和浙江丝厂业同业公会联合会共同商议应对丝业价格暴跌的对策，三地同业公会一致认为政府的统制是拯救行业价格危机的重要举措，并且提出了所谓的治标与治本的方案。

治标方案主要包括：首先是呼吁江浙丝厂一律停工。当时上海库存蚕茧约 2 万担，无锡有 1.5 万担，原料仅够丝车 1.5 万部 2 个月。到次年春天新茧前，还可能因为原料缺乏而停工。如果不停工，以后会使生丝供过于求，从而导致丝价低落过甚。到时存丝堆积，将仍然停工。与其如此，还不如有步骤地全体停工，这样反能起到稳定丝价的作用。

其次，请求政府收买存丝，设法让政府直接推销现存 1 万担生丝。同业公会请求政府将 5000 担上等丝运往美国推销，而 5000 担下等丝供国内销售。

最后，请求政府将 1931 年江浙丝茧公债余留的 400 万元如数发行，按照原定蚕丝治本计划从速实行。

此外，还提出治本方案。最主要的内容就是呈请政府迅速成立丝业统制委员会，统一蚕丝行政，实行统制。实业部设蚕丝局，全国整个整理提倡蚕丝兴国政策；生丝贸易国营化，成立国际贸易统制局，对丝绸贸易施行统制；改良蚕种问题等。

从上述方案可以看出，同业公会通过反倾销维持行业价格的举

---

① 《丝厂业同业公会同江苏和浙江等地同业公会发展外销稳定内销文书往来》，1933 年，上海档案馆藏，资料号：S37-1-112。

措，是希望政府能够采取相关行动特别是实施贸易统制，其原因在于同业公会虽然通过约束行业内的经济或非经济行为，比如集体停工，但仍然需要政府从制度设计方面给予支持。

除了贸易统制政策以外，有的同业公会还从关税政策方面呼吁政府采取措施。20 世纪 30 年代左右，上海很多行业都受到进口商品低价冲击，每个同业公会都采取过相应行动积极应对，在关税方面，普遍呼吁政府增加进口商品关税，借以保护国内产业和商品。

上海绸缎业也是非常重要的行业，该业国内市场受到洋绸冲击，而国外市场却因为其他国家对华绸苛以重税，因而在 1929 年成立了中华国产绸缎上海救济会。救济会是由上海钱江会馆、丝业公所、盛泾公所、云锦公所、杭绍绸业联合会、吴兴丝织公会、京缎公所和江绸公所等 12 家丝绸团体组织成立①。其暂行章程总则第一条明确规定"本会因鉴于舶来充斥市场，国产绸缎日就衰落，工商生计行将断绝，由重要同业团体且有悠久历史者发起组织成立"②。

绸缎业救济会成立之后，就呈请国府减免绸税，并请于次年元旦起重征洋货进口税。在与政府交涉中，提到"国产绸缎处境困难，仰祈迅赐减除绸缎税，并请于十九年一月一日起，增加洋货绸缎、呢绒哔叽进口税，以资弥补。窃维工商事业，为发展国家经济之原动力，我国自海禁开放以来，所有工商业，外受关税条约之束缚而失所保护，内受恶劣环境之摧残，而丧失元气。而受其伤害最深的莫如向为国际贸易代表之丝绸事业，昔者固当衣被万国，炫耀便于，不特为为国增光之健儿，抑且为国家经济之产母，讵如近年来，列强之苛征暴税横于前，洋货呢绒哔叽绝于后，遂至国产日就消亡，洋货日益充斥"③。其重要目的在于请求政府对进口绸缎增

---

① 《记中华国产绸缎上海救济会》，《商业月报》1929 年第 7 期。
② 《中华国产绸缎上海救济会暂行章程》，《商业杂志（上海 1926）》1929 年第 9 期。
③ 《上海市绸缎商业同业公会请政府调整丝绸进出口税率》，1929 年，上海档案馆藏，资料号：S230 - 1 - 116。

加关税，指出"世界各国，莫不加重洋货之进税率"，并请政府"自应叩行增加呢绒哔叽进口税率，以杜喧夺"①。

但是财政部作了明确回复，"已悉查由外洋报运进口之绸缎呢绒哔叽其应征进口关税按照现行进口税则所订税率系为值百抽十二点五至二十二点五不等，较之从前一律值百抽五已属加重征税"。②因而没有采纳绸缎救济会的建议。

虽然请求没有得到政府的批准，但是至少可以看到同业公会为维护行业利益方面所做的努力，这种协调已经不再局限于同一行业之内，而是通过联合各地同业，向政府提出请求，是一种积极的行业外价格协调行为。

### 三　同业公会议价处罚机制

同业公会议定价格之后，要求所有从业者都必须严格执行，但业内违规超越价格的行为难以避免，同业公会如何制定规章制度限制或减少价格违规行为的发生呢？同业公会通过市场调查或者从业者举报，能够比较准确地了解市场价格规范情况，如果有会员存在价格违规现象，同业将举行会员大会按照业规进行处罚。在1917年《工商同业公会规则》颁布之后，同业公会必须要制定章程和业规，在业规中规定价目和处罚条款。行业的差异性以及同业公会成立时间的长短都会影响处罚机制的制定和实施。尽管各业业规大同小异，但在处罚机制方面，同业公会之间具有明显区别，这种区别包括行业和时代特点，前者表现为每个行业的个性，后者主要是同业公会与政府关系的时代差异，在北洋政府时期及其之前，同业公会具有比较独立的处罚权力；在南京国民政府时期，同业公会在对同业进行处罚还须经过主管部门核断。总的来看，价格违规处罚有两种制度安排，即保证金制度与直接经济处罚。

---

① 《上海市绸缎商业同业公会请政府调整丝绸进出口税率》，1929年，上海档案馆藏，资料号：S230－1－116。

② 同上。

### （一）价格违规处罚：保证金制度

同业公会业规具有一定的约束力，其中的价目条款要求同业内部不要出现价格竞争，业规起着限制与规范的作用。在价格违规出现之前，同业公会为了避免这种情况的发生，实行了一系列制度安排，如实行保证金制度。保证金具有同业基金性质，即保证金存入某一中间机构，作为将来同业开展活动的经费。很多同业公会为了规范同业价格行为，在价格契约中规定了保证金制度。每个会员根据营业额级别分别缴纳数目不等的保证金，如果某会员违反议定价格，则保证金将会被充公。例如上海箔商业同业公会规定如下保证金数目：

> 为预防阳奉阴违扰乱市面，公议各同业均应预缴保证金，其应缴数额规定甲、乙、丙、丁四级：
> 甲级：银币二百元；乙级：银币一百五十元；丙级：银币一百元；丁级：银币五十元。①

1933 年 12 月 16 日，上海箔商业同业公会 26 家同业代表一致签名通过一项议案，该议案非常具体地规定了保证金数量和处罚方式："又本决议案，应立册抄送全体同业，一律各盖店章，以表同意。派员收取保证金，汇存本会指定之上海中国银行，以昭信守。"② 当同业公会收齐会员的保证金之后，还公推若干人为保管保证金委员，对保证金实行专门管理。存在中国银行的保证金利息，每满一年照数分派，仍归同业收受。如果以后同业中有违背该决议的行为，未经公会同意，私自改变价格，一经查处，自愿将所缴保证金充公，"并立即再缴存保证金如前纳之数，以维原议，而儆效尤"③。保证金制度具有强制性，即每个会员必须要交保证金。

---

① 《上海市箔商业同业公会关于同业间贱卖货品的纠纷及整顿南北同业自由竞卖、议订统一售价办法的记录簿》，1933 年，上海档案馆藏，资料号：S437 - 1 - 20。
② 同上。
③ 同上。

保证金制度在当时受到欢迎和推崇，很多同业公会都以这种方式处罚价格违规者。保证金制度在会馆和公所时期已经存在，到了北洋政府时期，一些新式同业公会开始推广保证金制度，但那时的保证金并不具有强制性，而是会员自愿行为，如1926年11月26日上海烛业同业公会立约保证："兹为预防乱规起见，由各号缴存公所大洋拾元，如有乱规察出之后，将所缴之款作为罚款，并将事实登诸报端以暴其丑，而为乱规者戒。其乱规者应再缴存公所大洋拾元以补其数而维久远，处罚之后仍须遵公盘不得再乱以维公益，此系公众有益之事，均出自愿。"① 保证金是事前制度安排，每个从业者都会慎重考虑私自价格行为的后果，如果存在违规行为，不仅要将保证金充公，而且还要补加与之前数量一致的保证金，这无疑会增加违规成本，对维持行业秩序过程具有积极意义。这种制度下，从业者有积极维护业规的激励，因为同业公会的协调带来稳定的市场秩序和环境，而且只要没有价格违规行为，保证金还能带来一定的利息收入，理性的从业者倾向于遵守业规中价目的规定。

**（二）价格违规处罚：事后直接经济处罚**

直接经济处罚在同业公会业规中已有明确规定，只要价格违规并据查属实，会员将直接受到同业公会处罚。南京国民政府时期，业规中一般都规定无论是否是会员，都要受到处罚，进行处罚的机构是政府主管部门②。

同业公会制定处罚条例，一个非常明显的特征是处罚程度与违规次数密切相关，即初次违反价格规定，可能只会受到较轻的处罚，次数越多，自然处罚也就越严厉，表现为罚金逐渐增加。1930年上海履业同业公会有关价格处罚机制规定：

（1）初次犯者罚洋五元；（2）二次犯者罚洋拾元；（3）以后依次数而类推；（4）罚款不得留难及拖欠。罚款条例规定非常简

---

① 《宝辉堂烛业公所各成员送交该所的允议书存执》，1926年，上海档案馆藏，资料号：S435-1-10-2。

② 具体情况可以参见严谔声主编的《上海商事惯例》中的"业规类"，新声通讯社出版社1936年版。

单明了，要求同业如有罚款必须及时执行，不得拖欠。之外，该同业公会所得罚金不是用作公会本身的基金，而是"作善举"，"议所罚之款助入福履中医院充作善举，毋得徇情"①。这充分体现了同业公会章程中的宗旨，具有典型的公益性质。

当然，这种公益行为并非履业同业公会独有，同业公会第三部门性质决定了它们在执行价格协调方面存在公益行为。比如上海度量衡器业同业公会业规制定价格违规处罚制度，规定同业中违反本业业规，经调查属实，将由该公会依照业规规定处罚，或另外拟定制裁办法，呈请市社会局核准后执行。"违反本业规第五第六条两条各款者，② 处十元以上三十元以下罚金；违反本业规两次以上者，加倍处罚之，三次以上者，得由本会呈请市社会局令饬本市检定所吊销其营业执照，停止其营业。"③ 对于罚金的处理，该同业公会也是准备用于公益支出，在业规第十八条规定，"前条罚金，除以三成提充原报告人奖励金外，余七成由本会执行保管，逢有公益义务用途时，方可动之，并呈报市社会局备案。"④ 该同业公会还提到了奖励监督价格行为的第三方，鼓励揭发价格违规行为。

同业公会价格议定、执行和处罚机制构成了价格协调机制，这一过程充分体现了民国上海同业公会的社会经济功能，在协调行业内部以及行业间关系方面发挥了很重要的作用。

## 第三节　价格协调机制自我实施

本节以博弈论为理论工具，解释抗战之前同业公会价格协调机制自我实施的原因。同业公会价格协调机制包括价格产生、执行和

---

① 《上海市履业同业公会义弄同业业规及公议价目表》，1930 年，上海档案馆藏，资料号：S250 - 1 - 99 - 29。
② 该同业公会业规第五、第六条规定分别是价目和开业手续。
③ 严谔声：《上海商事惯例》，新声通讯社出版部 1936 年版，第 544 页。
④ 同上。

惩罚三个方面，协调机制能够自我实施①。政府没有过多的干预行为，价格协调机制完全由行业会员自动执行。对于自我实施的制度安排，非常适合用格瑞夫的历史比较制度分析框架和方法来解释和论证。

同业公会价格协调机制是各参与主体的博弈结果。博弈双方是同业公会和同业会员，在它们二者博弈过程中，同业公会首先行动，通过会员大会商定合理价格，同业会员必须面对前者所做的决策做出最佳战略选择，二者行动有先后，并且清楚对方的特征、战略空间和支付函数，因而可以用完全信息动态博弈模型分析，这是一个三阶段博弈，包括协调、执行和处罚三个阶段。

## 一　博弈模型

在这个博弈模型中，参与主体是同业公会（T）和会员（M）。假设：

1. 假设市场处于良性竞争阶段，即同业公会不需要协调，而各会员都自觉按照正常价格进行交易，则双方的支付为（a，b）②。

2. 由于行业价格出现混乱，政府当局赋予同业公会管理权限。抗战前的上海同业公会具有直接商议价格的权力，因而各业同业公会准备制定价格。随后，各会员将很清楚同业公会所做的价格政策和所制定的新价格，而且很清楚自身所处的环境特点以及违规后果，因而这是一个完全信息动态博弈。

3. 同业公会有两种战略选择，即协调或不协调，协调即发挥行业中间组织的作用，履行章程中所规定的职能，要求同业遵守业规，维持市场价格稳定，但同业公会协调活动需要投入一定成本，比如进行市场调查、召开会议以及与主管官署沟通等，假设成本大小为 c；而不协调则是指同业公会任由会员价格竞争，这势必会造

---

① 任何一项制定安排，不可能保证完全绝对被遵守，破坏制度的现象难以完全避免。本书中认为同业公会价格协调机制自我实施，是指大部分会员能够自动执行同业公会价格政策，不能完全排除少数会员的行为。

② 本书的博弈模型支付函数括号中主体顺序分别为（同业公会，会员）。

成市场一直处于混乱状态之中。不仅如此，公会将会受到舆论压力以及降低社会威信，这种压力成本为 d，并且 d＞c，因为舆论压力会影响同业公会地位，具有持续性，而协调成本相对较小，只是暂时和短期的。行业内部因价格战彼此受损严重，多败俱伤，结果假设为 g，g 远小于 b，甚至会趋向于 0，因为市场极度混乱情况下，最终"一损俱损"。

4. 同业公会会员的战略选择为遵守或不遵守，如果会员都选择遵守同业公会所定价格，则市场交易处于有序状态之中，会员的支付为 b；相反，会员不愿意遵守所定价格，假设私自调整价格得到支付为 f，e 与 f 的大小决定了会员是否会遵守价格。

根据以上假设，可以得到如图 3－2 所示的博弈扩展图。

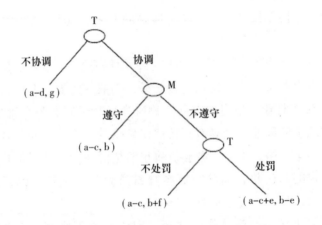

**图 3－2　同业公会与会员博弈扩展图**

这是一个完全且完美信息动态博弈，因为在第一阶段同业公会行动之后，会员清楚自己所处的政策环境，其信息集只有一个单结①。

---

① 张维迎：《博弈论与信息经济学》，上海三联书店、上海人民出版社 2004 年版，第 85 页。

## 二 用逆向归纳法求解唯一子博弈精炼纳什均衡

### 1. 子博弈精炼均衡

一个博弈可能会有很多个均衡，纳什均衡考察的是完全信息静态博弈下的均衡结果，即每个参与人在做出决策时，别人所做的决策选择都是已知信息，或者说其他人所做战略选择已经给定，因而参与人不会考虑自身行为对其他人的影响①。1994年经济学诺奖获得者泽尔腾（Selten）提出了非常有名的"子博弈精炼纳什均衡"概念，它可以将完全信息动态博弈中"不合理纳什均衡"剔除掉，只有在每个子博弈中都是纳什均衡的战略组合才构成子博弈精炼纳什均衡②。

求解子博弈精炼均衡的方法是逆向归纳法，对于有限完美信息的博弈，这种方法特别适合。做法就是从博弈最后一个阶段开始往前倒推，其思想就是让每个阶段的博弈都是纳什均衡，直到第一个阶段为止，如果一阶段纳什均衡是所有子博弈（即每个阶段博弈）的均衡解，则根据定义认为这个纳什均衡就是子博弈精炼均衡解。

### 2. 同业公会与会员的子博弈精炼均衡

根据以上博弈扩展式表述，利用逆向归纳法可以求解此三阶段博弈的子博弈精炼纳什均衡。

首先看第三阶段，同业公会（T）第二次行动，将选择处罚或者不处罚，它的最优选择是处罚，因为对于会员违反价格行为，选择处罚将得到支付为 $a-c+e$，否则只有 $a-c$ 的支付；再逆向往前倒推一步，轮到会员（M）做决策选择，因为会员很清楚如果选择不遵守的话，在第三阶段同业公会将选择处罚，那时自身所得支付仅为 $b-e$，因此在第二阶段会员决策时就会避开"不遵守"，相反它会选择"遵守"，从而得到支付为 $b$，$b$ 要大于 $b-e$，在第一阶段，同业公会也知道博弈进入第二阶段以后，会员将选择遵守价

---

① 张维迎：《博弈论与信息经济学》，上海三联书店、上海人民出版社2004年版，第98页。

② 同上书，第95页。

格，同业公会必然会选择协调，因为不协调的话，它的支付为 a −
d，舆论压力影响公会的社会地位，而选择协调，支付为 a − c，由
前面假设得知，a − d < a − c，理性的公会负责人选择最优战略为协
调，从而这个博弈的唯一子博弈精炼均衡解是（协调，遵守），即
同业公会采取协调价格政策和行为，而会员必然会遵守。

历史比较制度分析框架，非常适合解释在没有国家制度约束的
情况下，制定制度如何实现自我实施。1937 年全面抗战之前，上
海同业公会的价格协调机制实现了自我实施，即不需要国家干预力
量强制执行，而是通过同业公会内部各相关利益主体的博弈实现制
度均衡。在相对自由经济时期，同业公会价格协调即使是软约束，
也可以使大部分会员自觉遵守所定价格，原因在于每个同业会员都
是比较理性的经济人，他们很清楚执行行业价格的收益和不执行时
的成本，在权衡得与失的过程中，自然会做出理性的抉择，价格协
调机制具有均衡和自我实施的特性。当时诸多经济史现象可以反复
证明历史比较制度分析方法的可行性。

## 第四节　同业公会价格协调中的政会关系

政会关系就是政府与同业公会的关系。在不同历史阶段，由于
社会经济不同的发展特点，同业公会自治权出现不同程度的缺失，
在与政府互动过程中，同业公会独立性也不尽相同，因而研究民国
同业公会与政府的关系具有一定的理论价值。除了协调作用以外，
同业公会通过群体合作努力积极争取和维护行业利益，特别是参与
政府公共政策的制定与政府进行利益的博弈，希望政府制定有利于
本行业发展的政策。以往很多学者都关注于同业公会的各种功能的
研究，比如，社会功能、经济功能和自律功能等①，但是对于某一
项功能为何会产生的微观基础研究相对缺乏，本节特意论述政会关

---

① 魏文享：《民国时期的工商同业公会研究（1918—1949）》，博士学位论文，华
中师范大学，2004 年，第 240 页；李柏槐：《商民的利益集团：商民协会——成都与上
海等地商民协会差异之比较》，《社会科学战线》2005 年第 1 期。

系，原因在于尽管是自由经济时期，政府没有实行严格行业管制，而是保持对同业公会的适度管理。同业公会虽然有直接商议决定价格的权限，只需将所定价格报告相关政府部门备案就可以正式实施。不过政府也不是绝对不干预，尤其某些时候政府的行为已经影响到同业利益，同业公会需要争取合法利益，自然避免不了与政府的公开较量。本节从利益集团的视角分析同业公会为行业利益而进行的集体行动，以近代上海书业同业公会集体抗议交通部邮政总局书邮加价一案为例，分析研究同业公会集体行动的重要作用及其获得胜利的原因。

## 一 有关利益集团和同业公会的研究

### （一）利益集团的研究

利益集团又称分利集团、压力集团、政治集团、特殊利益集团、院外活动集团等，它是由具有共同利益的众多当事者组成的群体。目前对利益集团的研究越来越多，这一概念在政治学、经济学、社会学和法学等诸多学科领域得到广泛使用。很多学者对于利益集团的定义不同，首先在是政治学领域，本特利（Arthur Bentley）是美国 20 世纪提出利益集团理论的第一人，他于 1908 年出版的《政府过程》一书中较系统地阐述了该理论[①]；杜鲁门（David Truman）把利益集团定义为一个具有共同态度的群体，通过影响政府而向社会中的其他群体提出一定的利益要求或某种声明[②]；加里·沃塞曼（Gary Wasserman）认为利益集团就是一部分人组织起来为追求共同利益而对政治过程施加压力[③]。后来随着公共选择理论、制度变迁理论和博弈论的发展，经济学界也开始对利益集团进

---

[①] Arthur Bentley, *The Process of Government*, New Brunswick: Transaction Publishers, 1995, p. 5.

[②] David Truman, The Governmental Process: Political Interests and Public Opinion, New York: Knopf, 1951, p. 37.

[③] ［美］加里·沃塞曼（Gary Wasserman）：《美国政治基础》，陆震纶等译，中国社会科学出版社 1994 年版，第 182 页。

行越来越多的研究，1965 年奥尔森（Mancur Olson）出版了非常著名的《集体行动的逻辑》一书，他系统地分析了利益集团形成及其内部运作情况①；20 世纪 80 年代后期，新制度学派兴起，代表人物诺斯（Douglass North）在经济史研究中专门研究了利益集团之间的博弈对经济制度变迁的影响②。

国内最早也是从政治学开始研究利益集团，而在经济学领域发展相对较晚，经济学对利益集团的理解强调了其共同的利益和目标，认为利益集团是由一个拥有某些共同目标并试图影响公共政策的个体构成的组织实体，但不管利益集团的规模、实力、资源等方面的区别，共同要素是成员间具有共享的利益。在以往学者研究基础上，笔者很赞同李景鹏对利益集团概念的界定，利益集团由以下要素组成：首先是一个群体；其次是形成一定组织；再次是这个组织要有明确而具体的利益要求和目标；最后利益集团的表达对象是政府，是向政府表达明确利益的有组织的群体③。

在经济学领域，很多学者通过利益集团结合经济转型、公共政策、制度变迁、"三农"问题关系等各个方面进行研究。从现有的成果来看，利益集团首先应该是一个人或团体的集合，其次他们有着共同的利益和愿望，试图影响公共政策，这是学界的共识，绝大部分学者都强调组织性是利益集团必备特征之一。④

（二）有关利益集团与同业公会等行业组织关系的研究

国内学者对中国近代同业公会的研究比较多，有一批学者从历史学、经济史、社会学等领域对同业公会的起源、制度变迁、社会

---

① ［美］曼瑟·奥尔森（Mancur Olson）：《集体行动的逻辑》，陈郁等译，上海三联书店 1995 年版，第 35 页。

② ［美］诺斯（Douglass North）：《制度、制度变迁与经济绩效》，杭行译，上海三联书店 2008 年版，第 114 页。

③ 李景鹏：《中国现阶段社会团体状况分析》，《唯实》1998 年第 8 期。

④ 厉以宁：《转型发展理论》，同心出版社 1996 年版，第 233 页；张培刚：《新发展经济学》，河南人民出版社 1999 年版，第 534 页；陈新岗：《周秦间土地制度变迁的动力机制和主要过程》，《齐鲁学刊》2009 年第 5 期；孙景宇：《利益集团与制度变迁——对转型之谜的一个解析》，《江苏社会科学》2007 年第 4 期；盛洪：《关于中国市场化改革的过渡过程的研究》，《经济研究》1996 年第 1 期。

功能等方面进行研究，如魏文享在博士论文中就提到了利益集团的概念，他认为近代的商会是作为政府体系之外的利益集团而存在的[1]；李柏槐从利益集团角度研究了近代成都与上海等地区的商民协会差异[2]；毕艳峰研究了利益集团视野下的近代同业公会政治参与[3]。但是专门从利益集团视角研究同业公会的文献不多，很多学者都是提到了同业公会类似于一个利益集团，但是对其为何能够以利益集团的身份维持公会利益缺乏有力的论证。

## 二　上海书业同业公会抗议书邮加价经过

上海书业是较早就成立同业组织的行业，在不同时期分别经历了上海书业公所、书业商会、书业联合会和书业同业公会，书业同业公会制定章程和业规，对于维护本行业正常秩序和集团合法利益发挥了重要的协调作用[4]。在本节研究中，我们将首先简单回顾1932年上海书业同业公会为维护行业利益集体抗议书邮加价的过程。

### （一）交通部邮政总局宣布书邮加价通告

1932年4月，交通部邮政总局制定邮费加价办法，并且决定于该年5月1日起开始实施，其中涉及书邮加价的办法如下[5]。

书籍印刷物按照重量分别分为如下几个级别区间：100克、250克、500克、750克、1000克、2000克和3000克[6]。在这些重

---

① 魏文享：《民国时期的工商同业公会研究（1918—1949）》，博士学位论文，华中师范大学，2004年，第240页。

② 李柏槐：《商民的利益集团：商民协会——成都与上海等地商民协会差异之比较》，《社会科学战线》2005年第1期。

③ 毕艳峰：《利益集团视野下的中国近代化同业公会的政治参与》，《河南社会科学》2008年第6期。

④ 汪耀华：《上海书业同业公会史料与研究》，上海交通大学出版社2010年版，第5页；汪耀华：《民国书业经营规章》，上海书店出版社2006年版，第10页。

⑤ 以下内容都来自上海档案馆馆藏资料，《上海书业同业公会抗议书邮加价》，资料号：S313-1-199。

⑥ 这是经过笔者本人处理的数据，原始档案中没有"克"而是用公分表示，特此注明。

量区间内，按照寄发地区到寄到地区分别按以前邮资收取 1—3 倍费用，其中不同的倍数具有比较详细的说明，其依据是寄达目的地的地理位置以及运输条件等自然因素。当时西部地区绝大部分地方都没有铁路和轮船运输，具体内容包括两方面。

第一，凡是书籍发自及发往地是除甘肃、青海、宁夏、陕西、四川、云南和贵州以外的地区，如果（1）往来地区都属于轮船或者铁路（以下简称轮轨）通达的地方，而全程又可以用轮轨方式运送者，邮费不变，即维持一倍费用；（2）在本省内交寄或者是毗连的省份运输时，无论是人力还是轮轨运输，维持原来费用；（3）寄达省份与本省不毗连的，其运输无论是人力还是轮轨，都按原价付两倍费用。

第二，凡是书籍发寄往来于甘肃、青海、宁夏、陕西、四川、云南和贵州地区者，相应会增加邮费，标准分别是：（1）凡书由轮轨已通的地方发往陕西和四川轮轨已通的地方，而且全程都用轮轨运输，均付两倍费用；发往与陕西和四川毗连省份但轮轨未通的地方，需付两倍费用；如果发往地与陕西和四川不毗连且轮轨未通地方需付三倍费用；（2）凡书从陕西和四川轮轨通达地方寄往其他轮轨通达的地方，而且全程都用轮轨运输，运费不变，唯有寄往云南轮轨通达地方除外；（3）在西部这些省份省内交寄的书籍运费不变；（4）凡书由陕西和四川两省内轮轨未通的地方或是甘肃、青海、宁夏、云南（无论轮轨是否开通）、贵州省内寄往毗连省份邮件来往者，均付原来运费；（5）凡书由陕西和四川两省内轮轨未通的地方或是甘肃、青海、宁夏、云南（无论轮轨是否开通）、贵州省内寄往非毗连省份邮件来往者，均付三倍运费。

**（二）书业同业公会抗议书邮加价**

这项邮费方案一出台，虽然还没有实施，但遭到相关行业反对。上海书业同业公会联合全国各地同业公会进行抗议，要求取消书邮加价。抗议前后进行多次，其中比较重要的有以下几次。

1. 1932 年 4 月 18 日致函交通部邮政司

上海书业同业公会在信中提到当时交通部次长陈孚木的邮资加

价理由，陈认为"据统计，书籍多为小说，小说之中又以阻碍文化之神怪、淫污小说占多数，邮局年赔巨累"①，同业公会完全不认可此观点，认为这种加价理由没有依据，坚持认为书籍邮寄是买方出邮费，书商根本不可能赚钱。即使书籍多为神怪淫污小说，那也应该由主管政府部门制裁，而与交通部门没有任何关系。如果政府以这种理由增加邮费，结果只会增加真正需要书籍消费者的负担②。不仅如此，增加邮费的行为还会极大地影响文化传播和教育事业的发展，并请交通部门收回成命。交通部邮政司于第二天即 4 月 19日回复上海书业同业公会，其中提到此次书邮加价是奉行政院规定的，并经交通部邮政总局正式公布，所以希望书业能够遵照执行，同业公会的第一次抗议没有取得成功。

2. 1932 年 4 月 24 日第二次致电抗议

在致行政院和教育部的信函中，上海书业同业公会提到，这次书籍邮资增加至原来的两到三倍，"上背孙总理民元减轻书报邮资明令，下阻内地教育文化发达"，③ 之前邮政司回复书业同业公会说到加价是奉行政院规定的，所以同业公会请行政院和教育部尽快查清此事，认为可能是行政院被交通部一时蒙蔽，而邮政司以行政院命令恫吓同业公会。

此后，上海书业同业公会又分别于 4 月 25 日和 27 日两次致信于右任院长和行政院，再一次认为书邮加价加重购书者的负担，阻碍文化教育交流，请行政院饬交通部立即取消这项规定。上海书业同业公会认为书邮加价对于西北地区教科书运输的影响，并且用上海物价进行对比论证邮费增加幅度。"查运费这增加，应观物价及生活为转移。"同业公会指出书邮即使要加价，也应该参照物价和生活指数变动而进行相应调整。1931 年上海物价指数为 1926 年的

---

① 《书业同业公会关于书邮加价抗议汇编》，1932 年，上海档案馆藏，资料号：S313 - 1 - 199。《华东社记交次陈孚木谈话》，《申报》1932 年 4 月 11 日第 5 版。

② 《书业同业公会关于书邮加价抗议汇编》，1932 年，上海档案馆藏，资料号：S313 - 1 - 199。

③ 同上。

119%，1931 年上海生活费用指数为 1926 年的 132%，两项指数增加分别为 19% 和 32%，而邮费从 1928 年到 1931 年增加了 116%，这种差距实属悬殊①。

### （三）上海书业同业公会抗议书邮加价取得胜利

上海书业同业公会联合北平、杭州、南昌、芜湖、汉口和重庆等地的书业同业公会一起抗议，结果在 1932 年 4 月 30 日终于得到比较圆满的解决。立法院当天宣布交通部邮费增加不合法，并请南京国民政府立即下令制止实行②。

1932 年 5 月 18 日，上海邮政管理局公布邮费调整第 10009 号通告，其中第七条明文规定："书籍印刷物贸易契等类，前订之收取二单纯费或三单纯费均取消。"③

### 三　利益集团的视角分析书业同业公会的集体行为

#### （一）上海书业同业公会的利益集团性质

上海书业同业公会在成立章程中明文表述成立的宗旨、目的以及会员的权利，该公会的前身上海书业商会 1905 年成立之时在总纲中明确表示：本会以联络商情、维持公益为宗旨④；第九条中规定："会员有交涉，如系理直，本会当助其伸理，或需担保亦应随时酌助。"⑤ 1932 年上海书业同业公会重新修订章程，在章程的第八条规定会员的权利："有请求本公会向政府请愿、维护救济之权利；有请求本公会力争伸雪受屈情事之权利。"⑥ 可见，书业同业公会是具有向政府表达利益的有组织的群体，因而可以被视为一种

---

① 上海社会科学院：《上海解放前后物价资料汇编（1921—1957）》，上海社会科学院出版社 1958 年版，第 12 页；《书业同业公会关于书邮加价抗议汇编》，1932 年，上海档案馆藏，资料号：S313－1－199。

② 《立法院讨论邮资问题》，《申报》1932 年 5 月 1 日第 8 版。

③ 《书业同业公会关于书邮加价抗议汇编》，1932 年，上海档案馆藏，资料号：S313－1－199。

④ 汪耀华：《民国书业经营规章》，上海书店出版社 2006 年版，第 2 页。

⑤ 同上书，第 11 页。

⑥ 同上。

利益集团。

在 1932 年联合抗议书邮加价过程中，书业同业公会作为一个利益集团成为政府与社会的沟通渠道，可以视为一种意见表达和反馈的综合机制，可以减少交易成本。如果让单个书商去争取书邮减免是非常难的，即使能够达到妥善解决，书商所付出的成本也将非常巨大，这种成本主要包括议价成本、决策成本以及与政府谈判成本等。书业同业公会通过请愿和游说政府要求取消加价，并且提出比较可行的解决方案，这些都是基于同业公会利益集团优势，因而可以提供较专业较内行的建议，使政府政策更加趋于合理，既维护了本行业的正常经济利益，也使政会利益矛盾得到一定程度的缓和。

**（二）作为利益集团的同业公会发挥作用的条件**

上海书业同业公会通过抗议能够成功游说政府取消书邮加价，之所以具有比较重要的研究价值，其意义在于通过这个案例可以发现利益集团发挥作用的条件或者路径。通过史料发现很多同业公会都具有集体行动的倾向，但是事实上，不同同业公会集体行动效果存在很大差异，为何有的行动能够成功，这就说明利益集团的成功行动需要一定的条件或要素。

1. 上海书业同业公会所用的资源

利益集团可以向政府表达意愿，能否促使政府制定对本集团有利的政策，往往取决于集团所施加的压力。那么，利益集团施压受哪些因素所制约呢？也就是说像书业同业公会这样的利益集团要成功表达集团意愿需要哪些资源条件呢？贝克尔（Gary Becker）在 1983 年提出的利益集团压力生产函数给出了一个比较合理的解释①。他认为一个利益集团所产生的压力与两个重要因素相关：第一个重要因素是资源，包括该集团将要花费的时间、人力、金钱及其他所有资源的总和以及该集团所拥有的人数。贝克尔认为，资源

---

① Gary S. Becker, "A theory of competition among pressure groups for political influence", *Quarterly Journal of Economics*, Vol. 98, No. 3, 1983.

与集团所产生的压力正相关，这种观点比较符合现实情况，因为投入到行动中的资源越多就越能增加集团的竞争实力，也就越能增加利益集团的"话语权"，因而一个集团所拥有的资源是其行动成功的重要来源。第二个重要因素是贝克尔认为随着集团人数的增加可能会导致"搭便车"现象越来越严重，从而会影响集体行动的效果。根据这个理论结合史料分析，我们可以发现同业公会要成功表达本利益集团的合法意愿，必须拥有相应的资源，这些资源包括所掌握的权力和物质财富以及社会资本等。

（1）在时间精力投入方面，自从交通部邮政总局公布书邮加价以后，上海书业同业公会便开始着手联合全国其他地方的公会进行抗议。从 1932 年 4 月上旬一直到 5 月下旬，多次致函给政府部门，陈述加价的不合理之处，强调书籍是传播文化的重要工具，书邮加价必定会影响中国教育事业的发展，尤其是西部地区，而此次加价着重针对的正好是西部交通落后地区，所以书业公会多次在信函中提到"政府方欲开发西北，今反窒其生机；政府方欲振兴文化，今反阻其传播"[1]。

（2）在社会资本如各种社会网络方面发挥作用。本质上看，社会资本是网络、信任、规范和能力的综合[2]。它可以有效地减少"搭便车"行为的发生，社会资本是理解个体如何实现合作、如何实现集体行动问题以达到更高程度的经济绩效的关键所在[3]。不仅如此，一些类似利益集团的中间组织最主要的意义，也许不在于提供公共物品本身，而在于服从共同考虑的成员所创造的独特的社会资本。形成社会资本的交换博弈，可能形成合作性规范，从而使集

---

① 《书业同业公会关于书邮加价抗议汇编》，1932 年，上海档案馆藏，资料号：S313 - 1 - 199。

② 杨东柱：《社会资本研究——基于社会哲学层次的一种解读》，博士学位论文，中共中央党校，2009 年，第 44 页

③ Ostrom Elinor, "A Behavioral Approach to the Rational Choice Theory of Collective Action", *The American Political Science Review*, Vol. 92, No. 1, 1998.

体行动的困境迎刃而解①。

同业公会本质上可以看成一种网络组织，虽然不具有政治权威和强制力，也不拥有雄厚的经济资源，但它在实现行业会员共同利益上却具有独到的优势。书业同业公会不仅减少了社会交易成本，而且有效地解决了行业内成员"搭便车"问题，提高了集体行动的可能性。书业同业公会请求上海市商会给予必要的帮助，在当年的4月19日致市商会函中指出书邮加价必定会导致教科书的成本转移给学生家长，特别是对于轮轨不通的西部地区"预计每一个小学生须缴纳读书捐四五元，其阻碍文化教育实非浅鲜"②，迫切希望商会能够为内地读书者请命。而在4月下旬上海市商会就此问题致函交通部请免增书籍邮寄费，提到"若照现订书籍加增邮费办法，则各学校用费骤增，负担不易，势必取价于学生……不啻举其受教育之权利而剥夺之"。③ 书业同业公会是上海市商会的基层组织成员，它利用与商会的关系进一步缩小与政府沟通的距离，对于促成成功的行动具有比较积极的意义。除了网络关系以外，社会资本还包括成员间的信任，上海书业同业公会除了团结内部成员之外，积极与其他外地同业公会联合行动，一同致函政府部门要求取消加价，这种出于维护同业利益的共同行动如果没有相互的信任是很难做到的，也正是这种重要的社会资本作用，才比较成功地避免"搭便车"行为的发生。

2. 上海书业同业公会所掌握的专业知识

除了拥有必需的资源之外，另一个非常重要的因素就是同业公会具有专业知识，它们非常清楚本行业的成本收益情况，成为专家或者内行的角色。交通部邮政司以书籍多为淫污、神怪小说为主作为借口，认为邮政部门多年亏损严重而要求增加邮费。书业同业公

---

① 〔日〕青木昌彦：《比较制度分析》，周黎安译，上海远东出版社2001年版，第35—36页。

② 《书业同业公会关于书邮加价抗议汇编》，1932年，上海档案馆藏，资料号：S313－1－199。

③ 同上。

会对此表示强烈反对，因为他们具有比其他任何部门都完全的行业信息，针对邮政部门的加价政策，他们也能找到比较合理的理由去说服和辩驳，从而更容易让立法院相信邮政加价不合理。

1932 年 5 月 4 日，书业同业公会致信南京中央政治会议常委时，在信中提到加价以后的运费："敝业定价 6 分至 1 角 2 分，实价 8 折之小学之教科书，照邮政新章，每册寄费一单纯费轻者 2 分，重者 5 分；二单纯费轻者 4 分，重者 1 角；三单纯费轻者 6 分，重者 1 角 5 分，购书发书来去信件邮费 1 角 2 分，设均单挂号，需再加 2 角，细加核计，殊骇听闻。"[1] 同业公会具有核定价格的权限，价格核定很大程度上起到协调作用，相关价格的核定都是在很清楚行业成本基础上做出的，因而相对比较合理。书业同业公会比较邮费与本行业的核定价格，结果发现"殊骇听闻"。以 1930 年第 271 版邮政年报所载重要邮件统件推算加价以后的总价，也认为增价实属骇人听闻。

除了很清楚本行业的成本以外，这种专业知识还包括对产品特点的掌握。比如书业同业公会在信函中认为，交通部所定的 1—3 倍运费依据是省份是否毗连以及是否有轮轨相通，而对一些边远地区如云南又另作例外，这种规定错综复杂，计算非常困难，而且印刷物品种类繁多，如果每件寄品都详加审查以定邮费，"固已不胜其烦，省份不否毗连尚易分别，轮船火车之是否全通恐无此常识"。[2]

3. 上海书业同业公会是组织程度较高的利益集团

利益集团如果组织化程度高、长期存在、成员众多而且规章执行严格，往往更具有影响力。书业同业公会历史悠久，在 1886 年创建上海书业公所时所制定的八条业规中，就有"如遇有关大局之事，应集同志公议，以免擅专而垄断"。[3]

（1）书业同业公会组织程度较高。1906 年上海书业公所初次

---

[1] 《书业同业公会关于书邮加价抗议汇编》，1932 年，上海档案馆藏，资料号：S313 - 1 - 199。

[2] 同上。

[3] 汪耀华：《上海书业同业公会史料与研究》，上海交通大学出版社 2010 年版，第 8 页。

订定章程中就规定有公所治理结构，当时设置公举正董事一员，综理全所事务，对于外界为公所的代表，副董事四名辅助正董事；推举议董八员（坊、局各四人），每天午后到所会议应办各事，凡遇到评议同业交涉事件或有徇私偏袒事情时，议董可以报告总董，邀集全所议董会议议决。除此之外，还设有会计董事一人、干事六人、调查八人、查账董事两人、纠察一人、列表一人及其工作人员，并且规定公所正副董事、议董、会计董事及各职员都由投票选举产生，每个职位都有相应的职守和义务①。1932 年上海书业同业公会会员大会修正同业章程，创立更加合理的治理结构，公会设置执行委员十五人，由会员大会就会员代表中用无记名连选法选任；设常务委员五人；主席一名。会员大会每年于六月中旬定期举行，由执行委员会召集；执行委员会议每月至少召开两次，由常务委员会召集；常务委员会议每星期开会一次；监察委员会议每月至少举行一次；执行委员会、常务委员会于必要时均得开临时会议②。

（2）书业同业公会严格执行规章。从书业公所、书业商会到书业同业公会的嬗变，封建行会的色彩逐渐淡化，市场的作用不断增强，不同时期规章也有相应的变化，但是总体执行程度较高。在此次抗议书邮加价过程中，书业同业公会得知交通部次长陈孚木关于"书籍多为神怪淫污小说"的观点以后，虽说公会反对这种言论，但也要做到"有则改之，无则加勉"，于当年 4 月下旬特别提出业内警告不道德商贾，并要求公众对书业进行监督协助查缉："……加强取缔，本会请名人审查出版书籍，分别办理，轻则令出版人改正，重则请求法律救济，并薄酬答谢报告人，此不仅维持风纪，并可免以淫污小说之故，改正当书籍受增加邮资之累。"③ 可见，书业同业公

---

① 汪耀华：《上海书业同业公会史料与研究》，上海交通大学出版社 2010 年版，第 8 页。
② 《上海市书业同业公会筹备会、成立大会、会员大会的会议记录及报告、提案等有关文书》，1932 年，上海档案馆藏，资料号：S313 - 1 - 8。
③ 《书业同业公会关于书邮加价抗议汇编》，1932 年，上海档案馆藏，资料号：S313 - 1 - 199。

会痛恨害群之马的淫污小说，虽然这只是个别情况，但公会依然态度坚决地提出警告，这一举措对于维护同业利益是非常有利的。

上海书业同业公会抗议书邮加价并最终取得胜利的事件，可以说是一个利益集团的胜利。同业公会在民国经济发展过程中起到重要的市场调解作用，调解包括对内事务协调和对外利益争取，前者对象主要为同业会员，后者对象主要为政府或者其他市场主体。上海书业同业公会游说政府取消不合理的书邮加价，书籍关系到教育的普及，但是书业同业公会并没有将书邮加价转嫁给学生或其他读书者，而是主动多次向政府部门请愿要求取消加价，这种行为在客观上对于当时的教育事业具有促进作用。于同业公会本身，它是一个中间组织，在政府与市场主体间起到了重要的协调作用，同时作为利益集团必定会为本行业共同利益积极行动。书业同业公会通过向政府游说并施加压力争取本集团的合法利益，这一过程需要特定条件才能促成集体行动的达成。该同业公会历史悠久，能较好地协调公会与会员、公会与市场、公会与政府等诸多方面的关系。书业同业公会组织程度较高，在民国上海虽然很多同业公会也有相似的组织安排，但是通过查询档案史料，发现一些同业公会的会员大会都流于形式，而书业同业公会定期召开会员大会并定期联系外地其他同业进行业务往来和交流活动，这种交流无疑会拓宽行业的社会网络和加强社会资本的积累，对于同业公会的集体行动是很有利的，这也是促使此次抗议活动取得胜利的重要因素之一。

利益集团是一个中性词汇，共同利益是它构成的必要条件。同业公会本质上也是一种利益集团，它们在客观上具有共同利益基础，主观上意识到这种共同利益的存在，现实中以联合的方式自觉追求和维护这种共同利益。这种行业共同利益具有自己的边界，不同于其他社会群体利益，也不同于社会公共利益。当其他社会群体侵犯同业公会利益边界的时候，同业公会的经济价值导向决定了它们与其他社会群体和社会公共利益有可能甚至必然发生冲突。一旦发生利益冲突，同业公会就要采取集体行动以维护本集团的共同利益。民国时期的同业公会为了争取合法集团利益，向政府游说并展开了向政府公权力的挑战，对于今天行业协会的合法集体行动具有比较重要的借鉴意义。行业协会要能成功达成集体行动，从而避免"搭便车"的行为，除了奥尔森所建议的小集团和选择性激励以外，还可以用社会资本解决"搭便车"问题，上海书业同业公会就是比较合理地利用了社会资本等资源实现了抗议胜利。此外，行业协会应提高组织化程度，加强专业知识能力和集团内部的合作，这些都是促使利益集团集体行动的重要因素。

## 第五节　典型案例：大萧条时期上海旅业
同业公会的价格协调

结合一个完整史料案例来论证同业公会如何议定价格，以上海旅业同业公会价格协调为例，论证说明自由经济环境和条件下，同业公会价格协调的具体过程。

### 一　经济萧条对旅业的冲击以及同业的价格竞争

这里的旅业是指旅馆业，上海自开埠以来，商旅往来很多，旅馆业也较中国其他城市发达得多。随着旅馆业的繁荣，民国初年，一些客栈为应付各种环境，自发组织了上海旅栈业公所，1928 年法租界一些客栈组成了旅馆栈业联合会，由国民党政府上海特别市农工商局主管，1929 年改称上海旅业联合会，1930 年 6 月，上海旅栈业公所、法界栈业联合会与上海旅业联合会合并成立上海特别市旅业同业公会，当时有会员 656 家，公共租界有 249 家，法租界有 309 家，南市 42 家，闸北 56 家①。

大萧条时期，物价下跌，经济不景气，作为重要服务行业，旅业受到冲击较其他行业早，受通货紧缩的影响很大，主要表现在两个方面。一是旅业普遍不景气以及惨淡经营；二是各同业竞相降低

---

① 《商整令指令本会整理改组的有关文书以及为成立上海特别市旅业同业公会向商整会社会局等单位报批核备的往来文书》，1935 年，上海档案馆藏，资料号：S335 - 1 - 2。

价格，出现恶性竞争。

笔者在上海档案馆找到一封当时一家会员旅社写给同业公会的信，其中提到经济萧条对上海市旅业的打击："凡是在上海有五年以上的历史的，我想，对于上海旅馆业的兴起，一定能够知道一些。我们试到西藏路去瞧一下，满目在望的，差不多尽是些旅馆。在四五年前的上海深夜，我们要是在西藏路经过，它所给我们的印象是什么呢？笼统一点说来，是'城关不夜'四个字。凭你是深夜两三点钟了，猜拳声、骨牌声、弦索中夹杂着女人的歌声，还是满街飞扬；每个窗子里，总是灯光雪亮的。现在呢，在晚上十二点经过那儿，你便可以显著地感到，四五年前每个窗子里的雪亮灯光，现在是难得见到了，虽然门口的灯光依旧，甚至是加甚，但这并不足以显示豪华，那些灯光里，大概是都包含着'卖一天住一天'或'照码×折'的。"① 这段文字写于 1935 年 10 月，非常形象地对比了经济萧条时期前后上海西藏路旅馆业发展情况，昔日的繁华变成了 1935 年时的惨淡经营，很多旅馆不得不悬挂打折的招牌，希望能够在不景气的经济环境中获得一丝生机。

旅店业较容易受到经济萧条的冲击。1935 年 11 月 6 日上海东方饭店致函旅业同业公会，称"上海为我国最大商埠，自国府建都南京来往政商冠盖云集，故我旅业亦随潮流而呈蓬勃之象，不意自一·二八后各业萧条，全市被'不景气'三字所笼罩，影响所及尤以我旅业为最痛亦最深。"② 当时有学者分析认为"凡百商业其商品不能售之于今日者，尚可俟诸明日，而旅业则否，全系时间性质之交易，时间一去，实质即随之而去。"③ 因为经济不景气，全国各地农村破产，来沪经办商贸的旅客也越来越少，旅业营业也是逐渐减少。该项调查还认为，"而寓居者，既感经济之枯竭，不复多

①《上海市旅商业同业公会为划一同业房价和劝告同业不要减价竞争的有关文书以及会员对划一房价所提意见的来函》，1935 年，上海档案馆藏，资料号：S335 - 1 - 85。

②《上海东方饭店致旅业同业公会函》，1935 年，上海档案馆藏，资料号：S335 - 1 - 85。

③《沪市旅馆业近况调查》，《申时经济情报》1936 年 2 月 18 日第 4 版。

所留恋，事毕即行他住。至本市中等阶级之政客军人巨贾买办及公子哥儿，每有合多数人而开房间者，俗称公司房间也。去年（1935年）亦以市面萧条，远不如社会经济未衰落前，每届华灯初上，各大旅馆时有宣告客满之现状矣。营业既如此衰落，同业为广告招徕计，乃纷纷登报广告，减价对折也，增加浴室也，住一天赠二天也，花样百出，群以减房金为目标。然结果仍不足以挽回颓局，该同业公会表示，去年旅业营业十九皆告亏损，尤以小旅馆为最。是故小旅馆因周转不灵，招盘或加记者有之，被债权人追偿查封者亦数见不鲜"。[1]

由于经济萧条以及行业的不景气，一些旅店旅社等开始用降低价格的方式艰难维持生计，这在当时很普遍。通过搜集 20 世纪 30 年代上海地区的旅业同业公会史料，我们可以很清楚地发现降价行为的严重程度，而且这势必会造成行业中的恶性竞争，使同业价格混乱，经营更加艰难，结果往往就是两败俱伤。

1935 年 8 月 17 日，上海远东饭店发文至旅业同业公会，为同业营业日减请由公会估定价格，认为"吾旅业受市面不景气影响，大有岌岌可危不可终日之势，而同业不思力谋团结，则将来必致愈弄愈糟"。[2] 从相关旅业同业公会史料中可以看到，旅业中的价格竞争主要通过以下两种方式。

第一是低折扣。在经济不景气时期，旅业打折现象非常普遍，到处可见"照码×折"的广告，特殊时期实行折扣，以达到薄利多销的目的，这是商家经常采用的手段，但是低折扣难免形成同业倾轧的局面。面对残酷的形势，同业会员都表示担忧，如东方饭店在致旅业同业公会的信函中说，"在此状态下我同业不固团结合作，及以六折七折对折四折相号召，甚至开我旅业自古所未有之卖一送几间等，以此吸引旅客，虽有苦心，然同业暗斗之风，即因此失信

---

① 《沪市旅馆业近况调查》，《申时经济情报》1936 年 2 月 18 日第 4 版。

② 《远东饭店请旅业同业公会估定价格》，1935 年，上海档案馆藏，资料号：S335 - 1 - 85。

于社会，而于事实无济也，长此以往，崩溃堪虞。"① 但也有会员认为，这种低价低折扣的行为也是形势所逼，如上海孟渊振记旅社认为"近自日本吞占东北各省，继之一·二八破坏闸北，经济阻滞，市面萧条，各业以大减价为号召，旅馆业亦何独不然？"② 对于这样的情况，旅业所担心的问题就是同业价格混乱以及严重后果："减价召盘，更无顾问，开门等死，关门亦等死，照例房租电水伙食房捐薪工等，处处待付，处处要钱。因此，旅馆业不约而同减价，譬如饮鸩止渴。借债还债，以资流通，原为不得已之下策。"③

第二是赠送物品等变相降价。除了直接给予旅客低折扣以外，很多同业还给旅客其他的赠品，或者是"买一送×""住一晚送×晚"等形式，如爵禄饭店举行十周年纪念活动时，就推出大小房间全部卖一天送一天，此外还有赠品和现金礼券奖券等优惠，奖券共发行了两期，其中第一期由于号码有限，而又增加了第二期，住店奖品非常丰厚，一等奖一张，奖品为白金镶金刚钻戒一只；二等奖二张，各赠真臂镯（宝成银楼定制）一只；三等奖四张，各赠老牌四灯收音机一只；四等奖八张，各赠真金纪念戒一只；五等奖二十张，各赠新式上等旗袍料一件；即使最低的六等奖，也有赠品六寸照相架一只。而且，该饭店还提出除了这些中奖的号码券以外，其余不中奖的号码待开奖后可以在该店作为五成代价券使用。此项优惠活动一直持续到 1935 年 12 月 31 日④。这种变相的降价措施造成市场价格的混乱，以至于同业的意见非常大，从各同业的信函中很清楚地看到对价格竞争的态度。1934 年 6 月 16 日，上海市旅业同业公会就曾致信给所有同业会员，信中提到赠品的问题。同业公会认为赠品为营销的重要手段，但是这种赠品措施无异于饮鸩止渴，

① 《商整令指令本会整理改组的有关文书以及为成立上海特别市旅业同业公会向商整会社会局等单位报批核备的往来文书》，1935 年，上海档案馆藏，资料号：S335 - 1 - 2
② 《孟渊振记旅社认为旅业不可避免会出现价格竞争》，1935 年，上海档案馆藏，资料号：S335 - 1 - 85。
③ 《孟渊振记旅社认为同业价格竞争如饮鸩止渴》，1935 年，上海档案馆藏，资料号：S335 - 1 - 85。
④ 《爵禄饭店举行赠送奖券活动》，1935 年，上海档案馆藏，资料号：S335 - 1 - 85。

"以赠品及免费汽车为号召或以离奇之广告为招徕竞相效尤，深堪痛惜"。[①]

## 二 旅业同业公会实行价格协调

面对惨淡经营的困境，同业纷纷向旅业同业公会反映窘况，描述经济形势的不利，请求考虑同业整体利益，对社会上普遍流行的折扣降价情况进行干预惩处，以达到稳定旅业秩序的目的。同业呼声很高，很多同业将身边所看到的情况如实反映到同业公会，希望公会能够采取相应措施制止日益激烈的降价行为。从客观上看，此时的同业公会发挥了价格监督的作用，只要有一家旅社或饭店进行降价活动，同业公会都会在不同的时刻得到这方面的检举。如1935年8月17日远东饭店发函致旅业公会，标题为"为同业营业日减请由公会估定价格"，指出萧条时期进行价格下调者大有人在，这种卑鄙的手段只能维持一时的兴奋，其办法不能持久，因为旅业的特点决定了与其他行业营业性质纯然不同，决不能住一赠一[②]。同年10月15日该饭店又来信告知旅业公会："近见东方饭店巧立名目以双十节纪念由房价大减，该店身任执委，去年发起团结。最近有劲何以此刻首先破坏。敝号始终遵守本会议案，固守范围，是以月缴会费，万难忍耐，请贵会来人切实查处，否则敝号要超越同业强卖价格而对付之。"[③] 可见，远东饭店对于东方饭店的这种巧立名目的降价深感痛恨，并且提出如果旅业同业公会不能采取行动的话，它们也将打起价格战。

旅业同业公会作为旅业的智囊，比较清楚本行业价格构成情况，因而所制定价格具有合理性。1933—1935年，旅业同业公会进行多次房价调查，审时度势制定了不同的价格协调方案。

1935年9月，旅业同业公会进行了一次比较全面的同业房价调

---

① 《旅业同业公会致信给所有同业》，1935年，上海档案馆藏，资料号：S335－1－85。

② 《远东饭店提出自己的意见》，1935年，上海档案馆藏，资料号：S335－1－85。

③ 《远东饭店揭发同业有减房价行为》，1935年，上海档案馆藏，资料号：S335－1－85。

查，目的主要在于了解上海市不同档次等级旅社的售价情况，经过调查所得到的情况如表 3 - 4 所示。

表 3 - 4　　　　　　　　上海旅业同业公会房价调查表

（1935 年 9 月，单位：元）

| | 头等旅社 | 二等旅社 | 三等旅社 | 四等旅社 | 备注 |
|---|---|---|---|---|---|
| 大房间房价 | 5 ~ 20 | 3 ~ 5 | 1 ~ 2 | 0.6 ~ 0.8 | 上列价格是上年（即 1934 年）实码出售价 |
| 中房间房价 | 2 ~ 4 | 1 ~ 2 | 0.9 ~ 1 | 0.3 ~ 0.5 | |
| 小房间房价 | 1 ~ 2 | 0.7 ~ 1 | 0.4 ~ 0.8 | 此等旅社只有统铺 | |

资料来源：根据上海旅业同业公会于 1935 年所做的调查整理得到，见上海档案馆藏档案，资料号为 S335 - 1 - 85。

这一次调查对于同业公会调解价格具有很重要的参考意义，也可认为是对价格协调前的一次摸底。旅社的级别和房间的大小为售价的主要决定因素，而且每种房间售价都在相应的区间变动，比如头等旅社大房间 1934 年的售价是在 5 ~ 12 元，结合具体旅社的特点，包括卫生条件、基本设施和地理位置等不同而有所区别，旅业同业公会可以较好地把握同业会员的价格浮动范围，因而可以有针对性地进行价格协调①。

在 1935 年最终划一折扣的决定之前，旅业同业公会除了做房价调查以外，还进行了相应的民意调查，向全部同业通告当前经济形势下经营的困难，希望同业能够维持统一价格折扣，从而使市场秩序趋于稳定。

旅业同业公会在 1935 年 6 月 27 日发出征求会员意见书，对于决定划一价格标准征询同业意见，后接到同业回函，"现陆续接多数同业复函，均愿在同业团结一致之下勉力维持标准折扣，足证公

---

① 《1934 年旅业同业公会进行房价调查》，1935 年，上海档案馆藏，资料号：S335 - 1 - 85。

意所在即具真理"①。可见，大部分会员支持统一价格折扣标准。

市面经济萧条、同业间恶性降价竞争的事实以及同业对于价格协调的呼声，这些因素促使旅业同业公会必须要制定出比较合理的价格方案。价格协调方面最重要的行动是该年（1935 年）10 月 30 日和 11 月 25 日的两次同业会议，前者主题为讨论制定八折为统一折扣，后者制定实施商业折扣的具体细则。

1935 年 10 月 30 日旅业同业公会于南京饭店召开同业宴会，会上常务主席陈闻达说道："今日宴请同业为近来同业房价折扣不一，同业营业深受影响，请各位设定划一折扣以维营业。"② 这次会议主要参会代表都一致同意将房价一律降为八折，并且规定划一折扣实行的时间表，不仅是要求会员，即使是非会员也要遵守统一价格折扣。

此次会议核心内容是将折扣强制制定为八折。但有些同业在实际操作时并不按照这个标准制定房价，如有的同业竟然高抬房价再打很低折扣，这种徒有减价之名而无其实者，进一步导致房价混乱、高低不一，为了更好地贯彻执行这个标准，旅业同业又于同年 11 月 21 日发出通告，将在该月 25 日下午 1 点在西藏路远东饭店大礼堂召开同业大会，准备讨论确定房价之实施详细办法。以下是1935 年 11 月 25 日同业会议所决定的划一价格具体实施办法③：

1. 同业房价暂时按照原价八折作为标准折扣；
2. 凡是低于标准折扣的广告和降价招牌等都应该取消；
3. 实行照原价八折后，不能通过赠品等形式进行变相降价；

---

① 《同业公会发布通告希望遵行八折价格》，1935 年，上海档案馆藏，资料号：S335 - 1 - 85。
② 《旅业同业公会于南京饭店召开同业宴会》，1935 年，上海档案馆藏，资料号：S335 - 1 - 85。
③ 《1935 年 11 月 25 日远东饭店会议》，1935 年，上海档案馆藏，资料号：S335 - 1 - 85。

4. 本办法无论会员与非会员均应一律遵守；

5. 如有故意违背本办法者，得由大会拟具制裁办法，呈请
社会局核断。

最后，会议中还要求同业能够根据自身的情况于会后三天内积
极提出不同意见，以使该实施办法更加合理妥当。这些办法从
1935 年 12 月 1 日开始正式实行，同时在很多报纸上公布划一房价
折扣的消息。最常见的公告为"同业公议，照码八折，各种赠券一
律作废"。上海旅业同业公会还于 11 月 26 日公布紧要通告，希望
全体同业能够遵守八折划一价格，特别指出"奉市社会局第 20897
号训令，各业应按照成本之多寡议定平衡价目，通知各同业无论专
营或兼营、会员或非会员，须一律强制遵守，并将价目单及核议标
准补呈本局备案"。①

### 三 旅业同业公会会员对价格协调的态度

旅业同业公会在众会员的呼吁下积极采取相应措施制定划一价
格折扣，并且要求强制执行，这对于维持同业共同利益无疑具有积
极作用，所以很多同业都表达了支持拥护的态度。大部分同业都认
为长期混乱的市场恶性竞争，必定会导致整体营业额的下降，相互
倾轧最终会导致同归于尽，于是在致旅业同业公会信函中经常可以
看到如下陈述："效尤互相竞争必至愈减而愈低，因愈低而愈减，
日后危机必更甚于今日，实无异自杀政策，为特劝告同业必须力谋
团结忍度难关，万勿任意减价互为倾轧形成自相残杀之风。"②

如爵禄饭店在致同业公会的信函中提到："经会中提议同业划
一房金价目以谋补救互相竞争之危，亟表赞同。"③ 大方饭店也表

---

① 《同业公会发布通告希望遵行八折价格》，1935 年，上海档案馆藏，资料号：
S335 - 1 - 85。
② 《上海市旅业同业公会通告》，1935 年，上海档案馆藏，资料号：S335 - 1 - 85。
③ 《爵禄饭店支持旅业同业公会意见》，1935 年，上海档案馆藏，资料号：S335 -
1 - 85。

示："今日大会议决各旅社房价一律照原码八折不得任意增减，藉资划一价格。对此敝处认为满意，应请即日登载封面广告俾众周知此项。"[1] 爵禄饭店在此次价格划一折扣过程表现是比较积极的，表示支持同业公会的决定，由于该饭店前期有赠送礼券和奖券的活动，并且承诺奖券期限截至 1935 年 12 月 31 日，所以在制定八折规定以后，立刻就致信同业公会请求宽待，以免顾客质疑饭店的诚信，特别提出"根据上情，敝店同仁一再讨论，不能逆行，是以有此与同业互异之情形不得不提出，恳求特予宽容一月"。[2] 在 1935 年 11 月 25 日远东饭店会议上，旅业同业对于价格划一八折的规定基本上都持拥护态度，参加会议的 50 多位代表都签名表示支持折扣[3]。

虽然同业会员比较支持统一八折价格政策，但其中也不乏异议，有不同的声音，在这些不同意见中，很大部分观点认为旅业同业公会划一折扣没有考虑到不同旅店的特点、开设时间、基准房价和地理位置等，因而很多同业担心这样的价格协调不一定会达到维持市场秩序的目的，相反还会造成更进一步的市场混乱。会员认为每个个体情况都不一样，成本也不同，如果按照原价强行进行八折折扣会导致更进一步的亏损。上海很多旅店旅馆所处位置不一样，每个旅店资本额大小及开设迟早新旧也不同，折扣应该考虑各自不同的特点；房间设备情况与房价有直接关系，这些也将导致不同的折扣。

除了陈述上述几点原因之外，有些会员认为同业在非常不景气的经济条件下，应该将各家原价码统一以后再折扣，这样做能够将同业全日收入进行统盘计算，如此折扣才算是同业的标准折扣。

这种质疑对于整体价格协调影响比较大，比如会在执行方面出现阳奉阴违的现象。从某种程度上看，部分会员的异议从另外一个

---

[1] 《大方饭店支持旅业同业公会价格决定》，1935 年，上海档案馆藏，资料号：S335 - 1 - 85。

[2] 《爵禄饭店申请宽待》，1935 年，上海档案馆藏，资料号：S335 - 1 - 85。

[3] 《旅业与会代表的签名表》，1935 年，上海档案馆藏，资料号：S335 - 1 - 85。

侧面反映同业公会价格协调难度，虽然在之前已经做过同业调查和民意调查，但有不同意见也是不可避免的，因为每个同业会员都有不同的特点，经济实力和抵抗风险的能力也大不一样，自然会出于自身经济利益提出不同看法。

但是总体来说，价格协调政策的效果是积极的，旅业同业公会作为重要的行业组织，具有一定的行业自治权，在经济大萧条时期对行业价格起到了调控作用，发挥了重要的中间性治理作用。

# 第六节  小结

抗战之前的上海，虽然已经存在统制经济思想和实践，但总体来说，自由经济还是占据主导地位，同业公会价格协调机制发挥得比较充分，特别是在经济大萧条时期，曾起到重要的协调作用。

沦陷前的上海同业公会，在价格协调方面具有较强的自主性，表现在以下几个方面。

1. 能够自主决定价格的形成和执行

由于自由经济形态下，政府干预相对较少，同业公会能够充分发挥第三方协调作用。从广义上看，价格协调机制包括价格形成机制、执行机制和惩罚机制三个方面。三者相互影响，相辅相成，形成一个完整系统。其中，价格形成机制主要以同业商议形式为主，同业公会代表可谓行业智囊，他们很清楚本行业价格行情，能够制定出比较合理的价格；执行机制是确保所定价格能够顺利执行的系列制度安排，比如订定契约和保证金制度等，这些都是事先制度安排，有利于促使同业公会或非会员遵守价格；惩罚机制则是事后制度安排，一旦有从业人员发生价格违规事宜，同业公会将采取措施惩罚违规者。价格协调机制具有较强自主性，是在行业自主权限内系列制度安排的总和。

2. 能够积极处理政会关系

同业公会是第三方组织，是处于政府与市场之间的中间力量，自然不能避免地与政府发生利益的博弈。在经济相对自由时期，针对政府不合理的价格政策，同业公会积极争取行业共同利益。此时的同业公会相当于一个利益集团，共同行动的结果取决于集团的特点和规模，也就是说并不是所有同业公会与政府的博弈都取得成功，但是整个过程却体现了同业公会的协调功能。

3. 能够比较和谐地协调成员间利益纠纷

除了需要处理与政府的关系，同业公会还要协调会员的利益纠纷，价格竞争势必造成同业的多败俱伤，最终影响行业的整体利益。同业公会代表大会是一种商议制度，通过这种制度安排，公会可以制定比较合理的价格标准，要求会员或者非会员一并遵守，从而有利于维护市场交易秩序。

总之，抗战之前上海是以自由经济为主，同业公会具有较独立的行业自治权限，能够比较自主的协调行业价格。

# 第四章　抗战时期上海同业公会价格协调

　　上海沦陷是一段非常特殊的历史时期，自 1937 年 11 月 12 日国军撤出上海以后，意味着孤岛时期开始。孤岛，很形象地说明上海当时所处的社会经济环境，由于日军封锁，公共租界和法租界与国内其他地区隔离，战争破坏作用使陆路交通受到很大影响。相对来说，海上交通比较便利，虽说是孤岛，但仍存在与国外较多的物资等方面的联系①。1941 年年底太平洋战争爆发以后，日军全面占领孤岛，此时上海由汪伪政府统治。关于 1937—1945 年日本投降之前的有关经济史论著研究成果很多，但是对同业公会的研究相对比较薄弱，原因可能在于资料获得难度较大。一直以来，上海同业公会研究多集中于 20 世纪 30 年代中期及以前的历史阶段，关于沦陷时期的研究成果相对较少②。本章主要集中论述沦陷时期上海同业公会价格的协调，将分两个阶段分析同业公会在价格协调方面的特点和作用，从 1937 年 11 月 12 日上海沦陷到 1941 年 12 月 8 日日军侵占上海租界，在此期间的四年中，上海租界处于孤岛时期，商

---

　　① 公共租界苏州河以南区域和法租界成为被日伪势力包围的孤岛。公共租界工部局和法租界公董局仍旧管理两个租界，相对于国内其他地区，租界内的形势相对比较稳定，由于这种特殊的环境造就了租界的畸形繁荣，这在很多学者研究成果和文学作品中得到了体现。陶菊隐：《孤岛见闻——抗战时期的上海》，上海人民出版社 1979 年版，第 156 页。

　　② 国内对于同业公会研究主要集中于宏观论述，从同业公会的具体功能分别论述，如魏文享等；在区域性同业组织研究中，李柏槐和李德英主要集中于成都地区的同业公会研究，而对于上海市同业公会在该时期内研究相对较少。

业相对繁荣，甚至曾经达到了抗战时期最高水平①。日军侵占上海公共租界之后，工部局的政治权力落入日本手中，租界由几个帝国主义国家管辖开始转变成由日本独占，到 1942 年 6 月，工部局最终成为日本人独占的统治机构，实权完全由日籍总董冈崎胜男和渡正监掌握②。法租界却由于法国维希政府的关系，公董局依然存在③。本章节还有一个比较重要的日期，即 1943 年 3 月 15 日，此日期为汪伪全国商业统制总会成立时间（下文简称"商统会"）。商统会是日汪双方妥协的结果，日军由于战争的失利，亟须统制更多的战略物资，而将统制物资的权限暂时转交给汪伪政权。该会表面上是一个商业自治团体，基础成员是上海同业公会及日方同业社，是日军统制物资的重要工具。同业公会及其所构成的同业联合会在配合物资统制中扮演重要角色。物资统制的一个重要因素和环节是统制价格，同业公会在维持汪伪限价方面到底起过哪些作用，行业中间组织作用是如何体现的，这些是目前还没有深入研究的问题。以往学术界的研究较少涉及孤岛时期的同业公会，因而研究孤岛工商业同业公会具有比较重要的学术价值，在一定程度上可以弥补现有研究的不足。本章聚焦于孤岛和汪伪时期，分析在战时统制经济条件下同业公会发挥价格协调机制的途径和作用。

## 第一节　孤岛时期的同业公会价格协调

虽然处于战时，但孤岛时期上海政治社会环境相对比较稳定，

---

① 吴景平等：《抗战时期的上海经济》，上海人民出版社 2001 年版，第 30—45 页；王季深：《战时上海经济·第 1 辑》，立达图书公司 1945 年版，第 108—150 页；冯克昌：《上海繁荣的观察》，《商业月报》1939 年第 5 期；John Ahlers：《上海"繁荣"的前瞻》，《职业生活》1939 年第 18 期；史亦闻：《战后上海繁荣本质论》，《银钱界》1939 年第 9 期；景仁：《渐趋没落之上海畸形繁荣》，《商业月报》1940 年第 8 期；《战后上海之工商各业》，《经济研究》1940 年第 4 期。

② 唐振常：《上海史》，上海人民出版社 1989 年版，第 828 页。

③ 熊月之：《上海通史》，上海人民出版社 1999 年版，第 363—386 页。

商业呈现繁荣景象①。孤岛主要由两个租界即公共租界和法租界构成，当时很多商业活动都集中于孤岛内，同业公会是比较重要的行业组织，统制相对较少，公会发挥着积极的自发协调管理作用。上海华界沦陷以后，相继成立了不同的伪政权。② 孤岛政局形势非常复杂，从表面上看，上海由三个区域组成，公共租界、法租界和维新政府上海特别市③。但其实所受控制势力不止三个，除了工部局、公董局和上海特别市以外，还有日本军方以及重庆国民政府。工部局和公董局依然分别管理公共租界和法租界，重庆国民政府根据战时经济形势与孤岛特殊情况，由实业部负责管理工商团体，后于1938 年 3 月开始由新成立的经济部具体负责管理，要求同业公会维持现状，不得进行改组活动④。国民政府管理孤岛工商业具有积极意义，许多具体管理措施得到较好贯彻⑤，这种由多方控制管理的状态一直延续到 1941 年年底太平洋战争爆发⑥。孤岛时期，很多同业公会暂停业务，因而增加了统计同业公会数量的难度。囿于资料的限制，只能在有限的资料中寻找几个有代表性的同业公会作为案例，论述说明它们的价格协调活动。各业同业公会配合两租界限制物价的相关规定，重新制定行业价格，维护行业正常秩序。此时同业公会价格协调表现出的特点，与之前既有相似之处，但更重要的是不同之处。

---

① ［美］魏斐德（Frederic Wakeman）：《上海歹土——战时恐怖活动与城市犯罪，1937—1941》，芮传明译，上海古籍出版社 2003 年版，第 2 页；张赛群：《上海"孤岛"贸易研究》，知识产权出版社 2006 年版，第 15 页。

② 这些政权前期主要是大道政府和督办公署，虽然曾经行使过一定社会管理事务，具有伪政权性质，但是租界内部事务主要还是由工部局和公董局管理。

③ 甘慧杰：《论孤岛时期日本对上海公共租界行政权的争夺》，《档案与史学》2001 年第 6 期。

④ 《经济部决定战区工商团体任期未满不得改组》，《申报》1938 年 4 月 30 日第 4 版。

⑤ 王春英：《"统制"与"合作"：中日战争时期的上海商人（1937—1945）》，博士学位论文，复旦大学，2009 年，第 45—58 页。

⑥ 刘志英：《国民政府对上海"孤岛"的商业管理》，《江海学刊》2001 年第 1 期。

## 一　孤岛时期上海物价变化

在说明孤岛时期同业公会协调价格作用之前，有必要先了解当时物价趋势。根据 1937—1941 年趸售物品价格计算指数，所选择的物品按照加工程度分类，可分为原料品和制造品，其中原料品包括农产、动物产、林产和矿产，制造品包括生产品和消费品，以 1936 年为基期，可以得到沦陷四年之中上海趸售物价总指数。①

表 4 − 1　　　　　　　　　孤岛时期上海趸售物价指数②

| 年份 | 原料品 | | | | | 制造品 | | | 总指数 |
|---|---|---|---|---|---|---|---|---|---|
| | 农产 | 动物产 | 林产 | 矿产 | 合计 | 生产品 | 消费品 | 合计 | |
| 1937③ | 111.7 | 137.2 | 118.1 | 132.2 | 119.9 | 122.3 | 116.1 | 118.7 | 118.9 |
| 1938 | 127.5 | 172.9 | 144.4 | 220.7 | 149.1 | 148.1 | 131.2 | 137.9 | 141.6 |
| 1939 | 219.8 | 255.1 | 244.5 | 378.8 | 249.8 | 257 | 189.8 | 214.9 | 226.2 |
| 1940 | 468.2 | 516.4 | 491.4 | 1066.6 | 538.1 | 546.5 | 390.1 | 435.8 | 479.9 |
| 1941 | 783.3 | 892.7 | 1003.2 | 2211.7 | 985.4 | 1161 | 814.4 | 935.3 | 958.2 |

资料来源：转引自《上海趸售物价指数表（1932 年至 1941 年 12 月）》，《上海物价月报》1941 年第 1 卷第 7 期，第 6 页。

表 4−1 中有关 1937 年的数据，没有剔除掉"八一三"事变之后的指数，但是影响不大，主要考察 1938—1941 年四年的价格指数，孤岛时期原料品和制造品物价指数增长都很快，分别增长 7.2 倍和 7.1 倍，其中原料中的矿产品增长速度非常快，增幅达到 15.7 倍。

首先，孤岛时期上海物价上涨主要受到战争和日军封锁的影响，交通的不便造成内地原料商品到货困难。上海原料一般都是从

① 《上海趸售物价指数表（廿一年到三十年十二月）》，《上海物价月报》1941 年第 7 期。

② 根据《上海物价月报》1941 年第 7 期有关数据整理得到。

③ 1937 年的数据包括了沦陷前的趸售物价指数。

内地运输，孤岛状态阻断了内地联系，势必会影响到运输畅通。日本军方对沦陷区货物进出采取严格的许可证制度，导致孤岛与沦陷区缺乏顺畅的物资流通，从而造成趸售物价指数攀升。

其次，投机活动在租界内日益猖獗。战争爆发以后，南洋和香港等地的资金纷纷流向上海，资金的集中和海外资金的回流导致上海游资过剩①。在1939年8月上海游资数量大约为12亿元，1940年3月增加到30亿元，而到1940年5月底，游资已经超过50亿元，社会大量游资寻找投机目标，造成严重的物资囤积现象，从而导致物价上涨②。

再次，汇率对租界物价的影响。孤岛虽然从表面上看来好像是与世隔绝，但是国际贸易依然存在，汇率也一直发生变化。表4-2显示了1937—1940年法币对外汇率逐渐降低的趋势。

表4-2　　　　　　　　**上海法币汇率指数**（1926＝100）

| 时间 | 英汇 | 美汇 | 日汇 | 法汇 | 德汇 | 总指数 |
|------|------|------|------|------|------|--------|
| 1937 | 59.2 | 59.9 | 99.4 | 47.3 | 35.3 | 59.2 |
| 1938 | 43 | 43.3 | 71.9 | 46.7 | 25.5 | 46.9 |
| 1939 | 25 | 23.2 | 41.7 | 28.9 | 15.3 | 27.4 |
| 1940.1 | 18.5 | 15 | 30.3 | 21.3 | —— | 19.8 |
| 1940.2 | 17.1 | 13.9 | 28.1 | 19.6 | —— | 18.6 |
| 1940.3 | 16.5 | 12.8 | 26 | 19.1 | —— | 17.7 |

资料来源：《上海对外汇率与标金市价及纽约银价指数（1926年至1940年10月）》，《经济统计月志》1940年第7卷第11期，第267页。

由于是间接汇率标价法，即用一个单位的法币为标准，来计算应收若干单位的外汇货币。间接标价法体现了法币汇总外汇的数量呈下降趋势，说明法币在贬值。汇率的改变成为物价上升的另外一个重要原因。

───────────

① 潘连贵：《上海货币史》，上海人民出版社2004年版，第255页。
② 姜铎：《上海沦陷前期的"孤岛繁荣"》，《经济学术资料》1983年第10期。

最后，上海沦陷以后，随着战事扩大，来沪避难的人数直线增加，据工部局和公董局统计，1936 年两租界人口只有 167 万人，到 1938 年下半年，人口骤然增加到 450 万人①。以上因素对于上海租界物价上涨具有较大的推动作用。对于游资投机所造成的囤积居奇，两租界当局采取严厉打击措施，而同业公会的许多经济活动围绕反对囤积商品而进行。原料价格上涨对于工商业生产具有直接影响，与之相关的同业公会采取合理的价格调节措施以面对成本上升所造成的压力。

### 二 租界当局进行价格管理

孤岛时期，工部局和公董局对经济事务也不是毫无干涉，相反，在很多领域租界当局进行一定管理。当物价处于不断上升状态时，两租界采取措施遏制物价攀升。在日军正式入侵租界之前，当局多次宣布进行价格限制，统制重要商品，以期降低物价。工部局定期发布公报，报道统制物价相关事宜②，还成立平价委员会，制定物价管理章程评定日用必需品价格③。法租界与公共租界先后成立物价委员会，主要任务是研究调整上海物价。公董局物价委员会设立调查米粮、煤及零售市场三个小组委员会。三个小组工作除听取法警务处及各方情报以外，同时分头向各小组所管辖的各个行业进行缜密调查④。1941 年年初，法公董局考虑到各种物价一再飞涨，该局采取新行动遏制物价。通过成立物价调查委员会，经过几个星期的周密研究，拟定统制物资售价的若干建议，并提交法总领事研究通过，当时售价受到统制的物品主要有食米、面粉、煤球、柴薪、炭、油与食品等约 30 种⑤。商会发布告全市商民书，要求同

---

① 唐振常：《上海史》，上海人民出版社 1989 年版，第 800 页。

② 《报告：关于物价事宜报告：本局请纳税人举报操纵囤积情事》，《上海公共租界工部局公报》1941 年第 22 期。

③ 《国内要闻：上海法租界组设平价会》，《银行周报》1940 年第 9 期；《国内要闻：物价暴腾与平价问题》，《银行周报》1939 年第 50 期。

④ 《国内要闻：上海两租界当局合作抑平物价》，《银行周报》1940 年第 11 期。

⑤ 《法公董局决严峻遏制物价》，《申报》1941 年 1 月 22 日第 9 版。

业公会配合租界价格管理政策，在各该行业内部进行价格协调，以达到当局稳定物价的目的。租界当局严厉打击囤积货物行为，认为囤积是造成物价上涨的重要原因，因而多次颁布法令严格取缔囤积，并要求相关同业公会召开紧急会议制定价格。由于游资数量增多，非法投机现象严重，租界当局将日用必需品的输入作为管制商品输入的重中之重，希望通过这种方式减少上海投机影响程度①。上海存在大量奸商囤积，形成价格垄断，工部局对米粮进行限价，如超越限价者，将受法律制裁。因为在普通法律内没有相应规定，后来工部局法律部与特一法院当局等会商结果，决定采用国民政府所颁布的《非常时期评定物价及取缔投机操纵办法》和《非常时期农矿工商管理条例》两部法规，凡投机操纵价格者将受刑事处分。法规规定同业公会是重要平价力量，重庆国民政府要求在非常时期日用必需品应设立评定价格机构，以取缔投机操纵行为，具体办法是让主管官署会同上海商会和经营日用必需品同业公会设立平价委员会，办理商品评价事宜，平价委员会的委员由商会或同业公会推派②。各主管官署在隶属行政院之市为社会局，在县为县政府，在市为市政府。平价委员会③组织章程及其办事细则由地方主管官署订定呈报上级官署转报经济部备案。为了平定价格，该评价委员会对日用必需品价格进行评定，其原则是综合考虑并兼顾生产者和消费者两方利益，形成了如下的价格评定标准。

（1）凡物品之生产及运销成本未受战时影响或影响甚微者，以战前三年或一年之平均价格为标准。

（2）凡物品之生产及运销成本受战时影响，以其在战后之成本再加相当之利润为标准。

---

① 《每月评话——上海物价的前途》，《时代妇女（上海）》1941创刊号。

② 《战时统制物价法规：非常时期定评物价取缔投机办法》，《经济动员》1939年第2期。

③ 在档案史料中，有部分材料写作"平价委员会"，但也有部分写作"评价委员会"，两者其实存在较大区别，在很多档案中，即使是在同一份文件，也出现两种不同的表示，为了尊重史料的真实性，本书中尽量使用档案中的词语，如果确需改动的，会作进一步说明。

（3）凡物品之成本不易计算者，以其经营所需之资本总额再加相当之利润为标准。

第（2）和第（3）两项中所指的利润由平价委员会酌拟呈请地方主管官署核定并报上级主管转报经济部备案。

同时，《非常时期评定物价及取缔投机操纵办法》还规定了违反判定和处罚条例，要求各同业公会配合调查。规定只要有以下行为之一者就可以认定价格投机操纵。

（1）生产或销售日用必需品之工厂商号，同业间互为买卖之数量不得超过实存现货之数量。

（2）生产或销售日用必需品之工厂商号不得依标准物买卖日用必需品及以差金计算盈亏。

（3）日用必需品在市场上之期货，非经营该项目日用必需品之同业不得互为买卖。

（4）买卖日用必需品不得设立类似交易所之市场。

可见，通过推派同业公会组织成立平价委员会，租界当局希望通过取缔价格投机的方式达到维持市场价格的目的。

### 三　同业公会的价格协调

孤岛时期工商业出现繁荣景象，相对稳定和自由的社会经济环境，使同业公会能够比较充分地发挥行业协调作用，可以弥补两租界当局管理不足。在孤岛时期，同业公会的作用与自由经济时期一样，都是在自由经济形态下的行业管理，因而存在一定的相似之处，但由于战时孤岛特殊环境，同业公会的价格协调存在不同于1937年之前的特点。

从《申报》《大美周报》《商业月报》和《银行周报》等报纸期刊上可以找到零星的孤岛时期同业公会价格协调报道，上海档案馆有关沦陷后同业公会史料侧重于汪伪政府成立以后时期，孤岛时期同业公会资料很少，为深入研究带来很大障碍。笔者在上海档案馆查阅了大量同业公会史料，找到一些孤岛时期相关材料，但仍因资料缺失感觉困惑，所以此部分写作存在较多不足和遗憾。

在价格协调方面，1937 年之前的很多会馆、公所和同业公会具有直接制定价格的权限，价格多由市场交易自由决定，同业公会在其中起着调解作用。这种调解出于行业协调的自觉性，能够有效减少行业内部恶性竞争，减少市场交易成本，维持良好的市场秩序。同业公会根据一定规则制定可行价格，一般是按照各种商品成本加上合法利润以及必要税收制定最终价格。孤岛时期同业公会价格协调工作总的来说具有如下特点。

### （一）同业公会具有制定价格权限

孤岛形成一个相对独立的经济环境。物价上涨速度导致成本压力很大，行业面临生存困境，同业公会根据市场行情经过公议重新制定价格。孤岛时期同业公会调整价格的方式与战前一样，即通过同业集体商议决定调价标准。如上海铅印业同业公会 1939 年 6 月 26 日在各报纸发布启事，说明增加价格一事，内容如下："兹因外汇暴缩，材料飞涨，同业公议，即日起，各货照原价一律增加三成，货款统收现币，划条概不收用。"[1] 可见，孤岛时期同业公会仍然具有较强的自主权，能够独立决定行业价格。需要进一步说明的是，这并非一个特例，在所接触的资料和文献中，发现绝大多数同业公会都是独立商议价格调整事宜，租界当局只是进行有限管理，同业公会自主程度较高，同业公会行使经济职能与当时社会经济背景非常相关。由于孤岛相对封闭，租界当局工部局和公董局采取自由政策，同业公会得到在战争时代少有的自主发展机会。近代中国经历了剧烈社会转型，短短的几十年间经历了不同的社会关系模式转变。孤岛时期，国民政府已经西迁到重庆，虽然没有放弃对上海的社会经济政治等各方面的控制，但这种遥控式的管理作用比较有限，并且随着战争深入而不断削弱。直到太平洋战争之后，租界完全沦陷，国民政府才完全停止对其管理，所以不能认为孤岛就是完全无政府主义，只不过政府能力比较有限，可以看成一种弱政府模式。由于政府相对弱小，管理能力有限，因而行业管理的任务

---

[1] 《上海铅印业同业涨价》，《艺文印刷月刊》1939 年第 1 期。

就更多地落到同业公会身上。它们根据行业特点、成本变化和市场波动制定合理价格，与北洋时期同业公会具有相似点，即都处于国家管理不足的状态之中。同业公会自主独立性比较强，能够比较完整地行使价格协调功能，也能比较顺利地处理与当局以及与会员的关系。

即便如此，行业自主权限并不意味着可以违背市场正常规律漫天要价，自主性不是指随意性。同业公会调整价格原因基本上都在于成本变化，上海物价上涨并非局限于个别行业，而是所有行业价格普遍上涨，行业间的业务联系决定了价格上涨会呈现连锁反应。如铅印业同业公会在 1940 年 10 月再次公布涨价消息，原因在于上海笔墨同业公会因为羊毛松烟运输困难，来源稀少造成价格飞涨，要求涨价 30%。笔墨行业与铅印行业具有业务联系，相关行业涨价必然会引起另一行业成本负担加重，于是铅印业同业公会也同时要求涨价，并且敬告同业不得减低工料，不得低价出售，否则查出将重罚①。同业公会的价格须经过相关部门的审核批准才可以正式实行，要受租界工部局和公董局管理，与战前具有一致性。工部局出于统制物价的需要，要求租界内个人、合伙或公司，凡是零售的，都要经工部局随时布告，应受物价统制的任何物品，均应遵守工部局随时刊发的布告信息。关于所存此项物品数量与存地都应保留记录，或关于其出售价格的规则，任何个人合伙或公司，如果违反工部局公布的规则内所载任何条款，都将受到惩罚②。

同业公会除了与相关行业围绕价格问题展开协调之外，还主动与外商同业公会进行沟通联系，对于行业价格进行协商。自晚清以来，上海就存在诸多外商同业公会，而现在学界对于外商同业公会的研究还比较薄弱，本书在资料搜集过程中，发现孤岛时期，一些华商同业公会开始正面接触外商同业公会，对于市场价格秩序的问题，进行了有益的协商，并且也取得了一定的成效。以上海保险业

---

① 铅印业同业公会：《沪市笔墨业再度涨价》，《艺文印刷月刊》1940 年第 10 期。
② 《上海管理物价新则》，《经济动员》1940 年第 4 期。

同业公会为例，考察分析同业公会如何通过与外商合作的途径达到协调保费（率）的目的。

上海的保险业，从晚清到民国，一直处于全国保险业的中心和枢纽地位。自五口通商以来，由于国际贸易的日益频繁，储存货物的仓库也逐渐增多，保险业也随之兴盛起来。上海是中国保险业的发源地，最早的时候是以水险为中心，其次是火险，而寿险还是空白。而洋商在沪地开展保险业务由来已久，最早来到上海的是英国保安保险公司，该公司早在1835年就已经开始在上海开展财产保险业务，而此时华商保险业务尚处于萌芽时期①。

随着保险业务的发展，上海华商保险公司组织成立上海保险业同业公会，依据该公会章程第三条的规定，"凡上海市区域内经营保险业之公司，经依法呈准政府注册者，均应为本公会会员"。②而在洋商方面，则主要有上海火险公会（Shanghai Fire Insurance Association），不论任何国籍的公司，都可依据营业性质加入该同业公会。华洋保险公会曾多次围绕保价问题展开协商，还成立华洋保价委员会，在保价制定中起到了非常积极的作用。以下部分将结合上海档案馆馆藏的保险业同业公会史料，分析上海孤岛时期该公会进行行业价格协调的方式和作用。

上海火险业价格有毛价和实价两种。毛价就是价目表上印定的价格，实价就是在毛价基础上按照一定比例折扣之后的价钱。最早本来没有这种区分，但是由于保险市场竞争，便在原来的价格基础上实行一个折扣③。围绕这个价格即保险费率折扣问题，上海保险同业公会多次召开执委会，对华洋保价委员会增加火险费的提案进行议决，如1939年10月11日，该同业公会召开第140次执委会，通过一项决议"赞成加价，加价原则是毛价率不动，将实收价率由

---

① 《洋商保险业在华情形》，《经济研究》1942年第2期。
② 王效文：《论上海火险公会与华商保险公会代表人性质之不同》，《保险界》1940年第1期。
③ 关可贵：《火险同业十年来所亟图改善的一个重要问题》，《保险月刊》1940年第6期。

一五折改为二折，至于各类加价之详细办法，请统一据华洋保价委员会拟定之办法"①。

　　除了开执委会议决华洋保价委员会制定的折扣价格率之外，还通过华洋保价委会员与外商保险公司进行保费相关事宜的沟通。在1939年9月6日，外商保险公司 Beck & Swann 就中外有关石油、矿物油、焦油、汽油等物质的保费率致函上海保险业同业公会，原文如下：

---

Dear Sirs,

　　Petrol, Mineral, Rock, and Tar Oils and Liquid Products thereof in the open.

We have been directed by our Committee to suggest that the following rates be adopted by the two associations for the rating of petroleum, mineral, rock, etc. stored in the open.

---

**图4-1　外商 Beck & Swann 公司致函华洋保价委员会文书**

　　资料来源：《本会请统一华洋保价委员会拟定各类火险加价办法》，1939年，上海档案馆藏，资料号：S181-2-54。

　　从这份文书中，我们可以看到，上海保险业同业公会与外商上海火险同业公会共同商议对部分易燃物质的保险费率，其中，外商保险公司的保费率要远低于华商保险公司，比如煤油，洋商保费率是7.5%，而华商保险公司高达50%。之后，华洋保价委员会回函致上海火险同业公会，主要内容是"They have approved the rates set forth in hour letter for petroleum, etc."②，其意思就是华商上海保险业同业公会会员保险公司都接受了这种保险费率。这体现了华洋保险同业公会之间的合作，在保险费率方面能够达成一致。但也存在有分歧的情况，即双方在保费方面有不同的看法。比如1940年9月27日，上海火险同业公会致信上海保险同业公会，信中提到有

---

　　① 《本会请统一华洋保价委员会拟定各类火险加价办法》，1939年，上海档案馆藏，资料号：S181-2-54。

　　② 同上。

关煤炭的保险费率，全文如下：

---

Dear Sirs,

As the result of representations received from the Shanghai Fire Insurance Association, which draw attention to the disparity which at present exists between rates for coal in the foreign and Chinese sections of the tariff.

It has been decided to recommend that the Chinese rates be increased to 43% with warranty, and 57.5% without warranty.

---

**图4 - 2 上海火险同业公会致信上海保险业同业公会文书**

资料来源：《本会请统一华洋保价委员会拟定各类火险加价办法》，1939 年，上海档案馆藏，资料号：S181 - 2 - 54。

在此函件文书中，洋商火险同业公会要求上海保险业同业公会提高煤炭保费率，其中，具有保证和没有保证的煤炭保险费率分别从 4.5% 和 6.75% 提高至 43% 和 57.5%，这是因为外商公会认为中国公司防灾意识欠缺，存煤引起火灾的概率较大，因而需要提高保险费率。

**（二）同业公会配合当局限价政策**

孤岛时期同业公会除了自主制定行业价格之外，在物价飞涨时期，也被要求遵守两租界当局所定限价。租界鉴于物价上涨形势，对食品以及重要日用品实行统制政策，这些行业的同业公会必然会受到当局的限制。孤岛时期上海是自由的乐土，政府管制相对较少，工商业发展呈现繁荣景象，同业公会可以充分发挥行业协调作用，但是在 1939 年后期到 1941 年两年时间里，孤岛物价疯狂上涨，两租界当局为加强对物价的管制，按照行业特点和重要程度制定不同的管制政策。同业公会的价格协调作用也随着当局干预和管制而发生变化，所以说行业和经济形势的差异决定了同业公会价格协调的特点和方式。

米粮业是关系民生的重要行业，自然首当其冲成了租界当局管制对象。上海豆米业同业公会联合其他相关同业于 1939 年成立米粮评价委员会，主要功能是"分别米品，评定米价，以期平准"①。米粮评价委员在当局限价政策实行过程中发挥过积极协调作用。在米价不断上涨期间，它主动致信公共租界工部局，要求规定米价标准，以便根据工部局要求制定同业价格标准②。工部局认为洋米的售价不得超过采购实际所需成本加适当利润，价格核定由米粮评价委员会完成，而且强调核定过程需要加强与米业同业公会会员沟通联系，以保证所定价格能够较好实施。

在 1940 年年底，孤岛米价不断攀升。公共租界工部局何德奎副总办邀集米业领袖陈子彝、朱子香等人磋商具体办法。要求米业同业扩大订购洋米十万包，到时按照产价供销市场，并要求同业轮流订购，目的是不使市场现货减少。参会同业公会代表都认为这项办法的确属于当务之急，并且表示配合当局转知同业遵照办理③。豆米同业公会多次召开紧急会议，公告米市场应切实取缔非法交易和避免阳奉阴违。除告诫同业恪守市价标准和市场规则以外，还于 1941 年 1 月再作紧急处置，要求同业自 1 月 4 日起各店米价绝对不准超越 3 日上午收盘行情。豆米业同业公会还特意提到绝对要杜绝暗盘越价，如有类似情形发生的话，同业公会决定报告当局并严惩不贷④。租界当局多次邀集同业商量决定米粮限价标准，如 1940 年 12 月 9 日，两租界当局邀请虞洽卿及米业团体代表，在工部局开会讨论如何厘定米市办法，当时米业团体代表出席者有陈千彝、朱子香等，会议上评定了五种洋米最高限价，其中，一号西贡米每石 87 元、二号西贡米每石 81.5 角、二号暹罗每石 80 元、高火绞每石 86 元以及小绞每石 79 元⑤。

**（三）同业公会对会员约束相对宽松**

宽松是指对同业会员价格行为的态度。同业公会很清楚行业成

---

① 汤兆云：《商业界与上海孤岛的米业市场》，《甘肃社会科学》2003 年第 1 期。
② 《工部局函复米评会国米应酌定限价》，《申报》1940 年 11 月 16 日第 9 版。
③ 《豆米业同业公会紧急限制米价》，《申报》1940 年 12 月 4 日第 9 版。
④ 同上。
⑤ 《五种洋米价格评定，新限价今日执行》，《申报》1940 年 12 月 10 日第 9 版。

本问题和市场供需状况。一般来说，同业公会能够根据行情调整行业价格，并且要求会员及非会员都必须遵守业规中的价格条款。在旧式行会组织时期，同业经营管理所受限制较多，行业管理者即会馆或公所拥有多边惩罚功能，即一旦某会员出现违反业规现象，它将面对多边惩罚，即惩罚来自群体中的其他会员，这样的结果必然导致违规会员成本巨大，最终理性的会员肯定会比较违规成本与所得收益，从而不敢私自做出违反业规行为。在价格上表现为会员遵守价格约束，一般不会私自调整价格。如果要调整价格，必须要经过合理的程序，即先向同业公会申请，做出合理的解释，然后由同业公会召开会议决定，最后是经过上级主管部门的批准。虽然旧式行业业规管理具有一定狭隘性，但是在保证行业内部秩序方面是有积极意义的[①]。孤岛时期，同业公会在价格协调上具有与以往时期不同的特点。如果行业或商品不属租界当局统制范围，则同业公会允许会员在一定限度内，根据实际情况审时度势调整价格，不过必须要通知同业公会，并请公会代向其他会员解释涨价情况，以免产生价格竞争的误会，如 1940 年上海颐恩氏制药厂股份有限公司向新药商业同业公会反映生产困难情况：

> 兹因各货原料继涨增高，敝厂制品成本激增，迫不得已于二十九年三月五日起，将敝厂出品大鹏牌药品和美花牌化妆品酌加定价，以资挹注，除分别通知各经售户外，相应函陈贵会，即希鉴詧准予转函各同业会员。[②]

该制药公司在这份函件中列出所生产产品新价格，相对于原来价格有一定的上涨幅度。这种现象具有普遍性，上海汇利西药行也同样致信同业公会，由于原料飞涨等原因，该公司将修改以

---

① 樊卫国：《民国上海同业公会处罚制度及其施行机制》，《社会科学》2008 年第10 期。

② 《上海市新药商业同业公会及制药业同业公会会员厂商关于调整药品价格同本会的来往文书（二）》，1940 年，上海档案馆藏，资料号：S284 - 1 - 101。

往出售药品价格和折扣，并且制定一份本埠批发简章，请求同业公会代为转发各会员。在批发简章中，提到"凡批购本药行出口桔贝松、阿斯那和鹅掌疯除根药水，概照定价八折计算。倘蒙惠购大批，另行酌给回佣"①。在以往同业公会协调价格过程中，同业会员只是提出调整价格的原因、方式和标准，而真正私自决定价格再提交同业公会传达的案例很少见，原因在于议价的程序首先是同业集议，然后才是同业决定某一价格标准。孤岛时期有所改变，同业公会的约束力有所降低，会员有更多决定价格的权利，但是会员提交的价格要经过同业公会审核，只要在适度的范围内，同业公会将允许它们制定价格。同业公会章程和业规只是一种软约束，不具有像国家法律一样的强约束力，在行业内部通过适当制度安排可以起到习惯法作用。随着市场发育的逐步完善，同业公会越来越成为重要的第三方组织，虽然可以弥补市场失灵和政府失灵，但是也需要政府的适度指导②。孤岛时期，政府管理的相对缺失，同业公会的权限或者说威信也逐渐减弱，进而对于同业价格约束相对宽松。与旧式行业组织的严格的多边惩罚不一样，孤岛时期同业公会价格协调具有一定灵活性，即在统制范围内，同业公会与当局保持密切联系，配合租界当局的限价政策；对于非统制领域行业和商品，同业公会价格协调表现出宽松的特点，对同业约束力有所降低。

总的来说，在孤岛也存在限价活动，同业公会必须按照当局限价政策进行价格活动。价格协调主要针对同业的价格行为，要求同业严格遵守限价，不得有超越限价的行为。但是同业公会还保留较多的行业自主权限和较高的独立性。

---

① 《上海市新药商业同业公会及制药业同业公会会员厂商关于调整药品价格同本会的来往文书（二）》，1940 年，上海档案馆藏，资料号：S284 - 1 - 101。

② 张捷、徐林清：《商会治理与市场经济——经济转型期中国产业中间组织研究》，经济科学出版社 2010 年版，第 241 页。

## 第二节　完全沦陷后上海同业公会价格协调

　　1941 年 12 月 8 日日军占领上海公共租界，意味着上海完全沦陷，直到 1945 年 8 月日本无条件投降。在这近四年时间里，上海工商业发展受到很大破坏，同业公会的活动也受到影响，重庆国民政府随着上海完全沦陷而退出对工商业的管理，汪伪政府于 1943 年 "收回" 两租界，① 但租界实际权力仍在日本手中。早在 1942 年 3 月的时候，工部局已经受日方控制，其管理机构主要职位都由日本人独占。1942 年 6 月，伪上海特别市商会成立，该年 9 月汪伪市商会发出第 2 号通告，强制要求公司行号在一周内加入同业公会，并且要求没有加入商会的同业公会在两周内登记加入，同业公会数量达到 204 个②。为了较完整地论述这段时期同业公会的价格协调功能，将这四年划分为两个阶段，其分界线为 1943 年商统会的成立。原因在于日方在上海统制物资，以保证战争所需，在商统会成立以前，上海物价统制都是由日本控制的工部局执行，同业公会配合工部局开展限价活动；伪商统会成立标志着日方将统制物资和分配物资的工作交给汪伪政权办理，而自己只在幕后操纵。商统会时期，由于当局经济政策改变，同业公会的活动受到限制，尤其是关于物资统制的同业公会，它们的价格行为受到统制政策的严重束缚，与之前的经济功能具有不同的表现。以此时间点为界限，可以更清楚地发现同业公会价格协调行为的前后区别和联系，也可以更完整了解同业公会在政府统制经济时期的功能，即一方面配合政府限价，另一方面，出于行业组织的本身要求，同业公会也没有放弃积极争取同业合理利益，如何平衡二者的关系，成为考验同业公会的重要问题。

---

　　① 《法租界今晨举行交还接收仪式》，《申报》1943 年 7 月 30 日第 3 版。
　　② 上海工商社团志编纂委员会：《上海工商社团志》，上海社会科学院出版社 2001 年版，第 93 页。

### 一　租界当局限价行为

太平洋战争爆发日本入侵租界之后，开始实际控制租界，直到1943年8月租界被汪伪政府"收回"。这期间，租界当局由于物价上涨，也采取了一系列的限价行动。

#### （一）1942年1月至1943年7月上海物价变动

在所考察的一年有余的时间里，上海物价上涨，百物腾贵。为了说明该时期物价飞速上涨程度，本书根据1942—1943年各期《上海物价月报》的零售物价指数，整理得到如表4-3所示的指数表。需要说明的是，此处只用零售物价指数，是因为这段时期的统计资料有限，以《上海物价月报》数据为例，每期有详细的零售物价指数和批发物价指数的统计，但是批发物价指数都是从黑市物价估计得到，这种数据要高于实际物价情况。所以，为了比较真实地反映上海物价情况，在此采用零售物价指数。

从表4-3上海零售物价指数来看，零售价格指数所包含的四大分类指数都呈现上升趋势，而总指数从1942年年初的1393.57增长到1943年7月的8427.12，月平均增长幅度为10.51%，这种增速已经达到严重通货膨胀程度。

#### （二）设立物价管理机构

为了应对物价飞速上涨，两租界先后设立了物价管理委员会，设法疏通物品来源，以取缔黑市非法交易①。工部局为物品限价事情发第5852号布告，要求各行业同业公会维护本业价格，如果有已经加价者，必须补办许可申请，否则将给予处分②。当局从各方面入手统制物价，着重稳定食物及日用品价格，呼吁全市工商团体及市民参与统制合作，注重生产限购实用物品，并订立违反条规的惩罚办法③。在这种情况下，行业制定价格，需要同业公会向工部局申请批准，待审查完毕以后，再形成公定价格，如百货业同业公

---

① 《两租界分别设立物价管理委员会》，《申报》1942年4月13日第3版。
② 《应受统制物品，不得擅行加价》，《申报》1942年4月14日第3版。
③ 《各当局统制物价规定限价标准》，《申报》1942年8月31日第5版。

表 4 – 3 　　　　　　上海零售物价指数表（1936 ＝ 100）

| 年月 ＼ 类别 | 食物类 | 衣着类 | 燃料类 | 杂项类 | 总指数 |
|---|---|---|---|---|---|
| 1942 年 1 月 | 1386. 42 | 1171. 49 | 2859. 71 | 1261. 64 | 1393. 57 |
| 2 月 | 1490 | 1150. 75 | 2862. 99 | 1279. 48 | 1449. 28 |
| 3 月 | 1924. 87 | 1528. 23 | 3959. 42 | 1607. 75 | 1881. 77 |
| 4 月 | 1857. 55 | 1805. 67 | 4397. 76 | 1614. 75 | 1936. 98 |
| 5 月 | 1975. 65 | 2082. 05 | 4873. 44 | 1781. 07 | 2114. 58 |
| 6 月 | 2026. 16 | 2073. 45 | 4984. 54 | 1922. 7 | 2234. 33 |
| 7 月 | 2535. 39 | 2630. 36 | 5459. 76 | 2171. 29 | 2659. 2 |
| 8 月 | 2845. 65 | 2575. 92 | 5187. 85 | 2076. 39 | 2802. 34 |
| 9 月 | 3114. 04 | 2569. 01 | 4825. 42 | 2182. 31 | 2951. 39 |
| 10 月 | 3104. 43 | 2571. 38 | 4770. 29 | 2151. 98 | 2940. 3 |
| 11 月 | 3382. 18 | 2656. 2 | 4652. 26 | 2241. 81 | 3120. 25 |
| 12 月 | 3686. 76 | 2794. 46 | 4957. 35 | 2305. 08 | 3344. 36 |
| 1943 年 1 月 | 4508. 32 | 2868. 98 | 5541. 26 | 2565. 94 | 3859. 43 |
| 2 月 | 5277. 11 | 3447. 97 | 5659. 58 | 3013. 03 | 4499. 75 |
| 3 月 | 5124. 6 | 4931. 77 | 6332. 78 | 4315. 47 | 5055. 83 |
| 4 月 | 5026. 67 | 6412. 6 | 6567. 97 | 4644. 29 | 5369. 7 |
| 5 月 | 5770. 88 | 6616. 92 | 6813. 25 | 5293. 13 | 5918. 23 |
| 6 月 | 6614. 94 | 6859. 62 | 6911. 48 | 6235. 52 | 6513. 56 |
| 7 月 | 8781. 94 | 9252. 32 | 7538. 9 | 8178. 33 | 8427. 12 |

　　资料来源：《上海零售物价指数》，《上海物价月报》1943 年第 3 卷第 10 期，第 2 页。

　　会曾于 1942 年 9 月 29 日向工部局提出 10000 种商品零售公定价格请求批准，其中第一批经审查并批准的有 4123 种商品，这些物品的价格即为限价条件下的公定价格[①]。

———————

　　① 《百货业商品 4000 种实行零售公定价格》，《申报》1942 年 12 月 24 日第 5 版。

在 1942 年年底，汪伪实业部颁布《物价管理总局暂行组织条例》，规定"实业部为处理中央物价对策委员会事务，设置物价管理总局"①。而在每个地方，为进一步统一中央与地方管理事务，在上海、杭州、汉口、广州、苏北及苏淮各地同时设立"地方物价对策委员会"。除了物价对策委员会，还成立一个被称为"物价管理局"的机构，两者构成沪市物价统制机构。物价对策委员会与工部局物价管理局有区别，前者为物价审议机构，由物价管理局长、粮食行政长官、盐务行政长官、建设或社会行政长官，以及警察行政长官等构成，侧重审议，决定限价政策，共审议事项主要包括执行"中央物资物价法令"和在"中央物资物价法令"许可范围内进行适当政策增补等；后者则是物价管理组织，直属于实业部，兼受本市最高地方行政官署的监督，办理管辖区内之物价管理行政事宜，设局长 1 名、下分总务、管理及查缉三科②。其中，管理科的重要职能之一就是评定和审核物价，查缉科主要掌管物资生产及趸售零售价格的调查事宜等③。

两物价机关分工合作，确立统制物价职能和地位④。为了扩充生产，尽量统制各地物资，同时又为了竭力吸收游资用于其他正当生产，工部局决定以"物价对策委员会"为中心，而其他机关协助其进行物价统制工作。

在物价对策委员会和物价管理局成立之后，上海主要同业公会逐渐被纳入统制范围之内，上海商会以及日本总商会还特别组织了"经济委员会"，其意图在于在执行物价统制政策方面能够协力合作⑤。具体来说，该"经济委员会"的指导方针主要包括以下几个方面。

---

① 《物价管理总局暂行组织条例》，《中央经济月刊》1943 年第 2 期。
② 《执行物价新对策，增设物价管理局》，《申报》1942 年 12 月 28 日第 5 版。
③ 《两物价机关分工合作，确立统制机构》，《申报》1943 年 1 月 12 日第 5 版。
④ 同上。
⑤ 《中日商会合组经济委会，协力于物价新对策之执行》，《申报》1942 年 12 月 29 日第 5 版。

1. 加强上海各业同业公会的联合，促使各业和商店都能加入同业公会，从而更好地发挥统制作用。

2. 与当局商洽物资疏通的问题，并设法调度船只，以使运输。

3. 与工部局物资统制处公会课、法公董局物价管理处以及上海市政府物价机关密切合作，以促进物价统制机构的全面一体化。

4. 在物价审议和标准制定方面，向当局提供参考意见。

在此，对工部局物资统制处公会课作一简单补充介绍。公会课设立的目的在于就物价统制及物品配给方面与同业公会取得密切联络，既可以表达同业公会的意见，也可以传达物资统制处的政策。据当时物资统制处处长日本人稻垣登的回答，"商民在营业上倘遇任何困难，提出合理请求时，该公会课都将接受"。[①] 上海各同业公会必须在 1942 年 11 月 30 日前登记领照，否则将被撤销资格。

但是在 1943 年 2 月汪伪政府第四次最高国防会议上，伪实业部部长梅思平认为各地将设置经济局，地方物价管理局已经没有再行设置的必要，所以提请废止《地方物价管理局组织暂行条例》，并分别裁撤已经成立的物价管理局[②]。而物价对策委员会在 1943 年 7 月被终止运行，其原因是新成立的物资统制审议委员会正式取代它在维持物价稳定方面的作用[③]。

## 二 同业公会成立评价委员会

在统制经济时期，评价委员会成为一种重要的商议价格制定的制度安排，评价即评定价格，评定会员经营或出售商品的价格，制定评定价格标准和原则，由同业公会出面管理行业价格，这是上海完全沦陷之后常见的经济现象。评价委员会制度是政府与同业公会互动博弈的结果，受制于政府经济统制，同业公会根据统制限价评定行业交易价格。在商统会成立之前，租界当局确立统制政策，同

① 《物品统制处成立公会课》，《华股研究周报》1942 年第 5 期。

② 《行政院会议通过，裁并物价管理局》，《申报》1943 年 2 月 17 日第 2 版。

③ 《物资统制审议委会在沪设事务所，物资对策委会组织废止》，《申报》1943 年 7 月 30 日第 2 版。

业公会起到重要协调作用，成为不可缺少的中间力量。

从 1943 年年初开始，两租界当局统制制造商及批发商出售物品之价格，而使零售物价得到稳定后，拟进一步统制上海商品的来源，尤其以主要食品为对象，目的在于维持各种主要食品常用供应。这项规定出台以后，当局要求同业公会配合当局限价，后者需要做到的工作主要有以下几方面。①

第一，同业公会需要造册呈报租界当局，呈报内容包括会员牌号、买卖人姓名、营业所在地、经营主要商品的种类、核准登记日期和登记号数，要求详细填明，不得稍有含糊和伪报，否则该会公会将受法律制裁。

第二，会员需要每 10 天将以下各项事项报告同业公会：批发数量、价格及批发人商号，售出数量、价格与售出商号、积存数量和堆存地点。

各同业公会为配合当局限价，须成立物品评价委员会，负责评价事宜，并且绝对禁止与非同业买卖②。汪伪时期加强对同业公会控制，禁止与非同业经济往来造成交易壁垒，当局认为这样可以达到消除囤积和限制物价的目的。同业公会评价委员会主要掌管事务有：（1）评定标准限价；（2）派员调查各同业会员出售物品情形；（3）转达同业关于评价物价的意见；（4）设法疏通各地货物来源；（5）调整物品供给状况；（6）管理市场同业交易。其中评定标准限价是同业公会重要功能之一，其过程反映了同业公会的作用③。制定严格价格，凡是奉令评定某一种物品标准限价时，即先备函通知各该所属同业公会会员，将该项物品的成本、来源地、存货数量、同业买卖价格等项目抄送到同业公会，然后再由公会召开会议，严格审查，等评定限价以后，即转呈关系当局核夺批准，如果得到认可

---

① 《当局亟谋安定物价加紧统制货物来源》，《申报》1943 年 1 月 26 日第 4 版。
② 《各公会严格评定物品标准限价》，《申报》1943 年 2 月 20 日第 5 版。
③ 以下有关同业公会评价具体内容系根据 1943 年 2 月到 3 月《申报》内容整理而得。

后，就可以印制评价单，分发会员遵行该评定价格①。如果有会员发生违背限价情况，一经发现，当即给予严厉纠办。各同业公会为收惩一儆百的效果，制定处罚办法，凡有违背限价时，一律按照处罚定章办法惩处，受罚会员将无权享受一切权利，甚至会除名出会。同时，各行业为澄清现货买卖，凡是在市场成交期现各货，一律以同业会员为限，严禁转售非同业中人，目的在于防止非法囤积以及保证拥有充足的供应来源。此外，为了稳定物价，工部局还要求同业公会配合当局物品供应平衡政策，上海特别市各公会自行成立物资配给组。该配给组的目的在于促使物品供应平衡，同业公会会员所需要的经售物品，都由该业公会予以配给，但其配给数量之多少，一律以各该同业平日营业范围以及资本额而定，如果营业范围较大，而资本额丰厚者，则给予充分的配给，否则酌情核减，宗旨在于防止囤积，但配给的货物，必须按照规章买卖。另外，同业公会具体规定物资配给组入组相应规定，物资配给组其应需资本都由同业会员放缴，但必须一次性缴足，如不能一次性缴足者，作为自愿放弃论。其入组资格要求较严：（1）会员必须加入公会一年以上；（2）能负无限责任者；（3）过去对公会会费无缺少经历；（4）无不端行为者；（5）得公会最高方面及组员大会之通过认为合格，并征得主管之当局许可。② 除了物资配给组，各同业公会还特别设立了物资调查组。物资配给组为提供各商店必需的物资，调查组则调查各会员商店是否遵守各该业评价委员会核定的价格出售商品。这两组工作要点主要有二。

首先，派员调查。各公会设调查组，遴派干员分赴各商店门市审查，其调查对象包括：（1）各门类物品售价是否遵照公会之限价；（2）是否拒绝出售物品；（3）是否将大宗物品售与黑市商人；（4）出售商品是否照章开具发票；（5）是否使用不合标准的度量衡仪器。各同业公会除派遣大批人员分赴市区实地调查会员同门类

① 《调整价格先由公会评价会通过，擅自增价查出后议处》，《申报》1943 年 5 月 4 日第 4 版。

② 《谋物品供应平衡，各业自设配给组》，《申报》1943 年 3 月 10 日第 5 版。

售价是否按照限价发售物品外，另外还审查过去所评价是否适合标准。

调查商品货物的售价，不仅是为了实行限价，还在于配合政府的统税政策。从 1941 年 10 月开始，汪伪财政部为了扩大统税范围和增加财政收入，对于卷烟、熏叶烟、洋酒啤酒、饮料品、火酒、酒精、火柴、糖类、水泥、棉纱、麦粉等商品一律实行从价征税政策，所以此时的同业公会进行行业价格调查也是为了财政部税务署的统税估价，统税税率已经确定为 5%，实行从价征税，同业公会需要调查各会员的货物售价。在此以重要行业棉纱业为例说明同业公会（联合会）调查的作用。

1942 年 11 月 25 日，苏浙皖税务总局致函华商纱厂联合会，要求后者进行行业出厂价格调查，以配合税务署的统税估价，信函内容如下：

> 棉纱及棉纱直接织成品统税税率应改为从价征收百分之五，自三十一年十一月二十六日起实施，仰遵办理。查此次变更棉纱统税新税率，规定为从价百分之五，其征税计算标准如下：
>
> 1. 棉纱及其直接织成品均按照附发指定估价表所列数目百分之八十征收百分之五。
>
> 2. 为棉纱支数或直接织成品不在表列规定者，各厂应为将售货价目之副发示缴由驻厂员依照票面仍按百分之八十征收百分之五计算税额，各驻厂员呈送完税照稽核联时应连同前项副发票并送以便稽考①。

苏浙皖税务总局多次要求同业公会进行实地调查，并在 1942 年 12 月 28 日之前将据实填报价格数据以及检附样品一同报送税务

---

① 《棉纱及棉纱直接制品出厂售价调查》，1942 年，上海档案馆藏，资料号：S30 - 1 - 310。

总局。对于逾期不报送者，则"该项出品估价，该厂不得稍生异议"①。后来在1943年1月1日之后，新统税征收政策发生变化，不再是按售价的80%征收5%，而是直接按照售价征收5%的政策。

后经华商纱厂联合会调查，得到行业价格的基本情况，而当局以此为基础计算出暂定统税税额，棉纱暂定统税如表4-4所示。

表4-4 棉纱暂定估价税率表

| 支数（件） | 估价（元） | 税率 | 税额（元）② |
|---|---|---|---|
| 4-10 | 3316 | 5% | 166 |
| 11-17 | 3856 | 5% | 193 |
| 18-23 | 4168 | 5% | 208 |
| 24-35 | 6768 | 5% | 338 |
| 36-44 | 8108 | 5% | 405 |
| 45-64 | 12324 | 5% | 616 |
| 65支以上 | 20800 | 5% | 1040 |
| | 以上为单股纱估价 | | |
| 4-10 | 3680 | 5% | 184 |
| 11-17 | 4552 | 5% | 228 |
| 18-23 | 4768 | 5% | 238 |
| 24-35 | 7224 | 5% | 361 |
| 36-44 | 8216 | 5% | 411 |
| 45-64 | 12712 | 5% | 636 |
| 65-84 | 20800 | 5% | 1040 |
| 85-100 | 28892 | 5% | 1445 |
| 101-120 | 36984 | 5% | 1849 |
| 121支以上 | 44692 | 5% | 2235 |
| | 以上均为双股以上纱估价 | | |

资料来源：根据档案整理，原档见《棉纱暂定估价税率表》，1943年，上海档案馆藏，资料号：S30-1-310。

_____

① 《棉纱及棉纱直接制品出厂售价调查》，1942年，上海档案馆藏，资料号：S30-1-310。

② 此处"元"，是指中储券。

从表4-4中，我们可以看到统税的税额是依据棉纱不同支数而定，而估价结果是基于同业公会对各会员工厂的调查。可见，商品货物售价调查对当局制定从价统税起到了重要的辅助作用。

其次，收买物资。各公会由于战时物资缺乏，如各商号自行采购，困难较大，而且费用巨大，因而特别设立物资配给组，由公会请求当局协助，到各地产区大量收买物资，然后转配给各会员。但各会员商号规模大小不同，所需要物资数量也存在较大差异，同业公会将会员分为若干等级，并且依此比例分配。各店一经配得物资，其制成品必须绝对遵守限价，全部售于正当用户，否则取消配给权利①。

上海各行业同业公会为增强评价委员会组织能力，及时分函致同业中专门人才，经常到会参与评价，悉心研究具体有效办法，以便扩大评价工作。若会员因成本增加而要求调整价格，则必须向公会申请，不得擅自提高价格②。虽然必须遵守限价，同业公会也很重视行业的合法利润，工部局给予同业公会机会呈报合法利润，行业制定限价的权限还保留在同业公会手中。如1943年2月23日伪上海特别市社会局为拟定加工棉布最高限价，特别分令上海棉布业等同业公会限期呈报有关定价原则。社会局指令认为该局规定第二期棉布最高限价事宜，并且已经向社会公布，但是加工棉布最高限价尚未确定，该局为正确翔实起见，希望各公会将棉布原料、工资及合法利润等，分别列表呈报该局，并由各同业公会自行拟定最高限价，限于2月28日前呈报社会局③。对此，同业公会通过会员商议，考察商品正常合法利润提出最高限价标准。在汪伪当局"领导"之下，各业评价委员会分别调整价格标准并召开会议，审查过

---

① 《各业同业公会，彻底平抑物价》，《申报》1943年8月20日第3版。
② 《协助当局制止涨价，各业扩充评价组织》，《申报》1943年2月20日第5版。
③ 《市当局令同业公会议订最高限价，于28日前将成本利润分别呈核》，《申报》1943年2月23日第5版。

去所评物品限价是否合乎标准①。有些同业公会因为同业多次要求调整价格，过去所评物品限价已经无法再获得合法利润，希望同业公会能够酌情调整以维持商业生存，同业公会一般都会慎重考虑社会局所要求上报的合法利润。可见，即使在经济统制时期，同业公会出于行业利益的考虑，并不是一味迁就政府当局的限价政策，而是在尽可能的情况下考虑同业合法利益。

评价委员会所制定价格标准，成为工部局限价参考，然后后者根据同业所报价格制定最终价格。有时租界当局最终价格并不被同业所接受，同业公会可以代表行业出面请愿，要求当局重新调整价格。比如 1943 年 2 月 20 日《申报》报道上海银楼业同业公会向工部局反映行业价格诉求②。当时工部局物资统制处曾派员调查上海各业门市售价，查获老九霞、老凤祥、新凤祥等银楼及源长永、聚德、大康永、协成公、宝华和丰记等各大商号，认为这些商号违抗法令，超越该年 1 月所制定的限价，查封这些商号并处以罚金。银楼业全业停业，该业同业公会立即成立银楼业代表请愿团，由大同行代表 2 人、新同行代表 1 人及第三同行（即小同行）代表 1 人组成，连日会晤工部局公会课当局，由工部局物价统制部部长日本人稻垣登接见。稻垣氏表示同情，同业公会认为经济处罚完全无辜，认为金业公会以及银楼业公会，已经将各日各该行业行情市价报告给工部局公会课。两天之后，银楼业全部重新营业，同业公会重新制定新价，规定银楼业柜售金饰，每两限价 3000 元，会员绝对不能超越。

### 三 评价委员会制度：一个案例分析

下面通过一个典型案例说明经济史上的这种现象。从孤岛到完全沦陷，百货业是上海很重要也是很繁荣的一个行业，太平洋战争爆发之后，汪伪加强控制实行经济掠夺，并且恢复和改组同业公

---

① 《同业要求调整尚在考虑，若干商品已给合法利润》，《申报》1943 年 2 月 25 日第 4 版。

② 《银业请求放宽限价》，《申报》1943 年 2 月 20 日第 4 版。

会。1942 年 2 月 6 日成立了百货商店业同业公会，同年 9 月成立环球货品业同业公会①。这两大同业公会从总体上来看，都属于百货业，但是前者会员规模普遍较小，商品主要以日用品为主；后者会员都是上海非常有名的百货商店，主要有七家，包括永安、先施、新新、大新、中国国货公司、丽华和中华百货商店②。上海百货商业同业公会在 1942 年 8 月成立了评价委员会，共由 33 人组成该委员会③。环球货品业同业公会同时也成立评价委员会，并且两同业公会曾经组织成立上海特别市百货公司和华洋百货号业同业公会商品联合评价委员会④。在成立大会上，评价委员会表示目的和宗旨在于评定会员商店门售限价，所评价格得到工部局、法公董局及沪西处局的鉴定和许可，并按照当局规定将限价价目单印发给各会员商店，要求同业一体遵照⑤。

百货商店业同业公会评价委员会制定条例内容如下:⑥

1. 本会评价不得超过工部局业已规定其他各业门市盈利率限价，评定门市最高取利标准。⑦

2. 根据各厂厂盘，依据第一条规定门市标准评定同业最高售价，如各厂厂盘过高，有违反工部局抑平物价意旨者，由评价委员会呈工部局核办。

3. 评价会只评定同业最高售价，同业如愿照评价贱售者，

① 上海百货公司、上海社会科学院经济研究所、上海市工商行政管理局：《上海近代百货商业史》，上海社会科学院出版社 1988 年版，第 280 页。

② 《上海市环球商业同业公会发起筹备召开成立大会、通过章程及选举理监事的报批文书》，1942 年，上海档案馆藏，资料号：S254 - 1 - 1。

③ 《上海特别市百货商店业评价委员会条例及评价委员会委员名单》，1942 年，上海档案馆藏，资料号：S253 - 1 - 126。

④ 《上海特别市环球货品业同业公会商品评价委员会筹备会及第 1～42 次会议记录（附商品评价委员会规章）》，1942 年，上海档案馆藏，资料号：S254 - 1 - 8 - 1。

⑤ 《上海市百货商业同业公会评价委员会议定售价单》，1942 年，上海档案馆藏，资料号：S253 - 1 - 123。

⑥ 同上。

⑦ 此处各业是指与百货商店业相关的行业。

委员会尽量赞助。

  4. 评价会委员由同业选举最有经验的进货人为委员，每星期开会一次，如遇主要物品厂盘在变更，临时开会评议。

  以上四条条例显示规定了评价委员会的职能、作用和产生方式，评价过程体现了同业公会与工部局的互动与博弈。工部局首先规定一个行业平均利润率，百货商店业同业公会根据此水平制定最高售价，二者的博弈体现了合作与冲突同时存在，而恰好是这一种矛盾关系，使评价委员会这种制度安排具有生命力和影响力。合作应该说是战时经济当局统制经济的主流，同业公会经常用到的一个词语就是"配合"，比如配合政府当局的限价政策等。除此之外，合作还体现在同业公会需要当局工部局的赞助，这里的赞助是指在同业已经按照限价组成评价委员会的前提下，请求工部局能够体恤商情，给同业以休养生息的机会。如1942年6月该同业公会致信工部局物价管理局，在信中写道："敝同业会员筹议组织百货业同业公会，请予赞助。如会员商店中标价有故意违反最低评价者，当钧局依法惩办以维敝同业会员商店之共昭信任，然为求此项平价制度之完全起见，凡敝业同业会员商店，其已经遵照议订之评价表标价者，统予体恤商艰，不再任意加以罚款或停业处分，藉资维护商民繁荣和市面安定。"[1] 工部局考虑到同业公会在稳定物价中的辅助作用，最后也同意不会随意罚款，而使市场交易和价格趋于稳定，可见评价委员会制度是双方博弈的均衡结果，具有一定的合理性。

  但是汪伪当局与同业公会也存在着冲突，表现在由于限价导致双方纠结于价格而产生一定程度的不合拍，这种冲突其实是同业公会在争取同业的合法利润，无可厚非。但是在统制时期，这种争取有时显得徒劳无益。如百货业同业公会曾因为获取商品途径致信工

---

  ① 《上海特别市百货商店业评价委员会条例及评价委员会委员名单》，1942年，上海档案馆藏，资料号：S253-1-126。

部局，向工部局大吐苦水，认为该业会员商店原有存货已经售罄，而新货又得不到积极供应，从而使该业陷入无货可以批购的状态。在这样的情况下，同业只能依照黑市价格从黑市进货，但是黑市所开发票又与实际价格不符。同时受限制于工部局限价政策，同业不能以黑市价格出售商品，否则将会受处罚。如果不向黑市进货，市场将再次出现无货可供的窘况，可以说百货业处于一种进退维谷的困境之中①。如果继续营业，行业损失很大，但一停业，行业所受损失更大，所以该同业公会请求工部局设法补救。但是工部局出于维持价格稳定的目的，没有同意同业公会的请求，而是做出了否定的回复，不允许任何会员有超越价格行为，认为商品采购短缺是不可避免的，不能从非法黑市获得商品②。

合作与冲突正好体现工部局和同业公会双方博弈的过程，一方面，工部局出于物价上涨压力，必须要对商品进行限价，这是一个最优战略选择；另一方面，同业公会可以选择遵守或者不遵守限价，遵守限价虽然会有一定损失，但相比处罚成本而言，这是一个具有比较优势的战略选择，博弈的结果就是工部局实行限价，而同业公会遵守限价，最终形成一种同业价格评价委员会制度。

评价委员会具有与战前同业议价不同的背景，表现在战前的同业公会协调价格重点在于"议"，即同业召开会议共同商议价格如何制定。政府赋予同业公会的权限较大，经过社会局等相关部门审核以后，一般都可以通过并实施。没有限价这一政策背景，同业公会的价格协调是直接进行的，不存在政府过多的干预。而在汪伪时期的同业公会评价委员会重点在于"评"，同业依据某种标准商议行业价格，在经过工部局评议以后，再决定价格是否合理。工部局出于物价统制的需要，严格管制同业公会所定价格，如果同业公会所评价格与限价政策相抵触，这种价格就会被工部局否定，需要重新由工部局强行制定新价格，这与战时经济形态有很大的关系。

---

① 《上海市百货商业同业公会办理限价事项同主管当局和会员的来往文书》，1943年，上海档案馆藏，资料号：S253-1-129。

② 同上。

# 第三节 "商统会"下的同业公会价格协调

1941 年 12 月太平洋战争爆发以后，在上海的日军占领公共租界和法租界，从此上海完全沦陷。由于"以战养战"的需要，日方联合汪伪政府对上海经济实行统制管理，开始了具有殖民地性质的经济统制。日本在中途岛战败后，逐渐失去海上主动权，更加依赖后方物资供给，因而加强对沦陷地区的物资统制与管制①。在机构设置上，1943 年 3 月 15 日在上海设立"全国商业统制总会"，使之成为物资统制主要机构②。本节以棉制品同业联合会及相关同业公会为对象，在史料基础上，分析在特殊统制时期同业公会价格管理与协调功能是如何发挥的，其所表现出来的行业自主权以及与政府关系如何。在论述"商统会"时期上海同业公会价格协调功能之前，首先看一下太平洋战争爆发后到"商统会"成立之前上海物价变化情况。

## 一 1941 年年底至 1943 年 3 月上海物价指数

在此，通过上海批发物价指数（WPI）表示物价增长趋势以及通货膨胀程度。根据民国期刊有关上海价格数据整理了一份 1941 年 12 月至 1943 年 3 月的批发物价指数表，如表 4－5 所示。

从表 4－5 数据中看到，从 1941 年年底至 1943 年 3 月"商统会"成立之前，上海批发物价指数一直处于上升势头，在 1942 年 4 月数据有所回落，并不是物价停止高涨，而是由于编制数据时候采用了新的货币新中储券的缘故。从 1942 年 4 月至 1943 年 3 月，一年的时间内上海物价指数从 1978 增加到 4733，增长了 139.3%，可见太平洋战争之后上海物价基本处于急剧通货膨胀状态之中。

---

① 程洪：《汪伪统制经济述论》，载复旦大学历史系中国现代史研究室《汪精卫汉奸政权的兴亡——汪伪政权史研究论集》，复旦大学出版社 1987 年版，第 181—216 页。
② 《全国商业统制总会昨举行成立大会》，《申报》1943 年 3 月 16 日第 4 版。

表 4 - 5 　　　　　　　上海批发物价指数表 (WPI)

(1941. 12—1943. 3，1936 = 100)

| 月份 | 1941. 12 | 1942. 1 | 2 月 | 3 月 | 4 月① | 5 月 | 6 月 | 7 月 |
|---|---|---|---|---|---|---|---|---|
| WPI | 1650. 2 | 1632. 8 | 1730. 2 | 2033. 95 | 1978. 7 | 2384. 9 | 2575. 1 | 2895. 9 |
| 月份 | 8 月 | 9 月 | 10 月 | 11 月 | 12 月 | 1943. 1 | 2 月 | 3 月 |
| WPI | 2909. 4 | 2935. 7 | 3039. 1 | 3223. 2 | 3399. 7 | 3715. 6 | 4172. 8 | 4733. 1 |

资料来源：转引自《上海批发物价指数表》，《中外经济统计汇报》1943 年第 8 卷第 5 期，第 56 页。

因为通货膨胀，汪伪政府在 1942 年 5 月 28 日发布《物价安定临时办法》。为谋供求合理和价格公平，汪伪与日方合办设立了"中央物价对策委员会"，另有"地方物价对策委员会"，还特别在上海成立了"上海物价对策委员会"②。另外，从 1942 年 7 月到 9 月，公布了《取缔私抬物价暂行办法》《主要商品同业公会暂行业务规程》等法规。伪实业部设置了物价管理总局，1943 年 5 月 3 日汪伪最高国防会议上，通过了《囤积商品治罪条例》，试图通过制定这些制度和法规缓和通货膨胀压力。

## 二 汪伪建立"全国商业统制总会"

太平洋战争爆发以后，日本逐渐陷入不利境地。为了实现"以战养战"，得到更多战争所需物资，日本政府决定放宽对汪伪政权的控制，"实行经济措施时，一面力戒日本方面的垄断，一面利用中国方面官民的责任心和创造精神，实现积极的对日合作"③。在经过日汪多次谈判之后决定成立一个统制物资机构，由双方联合组

① 从 1942 年 4 月开始用中储券计算物价指数。

② 于捷锋：《统制经济常识》，中国联合出版公司 1943 年版，第 153 页。

③ 复旦大学历史系：《日本帝国主义对外侵略史料选编（1931—1945）》，上海人民出版社 1975 年版，第 420—421 页。

织相应机构实现对物资的统制，从而使汪伪政权得到物资统制的权力①。物价上涨，通货膨胀现象很严重，为了平抑物价，更好地配合物资统制需要，1943 年 3 月 12 日汪伪政权国防会议第八次会议通过《全国商业统制总会暂行条例》（下文简称《暂行条例》），并决定设置全国商业统制总会。三天后，也即 3 月 15 日商统会正式在上海成立。

《暂行条例》规定了"商统会"的宗旨、法人地位、会员以及职责等各个方面的内容，是汪伪政府全国商业最高统制机构，主要办理物资统制事宜，由汪伪政府负责监督指导职能。有关职责主要有以下五个方面，即关于统制物资之收买配给事项；国内各地域物资交换营运事项；输出物资供给事项；输入物资配给事项；政府委托军需物资采办事项②。

"商统会"成立后，其性质定位为商业集体"自治"机构，统制范围以江浙皖三省、上海南京两特别市为限，总会在上海，各地设分会，刚成立时归伪实业部和其他伪部门管理，后来直接归汪伪政府行政院管理，提高了"商统会"的地位。③"商统会"会员为各汪日双方同业公会组织而形成的同业联合会。各同业联合会基层会员，包括汪方各同业公会以及日方的商业组合。在原则上，各同业联合会须由汪日两方构成成立，汪伪方面由各业工商同业公会，日方由各该业的商业组合，各派代表参与统制事务。伪工商同业公会，由经营该业的会员商号组织成立，日方的商业组合，由该业的组合员商社组织成立，到 1944 年汪方各业联合会有 24 个，日方有各业组合 12 个④。

"商统会"设置理事会和监事会，交通银行董事长唐寿民为理

---

① 袁愈佺：《日本加强掠夺华中战略物资炮制"商统会"的经过》，载黄美真《伪廷幽影录——对汪伪政权的回忆纪实》，中国文史出版社 1991 年版，第 181—217 页。

② 《法规：全国商业统制总会暂行条例》，《商业统制会刊》1943 年创刊号。

③ 张劲：《日伪对华中沦陷区物资的统制与掠夺》，载黄美真《日伪对华中沦陷区经济的掠夺与统制》，社会科学文献出版社 2005 年版，第 506—530 页。

④ 可参阅"商统会"所编资料：1944 年《全国商业统制总会第一周年工作报告》。

事长，理事有：吴震修、袁履登、林康侯、江上达、叶扶霄、许冠群、李祖范、陈水鲤、童侣青、李泽、孙仲立等；闻兰亭为监事长，监事周作民、黄江泉、郭顺、裴云乡、卢志学。

为了比较清晰地了解"商统会"，笔者做了一张简单的汪伪"商统会"组织结构图，从中可以看到同业公会是汪伪"商统会"重要基层组织成员，如图4-3所示。

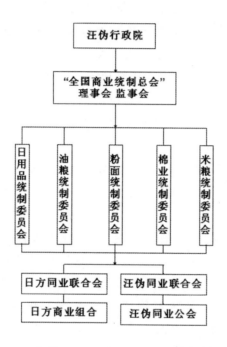

**图4-3　汪伪"全国商业统制总会"组织结构图**

图4-3是有关于汪伪"商统会"与同业公会的从属关系。汪伪"商统会"下设理事会和监事会，其中，理事会为汪伪"商统会"最高执行者，下设秘书长、总务、会务、审核、物资和财务五处以及各专业委员会。理事会决定物资收配的重要事项，直接控制各物资联合会。同业公会成为直接连接物资联合会和组会员的重要中间组织。可见，同业公会在物资收配中起着重要的桥梁和枢纽作用。在汪伪政府统制物资以及缓和通货

膨胀过程中，同业公会和相关行业所组成的同业公联合会成了重要统制工具，它们在汪伪政府统制物价过程中发挥了重要作用。同业公会价格协调体现了汪伪时期同业公会与伪政府及会员的关系变化。1943 年 8 月 10 日公布《收买棉纱棉布条例》，并组织成立收买棉纱棉布办事处（后于同年 11 月 26 日起改组为棉业管理处），这是"商统会"的内部组织，而各业联合会以及同业公会则直接归其管辖，从而形成完整的统制网络。"商统会"成立一年之后，统制机构逐渐建立起来，但是统制并没有达到预期效果。于是决定将这种笼统统制政策改制成各项物资个别统制政策，也就是说，在刚成立的时候，"商统会"本身直接负责统制物资，后来定位于物资最高监督设计机构，将各物资统制事务归于各业统制委员会，比如米粮统制归属于米粮统制委员会，而棉花统制委员会与棉业管理处为棉业统制委员会。除此之外，原有的粉麦、油粮和糖业专业委员会改组成为粉麦、油粮及日用品三个统制委员会，"商统会"于 1944 年 7 月 1 日进行改组，内部结构为一室两处，即秘书室、计划处和管理处。7 月 7 日公布《物资统制调整纲要》，规定所有统制委员会的职能，对于商统会，其中一项重要职能是督导统制物资的价格。同样，对米统会、棉统会、粉麦统会、油量统会和日用品统会，都非常明确地规定各统制物资的价格拟定和实施事项。可见，价格制定和管理成为"商统会"统制物资的重要渠道，既是统制手段，也是统制目的。

### 三 "商统会"成立前后颁布的同业公会相关法律法规

同业公会是配合汪伪政府进行物资统制的重要的第三部门，鉴于它们在"商统会"中的重要地位，"商统会"成立不久，便围绕同业公会制定了一系列相关法律法规，重新定位同业公会存在形式、功能和社会责任。下文将对"商统会"时期关于同业公会的法律法规做一简要介绍。

**（一）《平定物价暂行条例》和《取缔私抬物价暂行条例》**

为了平定物价，1942 年 7 月 3 日汪伪公布《平定物价暂行条例》和《取缔私抬物价暂行条例》，前者规定各种物价的更定，要以 1942 年 5 月 26 日至 28 日旧币平均价格的对折为最高标准。如果要变更价格，必须经过当地主管官署的评定或者核定。而后者规定商店行号出售的货物，如因成本关系确实需要变更者，须通过同业公会向主管官署申请办理。如果在该地没有同业公会的，则由当地同业过半数的同意并通过主管官署同意。

同时，《平定物价暂行条例》规定各特别市及商业繁盛的县城，都必须设置物价评议委员会，由当地主管官署会同机关组织成立。而在同业公会方面，要求各主要商品的批发及零售商人，都要按照依据此条例在 15 天之内加入各行业同业公会。如果没有加入同业公会，则不得以任何方式或经营各该项商品的买卖。而且，各主要商品的批发商人，必须将其商品的出售数量、存积数量、堆存地点及其成本售价等信息，按期报告给各业同业公会，再由同业公会汇报给当地主管官署[①]。

在抑制物价的框架背景下，以上两个法规都规定了同业公会的作用，使后者成为重要的配合主管官署进行价格统制的中间组织。

**（二）《主要商品同业公会暂行业务规程》**

1942 年 7 月 4 日汪伪政府行政院公布《主要商品同业公会暂行业务规程》，该规程是为了配合《平定物价暂行条例》的实施而颁布，对同业公会在平定物价政策的角色进行了具体的规定，要求经营主要商品的会员，必须在规定时间内到当地主管官署处核准登记，如果超越期限未登记者，将被同业公会除名处理。汪伪政府还界定了主要商品的范围，主要包括食粮类、食用油类、调味类、服用类、燃料类和杂项类等[②]，具体分类如表 4-6 所示。

---

① 《平定物价暂行条例》，《中央经济月刊》1942 年第 8 期。
② 《主要商品类别品目表》，《江苏省公报》1942 年第 232 期。

表 4 - 6 主要商品类别品名表

| 类别 | 品名 |
| --- | --- |
| 食粮类 | 食米、面粉、大小麦、高粱、玉米、大豆 |
| 食用油类 | 花生油、菜籽油、豆油 |
| 调味类 | 食盐、赤白砂糖 |
| 服用类 | 棉花、棉纱、棉布 |
| 燃料类 | 块煤、煤球 |
| 杂项类 | 肥皂、火柴、火油、香烟、纸张 |

资料来源：《主要商品类别品目表》，《江苏省公报》1942 年第 232 期，第 11—12 页。

具体来说，各同业公会须将批发购买（出售）货物数量、购买（出售）价格、购入（出售）商号、积存数量以及堆存地点都要呈报当地主管官署。如果有会员违反这项规定，将被处罚不少于1000 元的罚金。同业公会须随时监督所属会员不得将所经营的商品售予非同业公会会员，违反将被处罚 1000 元以上 5000 元以下的罚金①。这些同业公会要每 10 天将同业会员生产状况以及生产成本相关情况报告主管官署。特别是第八和第九两条款规定了在价格管理上，对于所属会员买卖价格，主要商品同业公会具有监督和告密的责任②。而且，还有必须为当地物价评议委员会随时提供物价资料和解答咨询的义务。可见，同业公会的作用已经与自由经济时期具有不同的职能，不再是自主进行行业价格的协调，已经很明显地转变成替伪政府统制部门监督甚至是告密的角色。

**（三）《工商同业公会暂行条例》及《实施细则》**

1943 年 3 月 25 日公布《工商同业公会暂行条例》（以下简称

---

① 《主要商品同业公会暂行业务规则》，《浙东行政公报》1942 年第 1 期。
② 《关于金融物价统制之法令布告：主要商品同业公会暂行业务规程》，《华兴商业银行经济汇刊》1942 年第 9 期。

《条例》）及《实施细则》，并于同年 7 月 22 日"最高国防会议"上修正通过。与以往的《工商同业公会规则》及《工商同业公会法》既有联系，也存在较大区别和差异，汪伪政府在该条例公布以后，宣布南京国民政府 1929 年颁布的《工商同业公会法》立即作废①。

《条例》第四条中对于组织同业公会设立条件与以往法规存在较大区别，规定同业公会须有同业公司行号五家以上发起。对于经营主要商品的公司行号，得由县市"政府"及特别市"经济局""财政局"或"粮食局"指定发起人，命令其组织成立同业公会②。

《条例》中较详细地规定了同业公会的业务，比如第十一条规定主要商品同业公会业务职能，其中第三项规定"关于会员经营物资之生产数量及贩卖价格之审议事项"③。为了同业公会适应政府统制物资需要，条例规定同业公会有审议会员出售商品价格的权利和义务。

《条例》和《细则》中有一个非常明显的特点，即要求主要商品经营者必须要加入同业公会，否则就会被取消经营资格④。这一条规定在物资统制时期，可以说是一个撒手锏，从业者如果没有加入同业公会，就会失去配给物资的机会，在物资缺乏时期，这是比较致命的。同时，每个行业从业者也倾向于加入同业公会，因为相对于被勒令停止营业和取消配给，加入同业公会是一个比较理性的战略选择。

**（四）《工商同业联合会组织暂行通则》**

1943 年 4 月 20 日汪伪实业部和粮食部联合发布《工商同业联合会组织暂行通则》，要求凡是加入全国商业统制总会的主要商品工商同业公会，都须依法通过此通则分别组织成立各业同业联合会⑤，而业别则由中央主管官署就物资的种类分别划定。

---

① 《国府命令公布〈工商同业公会条例〉》，《申报》1943 年 3 月 26 日第 2 版。
② 物资统制审议委员会秘书处：《物资统制法规》，1944 年版，第 104 页。
③ 同上书，第 105 页。
④ 同上书，第 106 页。
⑤ 《工商同业联合会组织暂行通则》，《商业统制会刊》1943 年创刊号。

该《通则》规定工商同业联合会，以下列各种主要商品工商同业公会为会员：①

（1）关于主要商品收买的同业公会；（2）关于主要商品加工制造的同业公会；（3）关于主要商品销售的同业公会。

如果有同业公会经营销售两种以上商品的，则须经过中央主管官署的核准，加入两种以上工商同业联合会为会员。

### 四 成立同业联合会

"商统会"下属重要机构各物资联合会，即同业联合会，是依据《工商同业联合会组织暂行通则》《工商同业公会暂行条例及其实施细则》以及《粮食业同业公会组织通则》的规定相继成立。

对于同业公会，汪伪政府于1943年5月颁布《工商同业联合会组织暂行通则》，要求加入"商统会"的主要商品工商业同业公会依法组织成立同业联合会②。商业同业联合会并非新鲜事物，在汪伪之前已经存在这种形式的商业制度安排，它将关联度较高的主要行业组织联系起来，形成规模更大的行业联合会。在形式上，各同业公会还保持相对独立性，同业联合会并不是将同业公会简单裁撤合并，而是对相关行业同业公会的整合，实现跨行业和跨区域的行业联合，以利于物资统制顺利。

"商统会"制定了主要同业公会名单，其中涉及63个同业公会，比如新药业、布号业、棉纺业、百货公司业、煤球业等，另外还有俄国商会和11个其他外商组合③。但是有些同业公会可能经营两种以上不同类别商品，此时要经中央主管官署核准加入工商同业联合会。必要时，工商同业联合会在主管官署批准以后，可以在特

---

① 物资统制审议委员会秘书处：《物资统制法规》，物资统制审议委员会1944年版，第109页。
② 《工商同业联合会组织暂行通则》，《银行周报》1943年第20期。
③ 《主要商品同业公会名单》，1943年，上海档案馆藏，资料号：R13-1-147-15。

定区域内设置分会①。

汪伪当局认为，调整同业公会对于加强战时经济统制意义重大，要求粮食部和经济局加强对同业公会的指导管理，主要包括报告同业公会筹组情况，比如同业公会名称、原公会名称、成立时间以及当选理事等。②"商统会"的基层组织成员是同业联合会及同业公会，从图4-1组织结构图可以比较明了地看到，上海同业公会与日本同业组合成为"商统会"物资统制的重要基层组织。在客观上，它们的协调对于平抑上海物价具有一定积极意义。

统一物资管理机构的系统是由各地各业同业公会及各业同业联合会组成，最后集中于"商统会"，从1943年4月6日至11月24日止，"商统会"共成立24个主要商品同业公会联合会，其中17家主要商品属于伪实业部，7家主要商品则属于伪粮食部③。相关行业都相继联合组成了同业联合会，这些行业包括棉花业、棉制品业、丝绸业、毛纺织业、化学工业、酒精业、皂烛业、玻璃业、烟业、火柴业、皮革业、橡胶业、金属业、电器业、煤业、百货业、麻业、食用油业、杂粮业、面粉业、畜产业、蛋业和茶叶等，需要说明的，这些行业联合会下属同业公会会员分属不同行业，但是行业间存在一定的联系，比如，棉花业同业联合会，主要包括棉花业、飞花业、弹花业三类同业公会会员，百货业同业联合会包括百货公司业和华洋百货两类同业公会会员，同业行业联合会是一个以同业公会为主体的商业团体。24个同业联合会如表4-7所示。

表4-7所示的同业联合会就是中方同业公会组织而成立的，不仅是上海的同业联合，还有跨区域的行业联合。从表中可见，每一个同业联合会都是由相近或相关行业的同业公会所组成，而有的同业公会由于经营两种以上商品货物，则被归属到两个以上不同行

---

① 物资统制审议委员会秘书处：《物资统制法规》，物资统制审议委员会1944年版，第110页。

② 《日伪上海特别市政府关于同业公会筹组情形报告表》，1943年，上海档案馆藏，资料号：R1-14-339。

③ 居衡：《商业统制机构及其法规》，1944年版，第9页。

业联合会，比如新药业既属于化工业同业联合会，又属于酒精业同业联合会。

表 4 - 7　　　"商统会"下各同业联合会基本情况表

| 同业联合会名称 | 成立日期 | 所属同业公会会员类别 |
|---|---|---|
| 棉花业同业联合会 | 1943.7.3 | 棉花业、飞花业、弹花业 |
| 棉制品同业联合会 | 1943.4.6 | 纱厂业、纱号业、棉织厂业、布厂业、布号业 |
| 丝绸业同业联合会 | 1943.5.31 | 茧行业、丝厂业、丝号业、丝织厂业、绸缎号业、人造丝业 |
| 毛纺织业同业联合会 | 1943.6.28 | 原毛业、毛纺织业、绒线号业、呢绒业 |
| 化工业同业联合会 | 1943.5.25 | 化工原料厂业、化工业原料号业、化工品业、药厂业、新药业、西颜料业、粗细颜料杂货业、工业油脂业 |
| 酒精业同业联合会 | 1943.6.4 | 酒精厂业、药厂业、新药业 |
| 皂烛业同业联合会 | 1943.5.26 | 化工原料号业、皂烛厂业、工业油脂业、卷烟火柴皂烛业 |
| 玻璃业同业联合会 | 1943.6.14 | 玻璃厂业、玻璃号业 |
| 烟业同业联合会 | 1943.5.31 | 烟叶业、烟厂业、卷烟火柴皂烛业 |
| 火柴业同业联合会 | 1943.5.30 | 火柴厂业、卷烟火柴皂烛业 |
| 皮革业同业联合会 | 1943.5.31 | 原皮业、制革业、皮革号业、皮革制品业 |
| 橡胶业同业联合会 | 1943.7.3 | 橡胶原料业、橡胶制造业、橡胶品号业、车胎号业 |
| 金属业同业联合会 | 1943.6.23 | 机械厂业、冶铸厂业、钢铁号业、打铁号业、金属线丝业、非铁金属业、五金号业 |
| 电器业同业联合会 | 1943.6.15 | 电器厂业、电器材料号业、五金号业 |
| 煤业同业联合会 | 1943.6.2 | 煤号业、煤球业 |
| 百货业同业联合会 | 1943.5.31 | 百货公司业、华洋百货业 |
| 麻业同业联合会 | 1943.11.24 | 原麻业、麻袋品业 |
| 各地区糖业同业公会联合会 | 1943.5.2 | 以各地区糖业同业公会为会员 |

| 同业联合会名称 | 成立日期 | 所属同业公会会员类别 |
|---|---|---|
| 各地区食用油业同业公会联合会 | 1943.5.7 | 以各地区食用油业同业公会为会员 |
| 各地区杂粮业同业公会联合会 | 1943.5.8 | 以各地区杂粮业同业公会为会员 |
| 各地区面粉业同业公会联合会 | 1943.5.10 | 以各地区面粉业同业公会为会员 |
| 各地区畜产业同业公会联合会 | 1943.5.13 | 以各地区畜产业和水产业同业公会为会员 |
| 各地区蛋业同业公会联合会 | 1943.5.14 | 以各地区蛋业同业公会为会员 |
| 各地区茶叶业同业公会联合会 | 1943.8.4 | 以各地区茶叶业同业公会为会员 |

资料来源：汤心仪：《上海之统制经济》，载王季深《战时上海经济（第一辑）》，上海经济研究所 1945 年版，第 108—125 页。

此外，还有由日商组成的 12 个同业组合联合会，这些同业联合会名称、成立日期以及所包括的同业公会如表 4-8 所示。

表 4-8　　　　　　　　**12 个日商同业联合会情况**

| 日商同业联合会 | 成立日期 | 所属于同业公会会员类别 |
|---|---|---|
| 华中日商棉制品同业联合会 | 1943.4.19 | 在华日本纺织业、上海日商棉丝业、上海日商棉布业、华中织布工业、上海日商汗衫杂货同业、上海衬衫布帛工业、华中染色工业 |
| 各地区砂糖业组织联合会 | 1943.5.20 | 以各地区日商砂糖同业公会为会员 |
| 华中肥皂同业组合联合会 | 1943.6.16 | 以各地区日商肥皂同业公会为会员 |
| 华中日商蜡烛业同业组合联合会 | 1943.5.24 | 以各地区日商蜡烛同业公会为会员 |
| 华中磷寸同业组合联合会 | 1943.6.18 | 以各地区各种磷寸同业组合为会员 |
| 日本蛋业同业组合联合会 | 1943.6.9 | 以上海及华中日本蛋类同业组合为会员 |
| 华中日商麻业联合会 | 1943.6.30 | 上海麻袋索业、上海日商麻工业、华中日商麻类收买业 |
| 华中日本人皮革联合会 | 1943.6.24 | 日本原皮业、日本毛皮业、日本制革业、日本革贩业 |
| 华中日商羊毛业联合会 | 1943.6.28 | 华中羊毛工业组合、上海日本毛丝毛织业 |

| 日商同业联合会 | 成立日期 | 所属于同业公会会员类别 |
|---|---|---|
| 华中日商棉花同业联合会 | 1943.6.26 | 日商棉花同业、在华日本纺织业、制棉用棉花商组合、落棉商组合、精制棉商组合、旧棉商组合 |
| 在华日本制粉同业组合联合会 | 1943.7.6 | 以华中日本制粉同业组合为会员 |
| 华中日本油粮同业组合联合会 | 1943.6.28 | 以华中日本油粮同业组合为会员 |

　　资料来源：汤心仪：《上海之统制经济》，载王季深《战时上海经济（第一辑）》，上海经济研究所 1945 年版，第 108—125 页。

　　同业联合会由同业公会组成，具有法人性质和地位，都属于商业自治团体①。华商 24 个同业联合会加上日商的 12 个商业组合联合会，共同构成了"商统会"的经济统制基础。各同业公会所属行业具有相近性和关联性特点，而且已经超越上海市范围，同业联合会一般包括苏浙皖三省以及南京和上海两特别市。以棉制品同业联合会为例，1943 年 4 月 6 日，"商统会"正式成立棉制品同业联合会，并且制定了《棉制品业同业联合会暂行章程》。该章程规定了棉制品同业联合会具有法人性质和地位，依据《工商同业联合会组织暂行通则》的规定，由苏浙皖三省以及南京、上海两个特别市各地区内纱厂业、纱号业、棉织厂业、布厂业、布号业、织带业及其他有关棉制品业各同业公会组织成立。② 理事长为聂潞生，副理事长为程敬堂。理事会由以下人员构成：江镜澄、蒋克定、潘子超、陈希平、唐志良、唐星海、郭棣活、荣尔仁、江上达等；监事长为闻兰亭，监事包括陈湛如、吴昆生、童润夫、王启宇等。章程中第二章"会务"中第七条第四项规定，该同业联合会具有棉制品贩卖价格评定建议责任，即同业联合会以及下属之各业同业公会可以评

――――――――――

　　① 据商"统会"一周年工作报告总结，日本同业组合联合会涉及行业有：棉制品、砂糖、蛋业、蜡烛、石碱、磷寸、皮革、棉花、麻业、面粉、油粮等。
　　② 《会员概况：棉制品业同业联合会暂行章程》，《商业统制会刊》1943 年创刊号。

定出售价格，而且同业联合会可以监督指导所属会员，办理"商统会"《暂行条例》中所规定的各款事项，有利于"商统会"统制物资以及平抑物价。

通过表4-9，了解一下棉制品同业联合会上海会员情况①。

表4-9　　　　　　　　棉制品同业联合会上海会员表

| 会员名称 | 成立日期 | 理事长 |
| --- | --- | --- |
| 苏浙皖纱厂同业公会 | 1943年3月2日 | 闻兰亭 |
| 上海特别市纱号业同业公会 | 1943年4月26日 | 唐志良 |
| 上海特别市棉织厂业同业公会 | 1943年5月1日 | 徐文照 |
| 上海特别市布厂业同业公会 | 1943年6月27日 | 潘旭升 |
| 上海特别市布号业同业公会 | 1943年4月25日 | 于方源 |
| 上海特别市织带业同业公会 | 1941年8月 | 张寿鹏 |
| 嘉定区棉织厂同业公会 | 1943年8月18日 | 樊其昌 |
| 嘉定区纱号业同业公会 | 1943年6月23日 | 张培馨 |
| 嘉定区布号业同业公会 | 1943年7月20日 | 柯天时 |

资料来源：《各联合会所属会员一览表：棉制品业同业联合会会员表》，《商业统制会刊》1944年第5期，第136—137页，经整理得到此表。

从表4-9看到，在"商统会"成立以后，棉纺业各相关行业同业公会都相继改组或成立，并且加入棉制品同业联合会。其中，很多同业公会的理事长也是"商统会"的重要成员，比如闻兰亭等。而且有的同业公会还是其他行业联合会的会员，典型的如苏浙皖纱厂同业公会同时也是棉花业同业联合会的成员②。

---

① 此表格只列出棉制品同业联合会上海市会员，其他地区有该业联合会分会：海盐、镇海、吴兴、如皋、嘉山、五河、靖江、宝应、泰县、丹阳、海宁、当涂、常熟、巢县、江阴、平湖、蚌埠、合肥、宜兴、绍兴、江都、杭州、南通、仪征、宁波、定海、安庆、滁县、无锡、高邮、嘉兴、镇江、芜湖、金山、南汇、武进、金坛、无为和吴县。
② 《棉花业同业公会联合会会员一览表》，1943年，上海档案馆藏，资料号：S233-1-4。

### 五 同业联合会以及同业公会价格协调

同业联合会直接受制于"商统会"，执行"商统会"所制定的政策，要求同业公会遵守"商统会"规定实行统制政策，即配合限制物资移动以及遵守统制限价等。根据新制定的《工商同业公会暂行条例》以及《工商同业联合会组织暂行通则》规定，"商统会"基层组织同业联合会及其同业公会可以评定和审议价格。在商品统制过程中，同业联合会的指导监督作用对于统制限价具有一定的积极意义。

#### （一） 价格协调受制于伪政府的统制

在"商统会"成立以后，汪伪政府开始改组上海同业公会，伪社会局致电上海市商会和工部局物资统制局，根据汪伪政府的《战时经济政策纲领》规定，要改组旧有不适合战时经济的经济机构，并且要求各业联合会和同业公会在 1943 年 4 月 10 日前调整改组①。改组首先从 10 个同业公会入手，这 10 个行业包括棉花业、纱号业、针织品业、布业、煤号业、煤球业、新药业、工业油脂业、卷烟火柴皂业和烟业贩卖业。当局要求同业公会广征会员充实机构，如果不入公会者，将被取消经营资格，将实行停业处罚。"为遵照《战时经济政策纲领》，并遵照国民政府颁布之《工商同业公会暂行条例》之规定，自 5 月 1 日起凡未加入各该同业公会为会员之公司行号一律停止营业。"② 上海特别市各业公司商号，无论营业性质为批发还是零售，如确实因成本等关系要调整价格的，必须在事前将商号名称、地址、货物种类、进价和售出价格等项目造表交送同业公会，同时还要向同业公会讲述调价理由。

早在 1942 年 5 到 7 月，汪伪政府为了抑制战时物价，先后制

---

① 《日伪上海特别市经济局呈报市府关于限令工商团体登记派监理管事并转知各业联合会、同业公会等的函》，1943 年，上海档案馆藏，资料号：R13 - 1 - 152。

② 《经济局有关强制入会的布告》，1943 年，上海档案馆藏，资料号：R13 - 1 - 152 - 27。

定了《安定物价临时办法》和《平定物价暂行条例》①，后者要求
在上海设置物价评议委员，并且特别规定主要商品从业者须在该条
例公布 15 日之内加入同业公会。根据《平定物价暂行条例》第四
条规定，1943 年 6 月 9 日上海特别市成立物价评议委员会，该会主
要任务在于平定物价审核以及上海市各种商品成本统计事项②。物
价评议委员会的成员主要包括"经济局"、"上海特别市代表"、
"粮食局"、"商统会"、"上海市商会"、"粮食统制会"、一区公署
"经济处长"等③。在没有得到物价评议委员会评定之前，上海市
所有商品价格都不能由同业公会擅自评定，这是与以前区别很大的
地方；要求同业公会在 4 月 30 日前，将各该商品价格详细成本计
算表连同证明单据送到物价评议委员会，同业公会起到联络的作
用；同时还要求同业公会监督本会商号交易行为，不得将商品售予
非会员，目的是防止囤积商品。孤岛和"商统会"之前的沦陷时
期，上海同业公会自主组织成立评价委员会，可以起到评定价格和
维持政府当局限价的作用。"商统会"成立之后，同业公会经济活
动受到更多限制，价格协调空间进一步缩小。同业公会价格调整必
须要经过汪伪经济局批准同意，否则将会受到相应处罚。在物价评
议委员会成立前后对比，同业公会价格协调作用存在很大差异。没
有物价评议委员会的情况下，同业公会如果对行业价格存在疑义而
提出调整的要求，只要符合《取缔物价暂行条例》相关规定，所调
整的价格一般会获得经济批准而得以实施。如酱酒业同业公会曾经
致信于经济局，提到行业经营的成本压力，"各货进本逐月腾高，
因致前定门售价格迄今不但无利可获，实已亏蚀成本"，因而召集
同业理监事联席会议，决定重新调整门市各种商品的零售价格。伪
经济局通过实地调查，对该同业公会的价格行为表示理解，认为在

① 《关于整理货币之法令文告：安定物价临时办法》，《华兴商业银行经济汇刊》
1942 年第 5 期。
② 《上海特别市成立物价评议委员会》，1943 年，上海档案馆藏，资料号：R47-1-62。
③ 《上海特别市政府关于本市平价委员会组织条例的指令》，1943 年，上海档案馆
藏，资料号：R13-1-98-15。

没有成立物价评价委员会的情况下，"查核所陈尚属实情，并与中央《取缔物价暂行条例》第四条之规定相符，为体恤商艰起见，批饬遵行"。①

　　同业评价委员会与伪政府的物价评议委员会存在一定冲突。这两种评议价格制度的主体完全不一样，其作用和宗旨也不一样。前者由同业公会自主成立，仅限于一个行业的价格评议和调整，可以根据适当条件和情况修改价格；而后者是伪经济局设立的限制物价上涨的机构，是对所有物资商品价格的评议，以实现经济物资统制。由于行业和政府利益的差异，因而会导致双方价格方面的分歧。同业公会设立评价委员会必须得到伪经济局的同意，否则就以同业擅自定价违背伪中央法令论处。如1943年6月30日伪经济局发文至上海特别市机械厂业同业公会，查问有关设立评价委员会的事情，因为6月21日《新闻报》第三版上有报道消息，标题为"各业同业公会设立评价委员会，负责评定标准物价，议定规则一体属遵"②，伪经济局对此消息表示疑虑，汪伪政府当局不希望同业公会与物价评议委员会所评价格存在差异，因而需要各同业公会做出解释，即各该公会是否已经存在评价委员会，并且要同业公会进行实地调查。后来机械厂业同业公会回复伪经济局，认为该业暂时并没有设立评价委员会③。但是伪经济局也并不是完全否定同业公会的评价制度，对于已经存在评价委员会的同业公会，伪经济局需要他们将评价相关条例呈报核对。如制革业同业公会回复经济局，该会业已成立评价委员会，举行过价格评议会议，在积极调查生皮和原料价格基础上，制定严格的价格标准，保证符合政府当局的限价政策，并且将该会评价委员会章

　　① 《上海特别市酱酒业同业公会为重新调整售价事呈经济局、经济局批令》，1943年，上海档案馆藏，资料号：R13-1-151-1。
　　② 《各业同业公会设立评价委员会，负责评定标准物价，议定规则一体恪遵》，《新闻报》1943年6月21日第3版。
　　③ 《上海特别市橡胶制造业同业公会等为各同业公会组织评价委员会事呈经济局》，1943年，上海档案馆藏，资料号：R13-1-131-198。

程草案呈报伪经济局。章程草案第一条明显规定评价委员会的宗旨："本会以协助政府平抑物价，响应战时经济政策，评定同业会员的标准价格为宗旨。"①

**（二）同业联合会开展调查工作**

同业联合会所属同业公会为了协助"商统会"平抑物价，分别成立调查和物资配给机构，前者的目的在于检查同业公会各会员是否遵照各该业评价委员会核定的价格出售产品，后者则为各会员提供必要的物资配给，两种手段可以保证统制物资和限制价格的需要。

调查工作过程，包括各业同业联合会发文要求同业公会送交各方面报告，同业公会再要求下属各会员报告有关价格事宜，最后同业联合会将报告转送到当局。具体来说，调查内容主要是两个方面，一是调查会员生产的成本，二是调查会员是否违反限价，还包括审查以往所评定的限价是否适合新标准②。整个过程，同业公会价格协调都以伪政府统制工作为中心。

调查会员生产成本问题。"商统会"制定商品价格的重要依据是生产成本和物价指数，所以同业联合会要求各同业公会进行会员生产成本的调查。下面结合棉制品同业联合会案例说明。1943年12月28日，"商统会"理事长唐寿民致信苏浙皖纱厂业同业公会，内容如下："查本会棉业管理处现需二十支纱与十二磅细布之成本价格，拟请贵会将各厂成本计算明细表缮送一份以资参考。"③此次调查过程持续时间较长，到1944年2月10日，该同业公会才将会员二十支棉纱和十二磅细布成本调查表整理成册上交给棉制品业同业联合会，其中主要纱厂生产成本基本情况如表4－10和表4－11所示。

---

① 《上海特别市经济局关于查明本市各同业公会设立评价委员会事的训令》，1943年，上海档案馆藏，资料号：R13－1－2154－1。
② 《各同业公会开展调查工作》，《申报》1943年9月30日第3版。
③ 《全国商业统制总会和棉制品业同业联合会关于缮送二十支棉纱与十二磅细布成本价格表的来往文书》，1944年，上海档案馆藏，资料号：S30－1－184－51。

表 4 - 10　　　　　　　　　二十支棉纱成本调查表

（单位：元，1944 年 2 月 20 日抄）

| 成本项目 | 申九 | 新裕 | 安达 | 保丰 | 永安三 | 广勤 | 合丰 | 德丰 | 信和 | 荣丰 |
|---|---|---|---|---|---|---|---|---|---|---|
| 人工成本 | 812 | 1450 | 1937.9 | 648.5 | 740.9 | 755.9 | 820 | 840 | 352 | 1197 |
| 职员费 | 643 | 960 | 2666 | 729 | 473 | 963.2 | 670 | 383 | 544 | 447.7 |
| 电力电灯 | 341 | 380 | 222.33 | 361 | 288.5 | 252 | 356 | 250 | 331 | 156 |
| 蒸汽 | 525 | 480 | —— | —— | 627.8 | —— | 531 | 250 | 722 | 954 |
| 物料 | 966 | 950 | 1728 | 660.4 | 544 | 239.6 | 1004 | 1108 | 625 | 320 |
| 包装 | 643 | 680 | 545 | 1810 | 689.7 | 245 | 835 | 500 | 794 | 456.2 |
| 修缮 | 784 | 740 | 525.26 | 985 | 848.6 | 400 | 794 | 600 | 976 | 509.7 |
| 折旧 | 520 | 600 | 508.83 | 478 | 514.9 | 120 | 496 | 306 | 592 | 116.8 |
| 保险捐税 | 288 | 650 | 580.5 | 540.4 | 46.7 | 71 | 294 | 500 | 54 | 179.2 |
| 杂费 | 314 | 305 | 383.17 | 151.2 | 69.5 | —— | 330 | 250 | 80 | 120.9 |
| 厂务 | 1080 | 1800 | 329.92 | 398 | 1301 | 4361 | 1120 | 1653 | 1497 | 2339 |
| 业务成本 | 562 | 720 | 1356 | 2598 | 1088 | 3707 | 572 | 964 | 1251 | 2536 |
| 财务成本 | 775 | 1785 | 3487 | 1012 | 565.6 | 1819 | 763 | 562 | 650.5 | 1380 |
| 共计① | 8253 | 11500 | 14269.9 | 10371.5 | 7798.2 | 12933.7 | 8585 | 8166 | 8468.5 | 10712.5 |

资料来源：《全国商业统制总会和棉制品业同业联合会关于缮送二十支棉纱与十二磅细布成本价格表的来往文书》，1944 年，上海档案馆藏，资料号：S30 - 1 - 184 - 51。

表 4 - 11　　　　　　　　　十二磅细布成本调查表

（单位：元，1944 年 2 月 20 日抄）

| 成本项目 | 申九 | 新裕 | 保丰 | 永安三 | 广勤 | 合丰 | 德丰 | 信和 | 荣丰 |
|---|---|---|---|---|---|---|---|---|---|
| 人工成本 | 29.9 | 44.5 | 37.25 | 28.62 | 17.2 | 31 | 33.79 | 32.95 | 23.28 |
| 制造成本 | | | | | | | | | |
| 职员费 | 9.85 | 20.6 | 13.03 | 10.19 | 14.5 | 11 | 11.24 | 11.74 | 11.88 |

---

① 有些数据存在小数，由于表格限制，本书中做四舍五入处理，特此说明。

续表

| 成本项目 | 申九 | 新裕 | 保丰 | 永安三 | 广勤 | 合丰 | 德丰 | 信和 | 荣丰 |
|---|---|---|---|---|---|---|---|---|---|
| 电力电灯 | 6.5 | 6 | 3.95 | 6.47 | 4.46 | 7.6 | 6.55 | 7.56 | 4.27 |
| 蒸汽 | 52.27 | 30.2 | 53 | 58.12 | 50 | 53 | 76.22 | 65.9 | 19.21 |
| 物料 | 53.1 | 48 | 73.2 | 55.74 | 16.9 | 55 | 56.43 | 65 | 25.67 |
| 包装 | 14.5 | 14.8 | 37.03 | 13.73 | 12.1 | 14.7 | 12.73 | 18 | 11.77 |
| 修缮 | 81 | 73.5 | 73.95 | 86.96 | 20 | 79 | 68.36 | 101.3 | 28.42 |
| 折旧 | 5.2 | 6.8 | 4.05 | 3.74 | 6.5 | 4.8 | 4.62 | 4.5 | 14.6 |
| 保险捐税 | 5.22 | 6.7 | 2.4 | 0.78 | 3.5 | 5.6 | 1.85 | 1.2 | 2.24 |
| 杂费 | 2.6 | 2 | 1.35 | 1.7 | —— | 3 | 1.9 | 2.05 | 1.5 |
| 厂务 | 27.6 | 36.4 | —— | 21.89 | 104 | 29 | 28.46 | 25.28 | 29.24 |
| 浆料 | 33.6 | 31.6 | 30 | 36.58 | 29.2 | 33 | 35.67 | 43.1 | 30.88 |
| 业务成本 | 59.4 | 62.7 | 33.6 | 36.29 | 39 | 58.4 | 25.34 | 42.5 | 29.2 |
| 财务成本 | 16.4 | 17.5 | 39.26 | 11.61 | 25 | 17.4 | 10.57 | 13.4 | 17.25 |
| 共计① | 396.1 | 429.3 | 407.15 | 372.42 | 342.9 | 402.5 | 393.7 | 433.9 | 289.38 |

资料来源:《全国商业统制总会和棉制品业同业联合会关于缮送二十支棉纱与十二磅细布成本价格表的来往文书》,1944 年,上海档案馆藏,资料号:S30 - 1 - 184 - 51。

从表 4 - 10、表 4 - 11 来看,众多生产厂商成本存在较大差别,在同业公会调查成本基础上,"商统会"棉业管理处制定相应统制价格。在棉纱棉布办事处时期,"商统会"于 1943 年 8 月 26 日公布修正收买棉纱棉布价格,决定棉纱以二十支蓝凤纱每包 1 万元,棉布以龙头细布每匹 375 元为标准②。这种收买价格标准一直延续到 1944 年年初。以上两表所示棉纱和棉布生产成本具有指导性。比如表 4 - 10 为二十支棉纱成本,最高者为广勤 12934 元,最低者为永安三厂仅为 7799 元。从调查结果来看,这 10 家厂商平均成本

---

① 有些数据存在小数,由于表格限制,本书中做四舍五入处理,特此说明。
② 《收买纱布实施纲要,国府昨明令修正规定纱布收买标准价格》,《申报》1943年 8 月 27 日第 2 版。

为 10236 元，所以制定以二十支蓝凤每包 1 万元。同样，细布生产成本最低者为荣丰 289 元，最高者为信和 433.9 元，所调查的厂商平均生产为 385 元，可见"商统会"制定的棉纱限价和棉布限价根本弥补不了生产所耗成本，反映了在汪伪统制经济时期，最后价格裁定权在伪政府手中，同业公会即使调查生产成本，也不能改变限价低于成本的事实。

同业公会需要调查会员生产该项产品的生产成本，类似调查成本的经济活动经常发生。1944 年 5 月 12 日"商统会"致信棉制品同业联合会，"为核定棉纱布配给价格，急需新生产棉纱棉布成本计算表作为参考资料，现于棉纱以二十支为标准，棉布以十二磅细布为标准，相应函请贵会迅速会同日方华中日商棉制品同业联合会，依照最近物价指数统计每件棉纱与每匹棉布之生产成本制表"[1]。在收到信函以后，棉制品同业联合会发信给苏浙皖纱厂业同业公会，希望该同业公会能够查照办理。

调查各同业公会的会员厂出售价格，如发现有超过限价事情或匿藏货物拒绝出售，而寄希望于黑市交易谋取暴利者，将按照《囤积主要商品治罪暂行条例》处理[2]。同业公会调查会员出售商品给黑市商人，而不是出售给消费者，其原因在于黑市价格比"商统会"制定的商品价格要高很多倍，自然会吸引部分生产厂商或者商店铤而走险出售黑市[3]。而同业公会调查的目的就是为了有效控制会员价格，力谋稳定物价，制止会员非法抬高物价，协助汪伪政府统制经济的行为。

---

① 《棉制品业同业联合会关于请会同华中棉制品联合会依照物价指数统计纱布成本的函》，1944 年，上海档案馆藏，资料号：S30 - 1 - 184 - 60。

② 《囤积主要商品治罪暂行条例》颁布于 1943 年 5 月 5 日，主要是出于统制需要，打击非法囤积商品，为了有效限制黑市交易而制定的法规，其中规定视情节轻重，分别对不同情况下的囤积商品进行相应的罚款或刑罚。

③ 如"商统会"在收买棉纱时规定价格以 20 支蓝凤牌为标准，定价为 1 万元每件，而当时黑市价格为 4 万元，其中差距悬殊，可参见黄美真主编《伪廷幽影录——对汪伪政权的回忆纪实》，中国文史出版社 1991 年版，第 199 页。

### （三）同业联合会传达"商统会"价格要求

除了调查工作，及时向同业公会传达"商统会"制定的价格是同业联合会主要职责之一。同业联合会和同业公会成为重要的价格信息联络渠道，可以比较及时有效地维持"商统会"所定价格。在汪伪时期，"商统会"是物资统制最高机构，汪日所有商品统制都要经过"商统会"。在配给环节，根据相关法律规定，各业同业联合会以及同业公会成为必不可少的重要中间组织，是联结"商统会"与各地批发商的重要渠道①。物资配给程序非常严格，"商统会"先后成立物资统制审议会和物资统制调查委员会，制定相关法律打击囤积主要商品行为②。在限价方面，"商统会"通过同业联合会及同业公会执行所定价格。物资配给是从"商统会"到同业公会，然后到批发商，最后一个环节是消费者，在此过程中，同业公会执行"商统会"价格具有维护市场秩序和配合物资统制的意义。我们来看一下物资配给系统图。

从图4-4看到，汪伪政府实施统制经济政策，从商品收买到配给，同业公会是非常重要的中间环节。"商统会"将物资配予日商同业联合组合以及华商同业联合会，分别经过日商同业组合和各地同业公会，然后转到批发商和零售商，最后到达消费者手中。"商统会"采取统收统配的方式统制物资，统配过程是由"商统会"下属的米量统制委员会、棉业统制委员会、粉麦统制委员会、油粮统制委员会和日用品统制委员会五个机构完成和实现。这些机

① 在汪伪统制经济时期，与物资统制相关的法律规定比较多，比较重要的法规有《战时经济政策纲领》（1943年2月13日公布）、《战时物资移动取缔暂行条例》（1943年3月11日公布）、《囤积主要商品治罪暂行条例》（1943年5月4日公布）、《苏浙皖物资收买配给实施纲要》（1943年12月3日通过，次年1月17日正式公布）、《苏浙皖米谷运销管理暂行条例》（1943年11月25日修正公布）、《收买棉纱棉布暂行条例》（1943年8月9日公布）和《棉制品集中配给暂行办法》（1943年10月30日）

② 物资审议委员会于1943年4月1日成立，是为了适应汪伪政府战时经济政策，而建立的审议主要物资统制的机构。物资统制调查委员会成立于1943年5月15日，主要任务是调查苏浙皖三省境内（上海除外）各主要都市商民非法囤积大量主要物资情况，在各省政府或特别市政府所在地，设置地方物资调查委员会；在各县市政府所在地设置地方物资调查委员会分会。

构实施统配具有共同的特性，具体表现在两个方面。

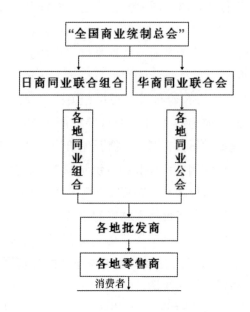

**图 4-4 "商统会"配给系统图**

首先，都是规定统一收买的数量和价格。"商统会"制定采购数量的计划，然后由这些专门机构去实施。比如米粮采购过程，在1943年"商统会"的采购计划中规定在苏浙皖三省收买63万吨，米粮收买价格依米质而定，粳米每石788元至820元，糙米每石698.6元至721.6元，籼米每石672元至800元。而在棉花统配方面，"商统会"计划在1943年收购棉花17.5407担，收购价格按照棉纱和棉布分别制定，具体来说棉纱以20支蓝凤每所1万元，棉布以龙头细布每匹375元为标准①。

其次，统收统配实现跨区域的联合。

同业公会在配给过程中要遵照"商统会"所制定的配给价格，

---

① 汤心仪：《上海之统制经济》，载王季深《战时上海经济（第一辑）》，上海经济研究所1945年版，第108—125页。

虽然不能直接制定行业价格，但是可以给"商统会"提供成本信息，可以间接地表达同业价格诉求，在配合伪政府价格方面具有重要辅助作用。针对"商统会"限价，每个同业联合会采取的措施具有一定差异，针对行业特点实施相应的制度安排。总的来说，在"商统会"统制物资过程中，同业联合会以及同业公会采取比较积极的措施维护限价政策。同业公会直接要求同业会员遵守政府限价标准，订定会员审查制度，规定会员不得进行所谓的投机性经济活动。"商统会"之所以加强对同业公会的管理，原因在于通过它们限制物资移动，同业公会只能将商品售予本会会员，这在一定程度上有利于"商统会"的统制工作。比如上海新药业同业公会为了整顿同业风纪，经过理监事联席会议订立会员管理制度。由于之前报纸上经常出现同业刊登广告和擅自涨价行为，同业公会认为这种广告具有投机性质或者可能造成黑市行为，从而要求会员不得在各报纸分类栏内登载各种商品的广告，也不得向非本会或其他非主要商品同业公会会员或来历不明者收买本业经营的商品，更不得侵害他人营业及不正当营业[①]。该同业公会采用会员入会必须填发誓书的制度，即要求会员填立誓书，保证不会在报纸上登载广告和擅自涨价。图4-5就是一份立誓书格式文本：

---

立誓书

　　兹因自愿遵照上海特别市新药业同业公会会章入会为会员，并请＿＿＿＿＿、＿＿＿＿＿两君为保证人，立誓不登报含有投机性或足以助长投机之买卖广告。倘有违反誓言之行为，愿受贵会严厉之处分，特立此誓书为证，谨呈上海特别市新药业同业公会。

　　立誓人＿＿＿＿＿，保证人＿＿＿＿＿、＿＿＿＿＿（签名）

---

**图4-5　新药业同业公会会员立誓书**

　　之后，同业公会监督会员的行为，只要有相应涨价嫌疑的登报

---

　　① 《上海市新药商业同业公会整顿同业风纪》，1943年，上海档案馆藏，资料号：S284-1-103。

行为，同业公会就会警告会员。如 1943 年 10 月 22 日《申报》有会员恒隆西药行的广告，广告内容为代客买卖专售雪花散消毒素等药品，结果被同业公会发觉，公会致信该会员，认为广告行为实际上刺激了投机行为的发生，将会使商品价格上涨，从而破坏行业风纪，提出严重警告，并且要求会员立即停止登报行为，否则将呈报"经济局"严予惩处，并取消会员资格，绝不宽恕①。

伪政府统制物资和限制物价，需要与同业公会密切合作。汪伪当局多次联系上海市商会，希望商会能够劝导同业公会积极支持政府限价政策。比如伪工部局曾致信"上海总商会"会长袁履登，认为在物价管理过程中，稳定物价是"政府"工作的重中之重，"而行此种调整物价之进行事宜，如经贵会对各同业公会加以劝导，令其从速加入工部局物价管理委员会，则物价之调整，成效更大"。之后，商会致信上海所有同业公会，要求它们配合政府限价②。可见，政府与同业公会具有合作的必要。在事实上，政会关系表现为同业公会传达政府限价政策，通过相应的制度约束会员价格行为，行业价格协调成为配合政府限价的重要途径。同时，密切合作关系还表现为二者间的意见交流与反馈。统制物资和价格是汪伪政府的目的，但是也并不完全是汪伪政府的一家之言，其中某些环节需要同业公会的参与，二者的交流显得非常重要。在统制过程中，"商统会"也曾多次询问有关同业公会关于价格制定的方案，即使有些方案并不会被政府接受，但这个过程体现了同业公会在协调行业价格以至维护政府价格政策方面的重要作用。比如"商统会"向百货商业同业公会征询价格意见事件具有典型性，百货业是商业统制的重要行业，百货业同业公会属于主要商品同业公会，因而伪"商统会"要求该会提出物资价格修改方案的建议。"商统会"要求该会从以下几个方面提供意见和看法：（1）关于成本的计算；（2）关

---

① 《上海市新药商业同业公会整顿同业风纪》，1943 年，上海档案馆藏，资料号：S284 - 1 - 103。

② 《上海特别市商会转发工部局函加入物价管理委员会的通知》，1942 年，上海档案馆藏，资料号：R47 - 1 - 62 - 1。

于利润的获得；（3）关于公定价格是否合理，有无其他办法；（4）关于现行市价的调查。同业公会认为在价格方面，百货业与制造行业存在巨大差别，因而关于成本和利润计算等问题比其他行业要少，其合法利润按照公定厂盘加上 15% 至 30% 计算。[①] 可见，"商统会"非常重视同业公会在限价中的作用，汪伪政府当局和同业公会关系具有合作的要求。

**（四）同业公会对同业利益的诉求**

统制过程中，同业公会并非完全被动接受限价，对于政府的限价存在不同意见，因而具有积极争取同业的特点。由于统制价格与市场价格相差太大，造成生产厂商损失过大。为了行业整体利益，公会积极为同业争取合法合理利润。在统制经济过程中，可以说矛盾重重，既要配合汪伪政府战时经济政策，也要综合考虑价格与成本的差距。尽量减少因为统制而产生的经济损失，向"商统会"反映行业生产的困难与艰辛，争取合法利润。从这些经济行动中，本书得出结论认为即使在统制政策下，同业公会也并没有丧失独立性，相反在妥协与抗争过程中，它一直在扮演中间调节者角色。

战时统制价格具有强制性，完全是为了汪伪政府当局的统制需要，往往忽略商品生产成本，造成价格既不反映成本，也不反映供求，因而很多生产厂商意见很大。他们通过同业公会或者同业联合会反映生产困难，要求"商统会"给予充分考虑而修改价格，此时同业公会具有向当局传达厂商诉求的作用。

在此，笔者以当时非常重要的棉纺业同业公会为例，说明同业公会对限价的疑义，要求汪伪政府修改部分价格，最后论证同业公会在统制经济中围绕价格所产生的作用。

伪"商统会"制定的棉纱布价格具有一般性特点，没有考虑各个不同生产厂商的具体差别，本来统制价格低于黑市价格，如果不

---

① 《上海市百货商业同业公会报送全国商统会征询意见书和本业业务概况的来往文书》，1943 年，上海档案馆藏，资料号：S253 - 1 - 110。

计算成本而制定划一价格，必然会造成一些厂商损失过大。同业公会向"商统会"反映这种情况，希望能够在统制限价前提下，考虑到不同厂商生产的具体情况。如 1944 年 1 月 11 日，苏浙皖纱厂同业公会收到会员德丰纺织公司来信反映价格问题，该公司详细介绍了它们生产 20 支纱所用原料与"商统会"规定的存在差异，认为"商统会"所定价格与之相差甚远。同业公会将此事反映给"商统会"："全国商业统制总会收买棉纱办事处申请出卖之各支棉纱中，有 20 支黑白花纱 9 件为该处价格查定表中所未列者，查此项 20 支花纱系用染料加工纺成，其纺织手续及原料开缴远在普通 20 支白纱之上，倘照 20 支白纱计算，则该公司损失未免过钜，特修奉达并附录纱一小支恳贵会收买纱布处，请于白纱价格外酌给染料及加工贴费以维血本。"①

后来同业公会于同年 3 月 10 日收到"商统会"理事唐寿民亲笔回复，认为"该公司出卖之花纱经查定委员会②检验核定其价格调为 25375 元"③。此价格比普通白坯布要高，"商统会"所制定的价格标准为蓝凤每包一万元，经过同业公会努力以后，德丰公司该种棉纱价格得以调高，虽然还是低于黑市价格的 4 万元，但已经说明同业公会的利益集团性质。

同业联合会和同业公会除了直接向"商统会"反映会员价格诉求，还对棉纱棉布市场进行调查，调查对象主要是上海棉制品（包括棉杂品）市价情况。棉制品市场大宗产品为棉纱棉布，同业公会于 1944 年 10 月 3 日进行了一次比较全面的市场调查，经过向多数厂商口头询问，发现各厂已经很长时间没有得到原棉配给，因而生产停滞。特别是棉纱布自从由"商统会"收买后，棉纱仅有公定价

---

① 《全国商业统制总会关于德丰纺织公司花纱核定价格问题的复函》，1944 年，上海档案馆藏，资料号：S30 - 1 - 192 - 24。

② 纱布价格品质查定委员会成立于 1943 年 8 月 30 日，因为"商统会"认为关于棉纱棉布品质价格，应有公正评定机构，故特组织收买棉纱棉布品质价格查定委员会，委员会共有 19 人，分棉纱、白坯棉布和加工棉布三组。

③ 《全国商业统制总会关于德丰纺织公司花纱核定价格问题的复函》，1944 年，上海档案馆藏，资料号：S30 - 1 - 192 - 24。

格，而造成投机商黑市违法交易，认为汪伪政府公定价格并没有反映真正市价[1]。虽经同业公会反映，但是"商统会"考虑统制需要，并没有按照同业要求进行行业价格调整。到同年12月，伪实业部制定《重要商品统一评价实施办法》，规定苏浙皖淮四省及南京上海两个特别市物价评议委员会每半月开常会一次，其评定价格每月一日和十六日在当地报纸公布并将当日报纸报送伪实业部，由于棉花、棉纱和棉布是伪实业部所评定的重要商品，棉业统制委员会[2]要求棉制品同业联合会遵守统一评价办法，此时苏浙皖纱厂同业公会工作任务主要是将相关商品成本运费等情况报告当地物价管理官署[3]。

# 第四节 小结

1937年全面抗战爆发以后，上海逐渐沦陷。由于战争的影响和上海的沦陷，部分同业分会停止商业活动，而有部分同业公会在两租界内开展活动。上海经历了租界孤岛时期和全面沦陷时期，由于时局形势的影响，同业公会对行业价格协调的方式和作用呈现与之前完全不同的特点。

1. 孤岛时期的自主协调

在租界内继续进行商业活动的同业公会，由于当局控制较少，商业环境相对宽松，其协调行业价格的方式与1937年之前的同业公会具有相同的特点，即它们可以根据市场需求自主协调行业价格。具有制定行业价格的权限，这一点非常重要，可以充分体现同业公会在价格协调和管理方面的主体角色。但是也存在明显

---

① 《俞良楠关于调查最近棉制品市价情况的报告》，1944年，上海档案馆藏，资料号：S30－1－192－37。

② 棉业统制委员会由之前的棉业管理处和棉花统制委员会合并成立，分为两部：棉花和棉制品部，前者为棉制品原料代买机构，后者为收买纱布后实施配给纱布机构。

③ 《棉业统制委员会关于抄送实业部统一评价制定办法请报送棉纱厂盘列表会以凭汇报的函》，1944年，上海档案馆藏，资料号：S30－1－192－41。

的差异，主要表现在同业公会已经开始受到政府当局的限价控制，租界物价上涨以及货币加速贬值，当局也制定限价政策，并要求各行业同业公会严格遵守限价，不得进行违反价格规定的商业活动。

即使有权限制定价格，但权限相对于战前自由经济状态来说具有非完全性，也即权限受到一定的限制，主要原因在于租界当局的限价政策。

2. 完全沦陷后至"商统会"之前，上海同业公会受限严重

自 1941 年 12 月日本完全侵占租界之后，一直到抗战胜利，上海处于完全沦陷状态之中。在将近四年的时间里，汪伪当局实行统制经济政策，首当其冲的就是物价统制。在 1943 年 3 月伪商业统制总会成立之前，同业公会通过成立评价委员会配合当局的统制政策，同业公会的主要职责是评定标准限价，向租界当局汇报同业关于物价的意见以及管理市场中的同业交易。在这些功能和职责中，最重要的是评定同业的标准限价，因为评定价格恰好体现了同业公会尚存的部分自主调价能力。

3. "商统会"时期同业公会与汪伪当局的统制政策

汪伪政权于 1943 年 3 月成立了伪"商统会"，这是一个在战时专门统制物资的机构，要求中方同业公会和日方商业组合共同成为其统制物价的基础。此时上海的同业公会不仅要组成同业联合会，即相近行业的同业公会要组织成为规模更大的联合会，而且还要实现跨区域的同业联合与合作，跨区域主要是指联合苏浙皖各地的同业公会共同实现限价和战略物资禁运的目的。

对于价格，完全受制于汪伪"商统会"的统制政策，重要商品的同业公会自主协调行业价格的空间极其有限，所有的价格行为都是在汪伪政府当局的统制经济框架之内。同业公会成为价格统制和物资配给的重要工具。各行业都要组织同业公会，对于工商从业者来说，如果没有加入同业公会，则意味着失去经营资格。上海的中日方双方同业公会与政府和会员共同构成了一个商品销售和维持限价的网络系统，在这个网络中，同业公会是最重要的节点，它们的

活动直接影响到汪伪政府物价统制的成效。

　　总体来说，在上海沦陷时期，同业公会的角色和功能开始发生重大转变，由战前自主协调价格转变成配合汪伪政府的限价政策，同业公会的自主性出现明显下降，成为汪伪政府当局统制物价的重要环节。

# 第五章　抗争与妥协：战后同业公会的苦难历程

抗战胜利以后，局势好转，百废待兴，上海工商界以为可以获得喘息发展的机遇。工商同业公会能否发挥昔日行业中间组织的作用，很重要的前提就是国民政府所采取的经济政策以及对工商业的态度。从 1945 年日本投降到国民政府在大陆终结统治，在这短短四年时间里，由于政府战争支出极大，通货膨胀一直是个梦魇，战后通货膨胀水平达到惊人的地步，在世界经济史上实属罕见。国民政府出于财政因素考虑，屡次更改财政和货币政策，采取严厉的经济统制政策，希望通过各种限价手段达到缓和通货膨胀的目的，结果却是一系列的调节政策加速了政权的覆没。四年中，上海同业公会的调节可谓是充满艰辛与痛苦。一方面继续扮演行业中间人的角色，但由于政府统制经济力度加大，同业公会的协调效果不断减弱；另一方面，虽然处于统制时期，同业公会仍然积极争取行业整体合法利益。在与政府谈判的过程中，同业公会一直处于反抗和妥协的状态之中。可以说，这段时期内同业公会对价格的协调是极其痛苦和尴尬的。尽管如此，不同行业的同业公会处境又不一样，因为不同行业对于维护限价政策具有不同的意义，从而导致政府与同业公会的关系也存在差异。

具体来说，在重要物资方面，比如花纱布方面，政府统制力度非常大；而在一般商业或服务行业，政府统制相对较弱，比如轮船运输业等，也正因为这种关系的差异，所以同业公会价格协调体现不同的特点，所表现的作用也很不一样。

首先，从分析战后恶性通货膨胀形势入手，说明国民政府采取强力统制的社会经济背景。其次，在分析方法上，将采用案例研究方法，以战后上海非常重要的棉纺业为例，该业同业公会名称全称是第六区机器棉纺织业工业同业公会①。为了行文方便，后文简称为六区同业公会。在战后限价过程中，六区同业公会始终扮演协调角色，斡旋于政府与会员之间。政府的限价与同业利益的诉求，二者间充满矛盾与冲突，同业公会价格协调过程充满悲壮与无奈。政府出于价格限制的考虑，极力压制民营厂商的利益空间。价格协调过程体现了政府与同业公会的较量，也折射出同业公会从妥协到抗争的变化历程。花纱布是非常重要的民生商品，政府采取限价的统制政策首先就是从它们开始，这些同业公会苦于丧失行业价格协调的主动权，只能被动接受政府统制机构所制定的较低价格。从战后初期到"八一九"限价期间，国民政府成立了相应花纱布统制机构，依次经历了纺织事业管理委员会、纺织事业调节委员会和全国花纱布管理委员会（下文中，将分别简称为纺管会、纺调会和纱管会）三个阶段，政府还成立了中国纺织建设公司（下文简称中纺公司），该公司刚成立的时候，便承担单独开售棉纱布的任务，后来它与民营纱厂一起联合配售，在统制经济中发挥了重要作用。从纺管会到纱管会，政府统制花纱布的力度逐渐增强，原本试图将统制范围由上海向全国推广，但由于各种原因影响，最终统制不得不以失败而告终。

在另一些行业的同业公会，比如轮船运输工业、纱管业和旅商业等工业和服务业领域，它们的情况又与棉纺业等行业存在较大区别，即使在政府限价阶段，它们也能够比较自主地决定行业价格。论述将从这两条线索展开，以是否拥有比较自主决定行业价格权限为标准，将上海工商同业公会划分为两种。一种是以棉

①　在1945年抗战胜利以后，国民政府加强对全国棉纺事业的管理，因而将全国棉纺重要地区划分为八个区域，分别是一区在四川、二区陕西、三区云南、四区湖南、五区和六区合并成以上海为中心的六区同业公会、七区河北、八区湖北、九区山东和十区山西。为了行文方便，以下简称六区同业公会。

纺业为代表的行业，这种行业所受统制最严厉，属政府严管行业；另一种是管制相对较松的行业，作出这样的划分，目的在于更全面地研究战后上海同业公会价格协调功能，并且提出一些值得与以往学者商榷的问题，比如战后同业公会独立性问题、战后同业公会价格协调研究意义问题、同业公会价格协调所体现的各主体间的关系嬗变等，这些都会在后面行文中逐一提及，并提出笔者的理解和看法。

本书论述的篇幅侧重于前者，即重点研究政府严管行业同业公会的价格协调，而对于另外类型的行业同业公会着墨相对较少，原因在于后者与1937年战前同业公会价格协调存在较多相似之处。

由于统制经济时期，政府的干预很多，历史的比较制度分析已经不再适合，原因在于战后同业公会价格协调过程需要被置于政府的分析框架。但是博弈的分析方法依然可用，所以在方法上，采用博弈论的分析工具，使用历史的归纳方法和演绎方法，分析价格协调机制形成以及实行的原因。

# 第一节 战后通货膨胀形势

从抗战胜利到上海解放前夕，全市物价处于一个飞速增长阶段，恶性通货膨胀在世界经济史上非常罕见。研究此时期上海同业公会的价格协调管理活动，有必要先简单回顾一下战后政府货币发行量及物价指数的变化。

在将近四年时间里，上海物价飞涨，一方面由于外地来沪游资增加，投机现象严重，使商品物价上涨。由于正常工商业经营不景气，导致投机盛行，以及战事影响，各地游资加速向上海集中，从而使得上海物价波动更加剧烈。根据1947年1月至8月上海地庄内汇统计情况，我们可以看到流入上海游资的数量情况，如表5-1所示。

表 5 - 1 　　　　　1947 年 1—8 月上海行庄内汇统计表

（单位：亿元）

| 月份 | 汇入汇款 | 汇出汇款 | 汇入超过汇出 | 超过比例 |
|---|---|---|---|---|
| 1 | 3372 | 789 | 2583 | 327% |
| 2 | 4066 | 990 | 3076 | 311% |
| 3 | 4672 | 1251 | 3421 | 273% |
| 4 | 8758 | 1781 | 6977 | 392% |
| 5 | 9171 | 2554 | 6617 | 259% |
| 6 | 22720 | 2548 | 20172 | 792% |
| 7 | 15137 | 3068 | 12069 | 393% |
| 8 | 17302 | 2622 | 14680 | 560% |
| 总计 | 85198 | 15603 | 69595 | 446% |

资料来源：转引自李彭年：《目前物价形势之检讨》，《经济论述》1947 年第 14 期，第 7 页。

从表 5 - 1 看到，经由商业行庄流入上海的资金已经达到 69595 亿元，其他途径比如经由国家行局、现钞流通以及地下钱庄流入的资金没有包括在内。游资数量增多，是上海物价一直上涨的原因之一。

另一方面关键原因在于国民政府滥发货币，导致恶性通胀，货币增长与物价上涨速度远远超过国民政府可控能力，二者陷入恶性循环泥潭，最终导致社会经济完全崩溃。

首先，法币发行量增加。由于政治经济局势发展，特别是财政的困难，国民政府采取饮鸩止渴的办法增加纸币发行量，后果是发生了严重的通货膨胀。在金圆券发行之前，法币发行量增长速度可谓惊人，法币在全国发行数量及其指数如表 5 - 2 所示。

表 5 - 2                                         法币发行量及其指数

（单位：亿元，1937 年 6 月 = 100）①

| 年月 | 发行量 | 指数 | 年月 | 发行量 | 指数 |
|------|--------|------|------|--------|------|
| 1945 年年底 | 10319 | 73162 | 1947.12 | 331885 | 2353704 |
| 1946.6 | 21125 | 149776 | 1948.1 | 409409 | 2903609 |
| 1946 年年底 | 37261 | 264180 | 1948.2 | 539287 | 3824730 |
| 1947.1 | 45095 | 319724 | 1948.3 | 696821 | 4941992 |
| 1947.2 | 48378 | 343000 | 1948.4 | 977989 | 6936092 |
| 1947.3 | 57441 | 407257 | 1948.5 | 1374188 | 9746014 |
| 1947.4 | 69011 | 489288 | 1948.6 | 1965203 | 13937609 |
| 1947.5 | 83813 | 594234 | 1948.7 | 3747622 | 26578879 |
| 1947.6 | 99351 | 709653 | 1948.8② | 9.57 | 203617021 |
| 1947.7 | 116641 | 845580 | 1948.10 | 18.5 | 393617021 |
| 1947.8 | 136973 | 971439 | 1948.12 | 83.2 | 1770212766 |
| 1947.9 | 169481 | 1201992 | 1949.1 | 208.22 | 4430212766 |
| 1947.10 | 207912 | 1474553 | 1949.5 | 679458 | 14456553191489 |
| 1947.11 | 268789 | 1906304 | | | |

资料来源：转引自中国科学院上海经济研究所、上海社会科学院经济研究所《上海解放前后物价资料汇编（1921—1957）》，第 49 页。

从表 5 - 2 看出，从战后到金圆券发行前，法币发行指数一路飙升。在图 5 - 1 中，我们可以更加直观清晰地看到法币发行量与指数走势情况。

---

① 中国科学院上海经济研究所、上海社会科学院经济研究所：《上海解放前后物价资料汇编（1921—1957）》，上海人民出版社 1958 年版，第 49 页。
② 从 1948 年 8 月开始以金圆券计算。

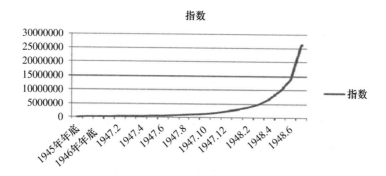

**图 5 - 1　1945 年年底至 1949 年 5 月法币发行指数变化图**

资料来源：中国科学院上海经济研究所、上海社会科学院经济研究所：《上海解放前后物价资料汇编（1921—1957）》，第 49 页。

从图 5 - 1 看出，战后国民政府印钞机飞速转动，导致货币发行指数大多年份保持在 7 位数，到了上海解放时的 1949 年 5 月，发行指数更是成了天文数字，这种通货膨胀简直就是灭顶之灾，使风雨飘摇中的国民政府最终难逃政权覆没的结局。

其次，战后上海物价增长速度保持与法币和金圆券发行指数并行走势，虽然战后初期到 1946 年上海物价曾经出现过短暂回落，但之后的年份里，价格一直急速上涨。物价飙升严重影响了货币的信用，在市场交换中甚至又回到物物交换状态。表 5 - 3 显示了这段时期上海批发物价指数变化情况。

最后，通货膨胀与从多行业价格下跌同时存在。一般来说，通货膨胀导致物价普遍上涨，但是由于战后洋货大量倾销，国内大宗商品价格却出现急剧下跌之势，并且大量工厂因为倾销而倒闭。据《申报》报道，上海棉纱市场价格在 1946 年跌势加剧，1945 年年底时特双马棉纱一度涨价到达 91 万元的新高，但随即在一周之内跌至 68 万元，而其他支别的棉纱也经历同样的价格波动①。

---

① 《禁止出洋纱布价大跌，纺织昨大批开出特双马跌十五万》，《申报》1946 年 1 月 10 日第 4 版。

表 5 - 3　　　　　抗战胜利后至"八一九"限价期间批发物价指数表①

| 时期 | 批发物价指数 |
|------|------------|
| 1945 年 8 月 | 9740247.7 |
| 1946 年 | 519900 |
| 1947 年 | 4025000 |
| 1947 年 6 月 | 3716700 |
| 1947 年 12 月 | 13810000 |
| 1948 年 4 月 | 51070000 |
| 1948 年 8 月 | 713100000 |

资料来源：转引自中国科学院上海经济研究所、上海社会科学院经济研究所《上海解放前后物价资料汇编（1921—1957）》，第 84 页。

本节简单回顾了这段惨痛的通货膨胀历史，物价像脱了缰绳的野马，不可遏制。国民政府多次采用直接干预物价的政策，企图能够限制物价上涨，但没有从根本原因去解决通货膨胀。财政的困难借助大量发行货币是不能解决的，结果只能是徒劳无功。不仅如此，国民政府战后的限价行为，对于上海工商业发展打击非常严重，特别是造成民营企业入不敷出，损失特别惨重，引起民营企业与政府之间的尖锐矛盾。同时，洋货倾销直接冲击国内相关行业，使国内行业出现价格下跌的现象。同业公会维护行业市场价格，需要面对来自内外的双重压力，内部是政府的物价统制政策，外部则是洋货倾销所带来的价格竞争和行业生存的危机。

## 第二节　国民政府的限价政策与措施

面对日益严重的通货膨胀，南京国民政府采取一系列措施维持

① 中国科学院上海经济研究所、上海社会科学院经济研究所：《上海解放前后物价资料汇编（1921—1957）》，上海人民出版社 1958 年版，第 84 页。

物价，包括曾经在战争统制经济时期使用过的限价政策。除了采用限价政策，还成立了一系列评议物价的机构，限价政策与评价机构共同构成了该阶段国民政府物价统制政策实施的重要环节。本节将梳理1945—1949年国民政府的限价政策及其相关措施，并介绍同业公会在此过程中的角色和作用。

## 一 继续沿用战时部分限价统制法规

抗战胜利之后，国民政府废止了很多战时所制定的经济法规，但因为物价上涨势头过猛，重新开始加强工商管制，因而决定继续实施战时制定的《非常时期农矿工商管理条例》和《非常时期取缔日用重要物品囤积居奇办法》①。这两则法规其实并不是抗战胜利之后才制定，前者制定于1938年11月，主要通过管制重要农矿工商企业和物品，达到经济统制的目的。其中，重要农矿工商行业包括：（1）棉丝麻羊毛及其制品，（2）金银钢铁铜锡铝铅锌钨等矿产及其制品，（3）食粮植物油茶糖皮革木材等。经济部指定上述工矿工商企业制定一定标准，包括生产经营方法、生产费用、运销方式和售价及利润等②。后者制定于1941年2月，将重要日用物品分为五类，分别是粮食类（包括米、谷、麦、面粉、高粱、玉米和豆类）、服用类（包括棉花、棉布、麻布和皮革等）、燃料类（包括煤炭和木炭）、日用品类（食盐、纸张、火柴和菜油等）和其他经济部指定的商品，并要求当地主管官署将物资和价格统制的相关政策通知各地商会和同业公会③。

战后行政院曾令经济部取消《取缔违反限价议价办法》，该办法由行政院于1945年2月15日正式公布，其中所称的限价，是根据《国家总动员法》第八条规定，对国家总动员的物资及民生日用品加以限制的价格，而议价则与限价不同，由各当地政府和同业公会或其他人民团体组织成立物价评议会，评定价格并且要经当地主

---

① 《限价与议价，法令将有变更》，《申报》1946年7月16日第7版。
② 《非常时期农矿工商管理条例》，《四川经济月刊》1938年第4期。
③ 《非常时期取缔日用重要物品囤积居奇办法》，《中国经济评论》1941年第2期。

管部门核定而形成的价格①。对违反限价情况作了比较具体的规定，主要包括物品交易价格超过限价议价者、收取工资运价超过限价者、将已经限价议价的货物更名再次出售者、出售物品不遵守规定标明价格者和藏匿货物秘密高价出售者。而经济部并没有完全取消实行《取缔违反限价议价办法》，而是决定取消限价部分，继续保留议价部分，即仍然执行各级主管部门与同业公会共同组成评价委员会的制度，酌情放宽违反议价的尺度②。当局放宽议价的标准，其主要原因在于战后物价飙升，各种议价标准经常滞后于物价上涨的速度，因而只好放宽价格评议标准，比如在 1947 年 6 月重新调整标准，在最早的条例中，原规定成交货品与收受工商运价超过 5 万元以上者，就认为是超过议价情节严重，并应送司法机关法办。但由于物价上涨，当局接受上海市政府和各同业公会请求，将 5 万元标准调高至 50 万元③。

## 二 组织成立物价评议委员会

早在孤岛时期，租界工部局就曾成立过评价委员会，后在汪伪时期，物价评议委员会成为非常重要的评议价格组织。抗战结束之初，上海也成立过物价评议委员会，并且经过多次改组，在食米、食糖、燃料、纱布和食油等行业进行过评价试验，但是没有很显著的成效④。而此时，上海市商会和各业同业公会一面召开会议商议维持物价办法，一面为行业利益向政府请愿。如 1946 年 8 月 2 日，市商会召集各有关同业公会举行谈话会，到会人士包括徐寄顾、金润庠、潘士浩和严谔声等。徐寄顾作为商会理事长，他希望各同业公会能够与政府合作，维持市场价格的平稳，"努力抑平物价，均

---

① 《取缔违反限价议价条例》，《上海市政府公报》1947 年第 13 期。
② 《取缔限价放宽议价，工商管制局部保留》，《征信新闻（上海）》1946 年第 162 期。
③ 《违反限价条例取缔标准放宽》，《申报》1947 年 6 月 5 日第 1 版。
④ 《物价问题再检讨》，《申报》1947 年 5 月 8 日第 2 版。

勿任意抬价"①。

1947 年 2 月 17 日，南京国民政府制定《经济紧急措施方案》，其第四部分关于物价工资事项，行政院指定若干地点为严格管制物价之地，要求上述地方政府及有关机关动员全部力量稳定物价。具体来说，在这些地方一切日用必需品严格议价，依照《取缔违反限价议价条例》及评议物价实施方案办理，并再次提到必须严格执行《非常时期农矿工商管理条例》②。这也表明，之前放弃限价而实行议价的政策，虽曾略有宽松，但最终还是出于统制物价的需要，国民政府对战时统制政策抱有很大希望，冀图严格执行统制物资和物价以达到控制物价的目的。

《经济紧急措施方案》颁布之后，稳定物价再次成为从政府到工商界自上而下普遍关注的核心问题之一。国防最高委员会于1947 年 2 月 20 日通过《评议物价实施办法》，该办法是根据《经济紧急措施方案》中稳定物价的原则而特别拟定，其主要内容如下。

（一）重要地点，设评议会

1. 由行政院在全国各重要地点设立物价评议委员会。

2. 物价评议委员会的职掌主要包括评议主要民生日用必需品的售价和协助检举违反议价的行为。

3. 物价评议委员会设委员 7 人至 11 人，由地方政府从当地参议会、商会、工会和工商同业公会及治安机关中选聘。

（二）物价评议程序规定

评议分为初议和复议。初议由主管局科派员与相关同业公会代表一起合同议价后，报告物价评议委员会主任委员，主任委员认为价格评议适当或有迅速处理的必要时，可先行核定施行，再报告物价评议委员会。复议是指初议之后，物价评议委员会主任委员认为所议价格不当或有委员三分之一以上请求复议时，召集评议委员会

---

① 《市商会召开谈话会中重要提议，共谋协助政府维持物价平稳》，《申报》1946年 8 月 21 日第 4 版。

② 《经济紧急措施方案》，《社会月刊（上海 1946）》1947 年第 4 期。

全体会员共同参与复议。而复议之后的价格，由物价评议委员会报请地方政府长官核定。

**（三）物价评议对象和方法**

所有议价的商品，主要以民生日用必需品为主，食盐除外。其他种类各物品由地方政府根据当地实际情况另行制定。

评议委员会还规定评议方法和标准，价格评议的依据是按照物品成本，分别酌加利润成数。物品的成本除制造费、进货费、进价外，还包括利息（不得超过当地银钱公会公议的放款利率）、捐税、运费、仓租、管理费、保险费和折耗等项在内。各种物品经评议核定的价格，经过地方政府的公示，并分别报告该项物品的主管机关备查。而在出售时，商店必须将核定价格标准贴于店门前或各该物品上，售价不得超过该核定价格。而当物品的各种成本发生变动时，物价评议委员会可以重新评议价格，但未经重新核定价格之前，商家不能私自加价，如有违反，则按照《取缔违反限价议价条例》从重处罚。对于非日用必需品行业，比如旅馆业、洗浴业和理发等行业，如果认为有议价必要的，也可以采用该办法办理①。

**（四）物价评议效果有限**

1947 年 3 月 5 日，国民政府全国经济委员会设立物价委员会，规定其职能主要包括指定物价严格管制区域、指导监督让价限价、指导监督投机垄断操纵行为、指导调剂日用必需品的生产运销、核定公用事业价格等②。而根据《物价评议实施办法》，上海于 4 月 10 日正式成立物价评议委员会③。

由于引起物价变动的因素很多，不仅包括投机操纵因素，还有其他因素比如供求缺口、季节变换、银根松紧、运输成本、捐税增减和工潮等因素，种种因素共同导致价格的上涨，仅依靠僵硬的议价政策，其效果肯定会离预期有较大的差距，甚至还会造成黑市更加猖獗。据《申报》报道，"这几日来的涨风，已相当炽烈，这是

---

① 《评议物价实施办法》，《申报》1947 年 2 月 22 日第 1 版。
② 《物价委员会组织规程》，《申报》1947 年 3 月 6 日第 1 版。
③ 《稳定物价的对策》，《申报》1947 年 4 月 11 日第 1 版。

由于有人投机操纵，抑尚有其他的原因在内，这问题极为复杂。昨以当局严密侦查，皂烛、火柴、绸缎、棉布和人丝等项，已略见回风，可知一部分货物的涨落，或确有人为的因素在内。但大部分的货价，如米、油、杂粮等，仍在继续跳跃之中，或竟有行无市，贩售不放，并不因当局的劝告而风平浪静、回复常态"①。从表 5 - 3 也可以看到，物价上涨速度并没有得到有效控制。

### 三　"八一九"限价期间的极端限价政策

1947 年 8 月 19 日，国民政府行政院颁布《财政经济紧急处分令》，规定自 8 月 19 日起以金圆券为本位币，限期收购人民所有黄金白银银币及外国币券，规定逾期任何人不得持有。此外，还要求限期登记管理本国人民存放国外的外汇资产。最后一项是整理财政、加强对经济的管制，以稳定国内物价②。此法令忽视商品生产成本与价格的关系，市场物价一律按照 8 月 19 日的标准实行冻结。

为了配合该法令的实施，行政院成立了经济管制委员会，其职责主要集中于物价管制、取缔投机经营、物资调节、金融管制和经济机关业务督导等③。该委员会下设有各地区物价审议委员会，其中上海物价审议委员会由吴国桢、吴开先、潘公展、方治、李立侠、徐寄顾、吴蕴初和水祥云组成④。物价审议委员会负责审议上海物资及劳务的价格，包括上海地区的物价、运费、工资等。

物价冻结政策，导致各行业面临巨大生存压力和危机。除了本书即将介绍的重点行业棉纺业之外，其他行业所受影响也颇为深远。据《申报》关于"八一九"限价前后的报道，我们可以很清楚地看到诸多行业因为限价所受到的种种冲击。9 月 6 日，上海经

---

① 《稳定物价的对策》，《申报》1947 年 4 月 11 日第 1 版。

② 《财政经济紧急处分令》，《立信月刊》1948 年第 9 期。

③ 《财政经济紧急处分令特辑——行政院经济管制委员会组织规程》，《社会月刊（上海 1946）》1948 年第 6 期。

④ 《行政院经济管制委员会上海区物价审议委员会组织规程》，《社会月刊（上海 1946）》1948 年第 6 期。

济管制副督导员蒋经国向各界训话，并聆听各业代表意见①。维持限价维度极大，原因很多，首先是生产成本增加，比如酒菜业同业公会诉苦道，自 8 月 19 日之后，鱼肉、鸡鸭和蔬菜等都频频上涨，如果要维持酒菜业行业价格，必须要抑平各项原料的涨价。其次，捐税增加，比如酱油业代表认为币制改革之后，盐税增加影响酱油成本，再加上运价、屠宰捐、卫生检查费和苏北绥靖费等项，均有增加，使得限价很难维持。再次，由于厂盘出货价增加，棉布业代表从中纺配布价为 29.3 元金圆券，而出售限价为 29.5 元，利润看似 0.2 元，其实营业税一项需缴纳 0.9 元，再加上利息和运费等，亏损严重。最后，树柴业代表认为该业当下还有很多同业并未加入同业公会，而从事黑市交易，所以很难对其实施管制。

从上述可见，"八一九"限价完全忽视行业的生产成本和市场规律，这种严厉的限价政策和行为很难维持下去。到了 1948 年 11 月 1 日，国民政府不得不宣布放弃限价。限价放开之后，上海市场物价，除纱布、糖、煤、盐由中央主管机关核本定价统筹调节之外，其他重要物品包括民生日用品及工业原料等，由中央授权地方政府参酌供应情形，实行自主核本定价。上海各同业公会纷纷召开会议商讨价格，并推派代表赴社会局请求调整价格。社会局也令各同业公会呈报各业生产成本情况，待由上海议价委员会审议决定售价。这个新的议价委员会由上海市政府、市参议会、警察局、市商会、工业会、总工会、中央依托局、公用局、卫生局、地方法院、物资供应局和社会局 12 单位代表组成。此外，对于限价期间因违反限价政策的商人，按照情节从轻处分②。

以上是对抗战胜利之后国民政府的历次限价政策和措施进行的简单梳理，从中我们可以了解严峻的通货膨胀形势将国民政府逼到山穷水尽之境，所有的限价政策都治标不治本、违反经济规律，行业生存受到严重的威胁。我们可以看到，国民政府出台每一项限价

---

① 《一般物价，加强管制，厉行限价》，《申报》1948 年 9 月 6 日第 6 版。
② 《全市各业会议》，《申报》1948 年 11 月 2 日第 4 版。

政策，都会把同业公会当成重要的政策执行者。而同业公会在战后经济统制中的作用及其与政府围绕行业价格展开的博弈，这些颇有意义的研究将在本章继续逐一展开。

# 第三节　战后不同阶段上海六区同业公会的价格协调

抗战胜利后，上海工商同业公会在社会经济发展中的地位，由于政府的严厉统制而进一步削弱，行业特点往往决定了该行业受统制程度。在政府严管行业中，比较典型的有棉纺业、面粉业、米业等行业，这些行业直接关系到民众日常生活，与民生问题直接相关。其中，棉花、棉纱和棉布（即花纱布）成了除粮食之外最重要的战略物资。

结合史料，以政府花纱布统制为例，论述抗战后纺管会、纺调会以及纱管会三个阶段，以六区同业公会为了价格而进行的协调工作，分析价格协调在特殊社会经济背景下的作用。

## 一　六区同业公会基本情况

六区同业公会，以苏浙皖三省及南京上海两市行政区域为范围，于 1945 年 11 月 16 日成立筹备会，并且指定王启宇、郭顺和荣鸿元为召集人，1946 年 1 月 12 日正式成立于上海[1]。第一届理事长为永安公司的郭顺，代理理事长是王启宇。常务理事分别是荣鸿元、奚玉书、唐星海，代理常务理事是刘靖基。同业公会的主要负责人都是纺织业界的精英，熟谙纺织事业业务[2]。可以说，这些纺界名流决定了该公会的专业性质，它们代表了民营纱厂的主流[3]。

---

① 第六区机器棉纺织工业同业公会：《第六区机器棉纺织工业同业公会第一届会务报告》，第六区机器棉纺织工业同业公会 1948 年版，第 1 页。

② 同上书，第 7 页。

③ 王菊：《近代上海棉纺业的最后辉煌（1945—1949）》，上海社会科学院出版社2004 年版，第 58 页。

据六区同业公会第一届会务报告，到 1948 年共有 127 家会员，纱锭数为 1876593 枚，织布机数为 18006 台，[①] 这些会员不仅包括上海的民营纱厂，还有安徽、江苏和浙江的纱厂。在 1946 年 8 月，当时中国棉纺行业最大国有企业中纺公司也加入六区同业公会。一般来说，同业公会是民间自发组织的工商团体，会员个体具有私营性质，但是六区同业公会成员中有了国有企业，这是与其他历史时期同业公会不同的地方。不过，中纺公司并没有过多地干涉同业公会活动，在同业公会中也是形同虚设，并没有什么特别的积极意义。虽然在 1946 年该公会出现国有与民营企业共同成为会员的特殊情况，但在实际上，同业公会的领导权还是由民营纱厂代表控制。

## 二 花纱布统制的开始：纺管会

抗战胜利以后，为了维持庞大的财政和军需支出，国民政府只能依靠发行法币平衡收支，最终导致了通货膨胀，物价飞快上涨，国民经济基础受到严重的威胁，使物价统制成为国民政府消减通货膨胀的主要方式。战后花纱布统制绝非一个简单的行业管制问题，而是战后全盘经济统制的重要组成部分，国民政府的统制政策根本目的在于解决财政和军需支出的困难，花纱布的统制也正好迎合了这一需要。国民政府统制花纱布的直接目标就是希望物价稳定。抗战胜利初期，为了实现这个目标，国民政府成立了若干花纱布统制机构。

### （一）纺管会与中纺公司的成立

纺管会成立于 1945 年 11 月，并于当年 12 月迁至上海，其目的是处理有关纺织业的事务，主要涉及管理敌遗纺织企业的问题，第一任主任委员是束云章，另外包括四名委员，分别是李升伯、吴

---

① 第六区机器棉纺织工业同业公会：《第六区机器棉纺织工业同业公会第一届会务报告》，第六区机器棉纺织工业同业公会 1948 年版，第 3 页。

味经、杨锡仁和尹任元①。接着于同年 12 月 4 日成立了中纺公司，该公司总经理由束云章兼任，董事会成员包括李升伯、吴味经、杨锡仁、王仰先、何廉和张文潜②。可见，纺管会委员五人中有四人即为中纺公司负责人，因而纺管会与中纺公司具有非常密切的关系。在支配关系上，中纺公司是纺管会的隶属机关，经营中纺公司成为纺管会的重心所在。中纺公司接受上海、天津和青岛 170 余万纱锭，尚不包括东北地区，它不仅成为中国第一大纱厂，而且也是远东第一大纱厂。中纺公司成立之初，便确定其业务宗旨为逐渐平抑市价。根据这一宗旨，该公司明确规定定价标准，"即纱布售价经常较市价低百分之五，有时低百分之十以上，藉以牵制市价暴涨，再使操纵者有所顾忌"③。成立后第一年，中纺公司的主要任务就是组织复工和大量抛售纱布。在 1946 年 8 月之前，中纺公司一直单独挂牌配售棉纱布。

**（二）民营纱厂参与联合售纱的背景**

抗战胜利初期，上海棉纱价格涨幅不是很大，甚至还曾经出现过短暂下跌。1945 年 8 月 14 日，20 支双马棉纱每件为 10 万元，12 磅龙头细布每匹 5.75 千元。20 支双马纱于 8 月 20 日跌到 6 万元，12 磅布跌到 2.25 千元。后来逐渐回涨，9 月 20 支双马纱每件为 17 万元，12 磅龙头细布每匹 5.75 千元，到 10 月，棉纱价格上涨到 65 万元，棉布也涨至 2.85 万元。11 月起纱价渐渐趋于稳定，由于棉布销售旺盛，但织厂生产不够，存底单薄，以致棉布价格仍在上涨。12 月底棉纱每件 69 万元，棉布达到 3.3 万元④。由于原棉价格上涨，上海民营纱厂认为利润受到影响，1946 年 7 月原棉

---

① 王菊：《近代上海棉纺业的最后辉煌（1945—1949）》，上海社会科学院出版社 2004 年版，第 155 页。

② 金志焕：《中国纺织建设公司研究》，博士学位论文，复旦大学，2003 年，第 25 页。

③ 《纺管会纺建公司 1946 年工作报告》，1947 年，中国第二历史档案馆藏，资料号：七六/279。

④ 施鑫泉：《战事结束以来上海纱布市情之演变》，《纺织周刊》1946 年第 4 期。

价格频频上涨，20 支原棉价格，每担从 1 万元上涨到 12 万元①。

　　由于棉花供需矛盾突出，供给缺口很大，因而美棉成为很多纱厂生产棉纱的原料。1946 年 8 月 19 日国民政府宣布实行新汇率，由原来的 1 美元兑换 2020 元法币调整为 3350 元，实行法币贬值②。法币贬值造成美棉进口价格进一步增加，而其他地区如新加坡和泰国等地因为战争破坏，纺织业尚未恢复，中国国内棉纱供给严重短缺，棉纱恐慌现象更趋严重，从而造成棉纱价格逐日见涨。比如，9 月初，上海市场上每件 20 支双马牌棉纱由 144.7 万元上涨到 164.6 万元，上涨幅度达到 13.8%。到了 10 月，该棉纱价格又上涨了 38.6%，涨价幅度之大实属罕见③。而在汇率政策改革之前，从 1946 年 1 月到 8 月，该棉纱价格上涨也较快，从最初的 74.5 万元上涨到 142 万元，④ 价格逐月平均上涨幅度为 9.65%，相对于外汇政策改革以后的棉纱价格增长率来说，这个数值还是相对比较温和的。所以，国民政府外汇政策改革，使花纱布市场出现价格剧烈波动的现象。

　　价格的剧烈波动，使得国民政府让纺管会开始负责督导棉纱配销活动。之前一直都是由中纺公司挂牌销售棉纱，总体来说还是基本有效的⑤。但自从汇率修改之后，由于棉纱价格迅速增长，仅靠中纺公司挂牌销售维持价格已很困难，因而纺管会要求民营纱厂一起联合参与销售棉纱。

　　1946 年 8 月 19 日，上海市市长吴国桢召集六区同业公会，吴氏指出外汇汇率正式改变，希望该公会能够协助政府维持纱布不得

---

　　① 《调整用电办法后，棉纱成本加 40 万，纱厂利润大减原因有三》，《申报》1946 年 7 月 18 日第 7 版。

　　② 《外汇汇率新调整》，《财政评论》1946 年第 2 期。

　　③ 王菊：《近代上海棉纺业的最后辉煌（1945—1949）》，上海社会科学院出版社 2004 年版，第 155 页。

　　④ 《上海市棉纺织工业同业公会为抑制棉纱暴涨，奉准成立棉纱配售委员会、统一配售和定价等，与有关单位及会员往来文书和配售数量价格记录》，1946 年，上海档案馆藏，资料号：S30 - 1 - 169。

　　⑤ 朱婷：《抗战胜利后南京国民政府对花纱布的统制》，载张忠民等《近代中国的企业、政府与社会》，上海社会科学院出版社 2008 年版，第 84 页。

涨价①。同时，为了配合与民营公司联合配纱，纺管会人事组织结构也相应发生了变化，纺管会特别增加了四个委员，这些委员都是来自民营公司的代表，分别是王启宇、唐星海、郭棣活和荣鸿元。

### （三）纺管会时期的棉纱布统制

纺管会阶段的花纱布统制，重心放在棉纱和棉布方面，主要通过与民营纱厂联合配纱、棉纱议价、政府收购纱布等方式统制纱布②。具体来说，统制棉纱布分为以下几个阶段。

首先是联合售纱，要求各棉纺厂按照政府规定的价格公开向客户低价出售棉纱。棉纱开售开始只在上海一地实行，如果能够有效限制物价飞涨，以后将此统制政策推广到全国。民营纱厂和中纺公司都参与了开售棉纱，从 1946 年 8 月 30 日至 10 月 18 日，开售棉纱总共进行了两期，每期售纱 11 次，售纱数量合 20 支纱 56012 件，其中民营纱厂占到总数的 68.4%③。联合售纱采取限价的方式。价格比正常市场价格要低，其价格以 20 支纱为标准，第一期前两次联合销售棉纱价格为 140 万元，第三次价格为 132 万元，以后都在 130 万；这期间，每件棉纱的平均市场价格 8 月为 145 万元，9 月为 165 万元④。可见，纺管会所制定限价与市价存在较大差距。第二期分为两个阶段，第一次价格为每件 135 万元，其余次数价格为 155 万元⑤。第二期从 9 月底到 10 月中旬，这段时期上海棉纱平均市场价格为 228 万元，纺管会的限价与市价差距进一步拉大。

其次，因低价出售棉纱并没有达到稳定纱价的作用，国民政

---

① 《第六区机器棉纺织工业同业公会关于联合配纱情况的报告》，1946 年，上海档案馆藏，资料号：S30 - 1 - 169 - 262。

② 朱婷：《抗战胜利后南京国民政府对花纱布的统制》，载张忠民等《近代中国的企业、政府与社会》，上海社会科学院出版社 2008 年版，第 81 页。

③ 王菊：《近代上海棉纺业的最后辉煌（1945—1949）》，上海社会科学院出版社 2004 年版，第 157 页。

④ 同上。

⑤ 朱婷：《抗战胜利后南京国民政府对花纱布的统制》，载张忠民等《近代中国的企业、政府与社会》，上海社会科学院出版社 2008 年版，第 84 页。

府遂于 1946 年 10 月开始实行配售政策，"配"有"配额"的意思，即试图通过缩小开售对象的方式降低纱价。决定将棉纱先行配售予机器染织业、毛巾被毯业、手帕业、针织业、内衣业和手工棉织业六个行业同业公会会员。配售量由民营厂负责 2/3，中纺公司负责 1/3①。各厂需要填写申请表并且经过同业公会和纺管会复查，为了避免虚报情况发生，纺管会对于各会员所申请数量进行六折配售。

在实施一系列开售和配售政策之后，棉纱布同业牺牲很大，但物价仍然没有得到控制，相反使黑市更加猖獗。1946 年 12 月 19 日，宋子文再一次召见纺管会吴国桢②、王启宇、吴味经、荣鸿元、荣一心等，商议新的消除黑市方案。在原料方面，决定组织原棉分配审核小组会，由纺管会执委会分配处及国民营纱厂代表各一人担任委员，在原棉许可输入限制范围内，准由各纱厂自行分配。在成品方面，原则上规定以纱易棉，也就是说，政府供给购棉所需要的外汇，同时按价收回一部分所生产的棉纱，除此之外如果还有余额，仍归各纱厂自由买卖。该事项由六区同业公会办理，仍由该公会组织配销委员会，在低于市价之原则下，议定标准价格③。各厂虽可自由买卖，但不许任意抬价，否则即下令收购全部棉纱④。可见，此时同业公会还有一部分议定价格权限，由于没有严格管制销路，所以相对来说管制还是比较松动的⑤。

再次，1947 年元旦之后，纺管会停止办理联合配销，恢复纱市自由买卖⑥。纺管会开始按周收购棉纱，交由中纺公司代为营运，试图用这种方式调节棉纱需求。此次收购棉纱对同业影响非常大，

---

① 陈彪如：《战后棉纺织业之管理》，《中央银行月报》1949 年第 4 期。
② 在 1946 年 10 月，国民政府改组纺管会，主任委员由上海市市长吴国桢兼任。
③ 《彻底消灭棉纱黑市具体方案原则已定》，《申报》1946 年 12 月 20 日第 7 版。
④ 《各厂虽可自由买卖，但不许任意抬价》，《申报》1947 年 1 月 30 日第 7 版。
⑤ 王菊：《近代上海棉纺业的最后辉煌（1945—1949）》，上海社会科学院出版社 2004 年版，第 164 页。
⑥ 陈彪如：《战后棉纺织业之管理》，《中央银行月报》1949 年第 4 期。

因为以往民营纱厂为了生产会有原棉库存，但按周收购棉纱政策出台后，纱厂原棉存货数量越多，则收购越多，损失也就越大，因而引起民营纱厂的极力抗议。纺管会制定《稳定纱价办法》和《收购棉纱棉布细则》①。其中，《稳定纱价办法》规定凡是已经或拟将购买外棉的纱厂所纺的棉纱，由国民政府收购其生产量的一半；若私自用所产棉纱织布的纱厂，将被全部收购②。纺管会在棉纱价格方面实行这种新办法，棉纱收价照成本加合理利润20%，并且参照当时物价议定。自1946年10月以后，纺管会对棉纱价格管制出现变化，以前更多的是严格限价，而在限价政策并没有多大改观的时候，它将限价政策调整为议价。在纺管会第八次委员会之后，规定自10月24日以后各支棉纱最高售价根据一般物价及生产成本情况，随时给予合理调整③。到纺管会结束时，议价曾先后修改和调整过七次，平均比市价低20%左右。在前三次调整过程中，管制具有一定成效，纱价未见大幅度变动，如20支纱1946年10月23日议价为175万元，市价为225万元；1947年1月6日议价为197.5万元，而市价也仅为229万元，④两者虽有差距，但相差不是很远。

最后，1947年农历春节过后，由于金钞风潮的影响，物价开始飞涨。自然，棉纱也不能幸免，出现价格飙升情况。外汇暴涨，原棉腾贵，而纱价反受纺管会限制，于是纱厂不但无利可图，反而亏本更加严重⑤。在1947年前五个月，棉纱价格上涨至少超过3倍⑥。纺管会议价从197.5万元提高到5月26日的540万元。从这也可以看出，纺管会的管制属于头痛医头、脚痛医脚，仅管制棉纱价格，而其他商品价格依然处于上涨状态，棉纱价格也不可能

---

① 朱婷：《抗战胜利后南京国民政府对花纱布的统制》，载张忠民等《近代中国的企业、政府与社会》，上海社会科学院出版社2008年版，第81页。

② 陈彪如：《战后棉纺织业之管理》，《中央银行月报》1949年第4期。

③ 同上。

④ 同上。

⑤ 全国纺织业联合会：《棉纺联合配销问题》，纺织书报出版社1947年版，第8页。

⑥ 陈彪如：《战后棉纺织业之管理》，《中央银行月报》1949年第4期。

不涨。

总之，1946年的外汇政策失败以后，纺管会对上海棉纱价格近管制政策并非一成不变。在将近一年的时间里，中纺公司和民营纱厂被要求以低于市价的价格出售棉纱，实行了从限价到议价的改变。不能说这些管制没有丝毫积极作用，在1946年政府改组纺管会以后，议价也曾维持了棉纱市场价格的相对稳定。但总体来说，纺管会的价格政策是失败的，因为这种硬性规定，违背了市场规律，最终也导致了与国民营纱厂的尖锐矛盾。

### （四）六区同业公会被动配合统制限价政策

纺管会价格政策对民营纱厂的影响非常大，因而造成民营纱厂的极度不满。以六区同业公会为代表的行业组织在这场价格严格管制中，扮演着一个很矛盾的角色。一方面受到政府方面的压力，需要发挥行业中间组织的桥梁作用，配合国民政府的限价政策；另一方面，作为行业利益代表，六区同业公会管理层很多直接来自民营纱厂，他们对政府必然有正当利益诉求，从而反对国民政府过低的限价标准。

1. 六区同业公会配合政府限价政策

1945年8月27日，六区同业公会奉经济部长王云五和上海市市长吴国桢面谕力求平抑物价，在1946年8月27日会员大会上订定上海市《纱厂开售棉纱暂行办法》，其中主要有以下几个方面规定。①

首先，在销售对象上，要求以各纱厂原有客户为限。原有客户需要向纱厂提交购买申请书，说明拟收购棉纱支别、数量和用途等。特别强调的是有关客户申请数量的限制，即必须以实际需要数量为限，如存在虚报或者投机行为，各纱厂将酌情减少开售数量甚至取消其申请资格。

其次，各纱厂收到客户承购申请书以后，必须先根据客户以往

---

① 《第六区机器棉纺织工业同业公会关于报送上海市各纱厂开售棉纱暂行办法的函》，1946年，上海档案馆藏，资料号：S30-1-169-7。

购纱记录，参考其申请数量是否确实，如有不实，应随时纠正。会员纱厂每天上午 12 点之前将承购申请书汇送至六区同业公会。在当天下午 4 点之前，六区同业公会将最终确定的数量以及标准价格，通知所有会员纱厂，并由纱厂转知申请人。各纱厂及申请人不得自行增减最终决定的数量和价格。

最后，如果各会员纱厂应售棉纱数量尚有剩余时，由同业公会会代其另外配售。除此之外，同业公会还要求申购客户在接到相关通知以后，应该立即与纱厂签订成交契约，并在次日付清货款，否则将取消其申请资格。

《纱厂开售棉纱暂行办法》明确地规定开售棉纱数量和交付等事项。此外，该公会还制定了会员纱厂《棉纱联合销售棉纱暂行办法》，[①] 其宗旨是上海所有民营纱厂都必须遵行政府物价稳定政策。具体来说，六区同业公会配合中纺公司，同步制定该暂行办法。会员纱厂将每天生产的棉纱分门别类如实向同业公会报告，并将棉纱集中于同业公会联合销售。至于棉纱购买方的限定，规定只售予棉纱业复制品工厂和纱商业。

从以上暂行办法中，可以看到同业公会在统制经济中的作用和地位。纺管会要求民营纱厂参与开售棉纱工作，同业公会被迫采取措施配合政府的限价，主要表现在两个方面。一是控制棉纱数量，要求棉纱售予以往旧有客户，此举原因在于纱厂比较熟悉旧客户的特点和性质，有利于减少棉纱投机行为，从而达到降低纱价的目的；此外还要求会员如果有剩余棉纱，要提供于同业公会配售，减少销售范围。二是维护棉纱价格，六区同业公会将棉纱出售价格通知给各会员，要求他们按照这个价格出售，不能私自修改价格。在棉纱联合开售之前，六区同业公会所代表的民营纱厂一开始是比较配合的。

开售和联合销售暂行办法，比较清晰地规定了会员厂义务和职

---

① 《第六区机器棉纺织工业同业公会关于送第一次配售棉纱委员会商讨结论请查照的通知》，1946 年，上海档案馆藏，资料号：S30 - 1 - 169 - 5。

责。同业公会成立配销委员会，能够有效及时转达政府限价统制政策，可以将纺管会最新机动议价结果通知各会员厂，要求会员厂按照此价格进行配售。由于纺管会采用严格的棉纱统制政策，同业公会的暂行办法都需经过经济部的批准才能生效实施，上述两个暂行办法于 1946 年 9 月 18 日得到经济部的批准并正式实施。① 它们成为纺管会前期棉纱业联合配销的行动准则。此后，同业公会发现配销中存在问题，于是在 9 月 21 日修改第一次所订立的《纱厂开售棉纱暂时办法》，重新强调了日常报告制度。② 规定纱厂以 20 支棉纱为标准，要求各会员纱厂逐日将有关事项报告给六区同业公会，包括客户名称、购买数量、不履行订约的客户、不履行交款义务客户的购买数量和价格等。同时，还规定了处罚制度，会员中若有不满情况发生，同业公会将尽力协调，若有不服从者，公会将上报主管当局进行相应处罚。

2. 政府强压下同业公会的妥协

纺管会议定棉纱价格方式经历了限价和议价两种方式，政府出于抑制物价目的，刻意压低棉纱价格，造成限价与市价之间存在较大差距，如第一次纺管会议定 20 支双马棉纱价格仅为 155 万元，而黑市价格达到 228 万元，连上海市市长吴国桢都承认这种现象肯定会造成民营纱厂的反对和消极售纱③。

限价势必形成两难困境，政府一方面要平抑物价，打击以至取缔黑市交易，维护市场秩序；另一方面，不合理的价格严重挫伤棉纱从业者积极性，交易存在严重的不公允性。价格属于政府行为，完全忽视了市场经济正常价值规律。在此情况下，同业公会如何恰到好处地协调就显得格外重要，既不能违背政府的限价政策，同时

---

① 《经济部关于上海市各纱厂开售棉纱暂行办法准予备案的批复》，1946 年，上海档案馆藏，资料号：S30 - 1 - 169 - 11。

② 《上海市棉纺织工业同业公会为抑制棉纱暴涨，奉准成立棉纱配售委员会、统一配售和定价等，与有关单位及会员往来文书和配售数量价格记录》，1946 年，上海档案馆藏，资料号：S30 - 1 - 169。

③ 《纺管两次重要会议议定棉纱配销新办法》，《纺织周刊》1946 年第 30 期。

又要保证同业会员能够接纳，同业公会在此博弈中扮演了举足轻重的协调者角色。

为配合政府平抑物价要求，力求杜绝黑市，上海市会员厂代表组织成立配售棉纱委员大会，8月29日召开第一次配售棉纱委员会议，由于纺管会棉纱统制只限于上海，所讨论事项中，第四项"开售棉纱暂行办法本以上海市各纱厂为范围，如内地会员厂希望参加以助平抑物价应如何办理"一案，经决议"本埠以外会员厂如愿参加，一致欢迎；通知外埠会员厂，希望仰遵当局杜绝黑市平抑物价之令"①。六区同业公会希望棉纱联合配销及纱价统制不仅局限于上海市，欢迎外埠棉商一起加入政府平抑物价行动中，从中可以看到该公会配合纺管会乃至政府政策，支持平抑物价行动，不仅要求本市会员严格遵守，而且也欢迎外埠棉纱厂商一同加入。这个要求也反映了六区同业公会的诉求，即认为只将限价限于上海一个地区，这是不公平的，对于平抑物价作用不大，最终会影响民营纱厂的积极性。

纺管会在制定联合配销方案时，只是要求棉纱业严格遵守所议定价格，但是并没有明文规定价格制定的原因和影响因素，从而被指完全不符合市场实际情况。战后，棉纱布供求关系非常紧张，其供给量远不能满足民众生活所需。议价比市场价格要低很多，不可避免地引起棉纱业厂商极度不满。10月21日吴国桢解释了制定联合配纱价格的依据，认为所议价格包括以下四个因素，即原料棉花、工资开支、合法利润以及其他发展费用②。六区同业公会在接到纺管会具体摊纱或价格要求时，都会尽快通知会员纱厂，让其遵守执行。其实在此过程中，同业公会是无可奈何的。

8月31日六区同业公会在《告各摊纱工厂书》中明确地指出，请各会员厂通力合作遵守当局平抑物价的要求。公会在此之前已经订立上海市《纱厂开售棉纱暂行办法》，并就上海各厂拟

① 《第六区机器棉纺织工业同业公会关于送第一次配售棉纱委员会商讨结论请查照的通知》，1946年，上海档案馆藏，资料号：S30-1-169-5。
② 《纺管两次重要会议议定棉纱配销新办法》，《纺织周刊》1946年第30期。

定开售棉纱数额，8 月 30 日经呈报主管当局，并且分别致函各厂要求实施。同时转发当局通知，"此次平抑市价务须严密执行，所订暂行办法不得通融办理，尤以拟定各厂售纱数额不得擅自变更"①。如果会员不遵守或者不合作，以致影响整体平抑政策，将按照通函严办。

在每一期配纱过程中，六区同业公会都将纺管会所订价格转达会员，让后者遵守此价格进行配销。这种情况非常普遍，如纺管会在 10 月 25 日制定了第一号各支棉纱价格表（表 5-4），限制主要支别棉纱价格，并让同业公会以此作为限价要求同业遵守。

表 5-4　　　　　　　　第一号各支棉纱价格表

（单位：千元，自 1946 年 10 月 25 日实施）

| 支别 | 10 | 12 | 16 | 20 | 32 | 32 双股 | 40 | 42 双股 | 60 |
|---|---|---|---|---|---|---|---|---|---|
| 价格 | 1520 | 1580 | 1660 | 1750 | 2360 | 2820 | 2820 | 2840 | 5260 |

资料来源：《第六区机器棉纺织工业同业公会关于第三次配售棉纱已开始及附配售棉纱简则请查照的函》，1946 年，上海档案馆藏，资料号：S30-1-169-22。

公会接到此议价标准以后，于 10 月 26 日致信所有会员纱厂，要求当日召开本市会员厂代表会议，主要议题是议定第三期配售棉纱简则。该简则作了有关价格的规定，如，各厂照摊纱数额表分两次配销，即从 10 月 28 日到 11 月 4 日，每周一会员厂须将各支别各商标棉纱及各纱价分别制定表格提交公会；各纱厂计算纱价应以 20 支每件 175 万元为标准②。

同时，同业公会还与其他公会代表协商如何处理以往价格，即每一期配销数量有可能剩余，所剩棉纱价格应该如何处理，同业公会制定了比较可行的处理办法：

———————

① 《第六区机器棉纺织工业同业公会关于第三次配售棉纱已开始及附配售棉纱简则请查照的函》，1946 年，上海档案馆藏，资料号：S30-1-169-22。
② 同上。

自 8 月 30 日开始第一期计开售 3 万件，第二期开售 3 万件，至 10 月 18 日分 21 次配出。其配售价格自 130 万至 155 万元。到 10 月开始策划第三期配纱，其议价为 175 万元，在第二期结束与第三期开始实施之间，各厂除摊派配纱外之余额棉纱均按时自行开售。在第二期开始配纱时对各厂期前所售余额棉纱价格亦曾声明不予追理。六区同业公会将配销划分为前、后两个阶段，即 10 月 25 日以前各厂自行开售棉纱一切手续，限于 11 月 10 以前，各厂自与客户结算清楚。如果原价低于现在议价，以利归客户为原则，不得向客户另行补收。而自 10 月 25 以后，无论配纱及自行售纱，一律以议价为准。

以上一切办法，后与纱业公会代表唐志良、周家声一起商议订立，可以说是比较明确地规定了特殊情况下价格应该如何处理的做法①。

纺管会的政策具有强制性，同业公会成为特殊时期重要的社会团体，协助政府完成统制任务，大大减少了政府社会成本。在与政府的互动中，拥有政府的授权和制约，至少在表面上，同业公会不得不协助政府贯彻执行统制限价政策。

3. 行业压力与同业公会的抗争

以上分析，一方面体现了同业公会与政府和相关行业的互动关系，统制经济时期，同业公会维护政府政策的执行，成为政府必不可少的助手之一。另外，同业公会的独立性，或者说是行业自治权限与自由经济时期具有较大差异，体现了相对较弱的独立性。笔者认为即使在统制时期，同业公会也没有完全丧失独立性，它具有反抗政府过分强制手段的动力，这种动力来自行业内部的压力，包括公会管理层的切身经济利益以及会员的极力反对。六区同业公会制定联合配销暂行办法，并且尽量让会员维护纺管会所议定价格。从表面上看，似乎已经看不到旧式行会组织会馆和公所的严格价格规

---

① 《经济部纺织事业管理委员会关于变通棉纱联合配销办法的批复》，1946 年，上海档案馆藏，资料号：S30 - 1 - 169 - 14。

定，也没有民国前期同业公会的价格独立性。其实，行业组织在逐渐转化为现代经济第三部门过程中，自由程度越来越高，传统封建封闭色彩会逐渐减少，也更适应市场经济发展的需要。对于抗战胜利后的棉纱统制，六区同业公会也是如此，它所体现的功能和职责与以往同业公会及其行会组织不同，没有后者那样高程度的独立性和自主权限，但它积极表达行业利益诉求的特性依然存在，主要表现为并非完全认可纺管会价格政策，希望纺管会改进价格议定方法，可以说协调与争取同时存在。

1946 年 11 月 23 日，六区同业公会代表王启宇、唐星海、荣鸿元和郭棣活四人向纺管会提出建议，认为目前按议价进行联合配售，定价形式自然不同于一成不变的限价。而上海棉纱供求关系不明朗，售价应该包括原棉工资等项目，这些因素与上月相比肯定具有明显差异，若不改变定价方式，必然导致纱厂生产经营的巨大困难，影响到纱厂的生存和发展①。

这四位代表都是从事棉纱行业的专家，对于该行业基本情况，可谓是了如指掌，自然会提出具有针对性和实际意义的建议。相反，纺管会只是政府成立的一个统制经济机构，没有任何棉纱生产经验，也没有棉纱产品生产，它所议定价格完全出于政府统制经济的需要，忽略市场价格规律。四位专家提出方案，即每月根据上月售价各项，比较计算价格的差异，以订本月各支棉纱价目之高低，月中如遇市况有波动时，将随时修正议价。

为此，他们还特意编制了一份 20 支棉纱议价说明表，如表 5 - 5 所示。②

---

① 《王启宇、唐星海、荣鸿元等关于购进原棉、调整价格及确定棉纱配销等的意见》，1946 年，上海档案馆藏，资料号：S30 - 1 - 169 - 268。
② 同上。

**表5-5　20支棉纱议价依据建议表（1946年11月28日订）**

（单位：元）

| 项目 | 第一次议价 | 第二次议价 | 说明（计算依据） |
|---|---|---|---|
| 原棉 | 700000 | 875000 | 是按照1/4中棉和3/4美棉计算 |
| 工资 | 190000 | 199500 | 10月工人指数较9月加5% |
| 物料 | 50000 | 62500 | 相关物料飞速涨价，按最低加25%计算 |
| 折旧 | 25000 | 25000 | |
| 福利 | 19000 | 20700 | 预计增加9% |
| 电费 | 60000 | 60000 | |
| 运费保险 | 78000 | 89700 | 增加15% |
| 管理 | 50000 | 54500 | |
| 利息 | 157500 | 200000 | |
| 配税 | 58996 | | |
| 单位成本 | 1418495 | 1586900 | |
| +15%利润 | 212774 | 238275 | |
| +10%补充费 | 141849 | 158690 | |
| 拟价 | 1750000 | 1983865 | |

资料来源：《王启宇、唐星海、荣鸿元等关于购进原棉、调整价格及确定棉纱配销等的意见》，1946年，上海档案馆藏，资料号：S30-1-169-268。

如表5-5所示，棉纺织业代表通过各项具体成本支出算出20支双马牌棉纱议价应该为198万元左右，但是纺管会一直将价格议定在175万元[1]。这显然与最低成本价格还相差20余万元，这种现象不仅使众多民营纱厂颇有怨言，而且使一向配合纺管会的同业公会也有不满情绪，虽然这些合理建议并没有被纺管会接纳，但从侧面可以反映六区同业公会依然在为同业利益而努力。类似提高价格

[1]　《经济部纺织事业管理委员会关于第四期第四次配纱价格仍应依照各种纱支最高售价表第三号办理的函》，1946年，上海档案馆藏，资料号：S30-1-169-111。

的建议多以失败而告终，如在此事件之前的 11 月 9 日，该同业公
会私下调整价格，将 10 支棉纱定为 153 万元，但很快就被纺管会
查出，后者明确指出"查照本会颁发之售价表第二种内所列 10 支
纱最高售价 152 万元不符，希即照本会所订价格更正"，① 可谓明
察秋毫。但也有少数成功的案例，比如，12 月 23 日纺管会通知该
同业公会，指出"呈请为 20 支双股线价拟依照 32 支双线较 32 支
单线加 12.5% 之标准，按 20 支单线纱价 175 万元加 12.5%，订为
196.5 万元一案，已经于本会第 16 次委员会议讨论通过。自 12 月
20 日起实行"。②

4. 纺管会与同业公会以及民营纱厂的矛盾

虽然六区同业公会要求会员配合政府限价政策，表面上看这是
一种妥协。但实际上公会与政府之间存在深刻的矛盾，这些矛盾的
中心都是棉纱价格以及价格政策，自从政府统制棉纱布开始，这种
矛盾就一直存在。

上文中论述的六区同业公会同业利益诉求表明，该公会尝试与
政府积极沟通，尽量减少交易成本，以避免不必要的损失，在一定
程度上可以看作同业公会的让步和妥协。但是当这种妥协屡次遭到
政府压制时，政府与公会间的矛盾变得更加外显和尖锐。

早在 1946 年 8 月，政府要求民营纱厂与中纺公司联合配售棉
纱，民营纱厂的反对之声就不绝于耳。开售初期，开售价格与实际
市场价格相差不是很大，大约在 10%。但两个月以后，即到了
1946 年 10 月，这两者间的差距超过 30%③。但政府认为以前的棉
纱开售不能完全消灭黑市，于是在 10 月中旬又开始调整配售办法，
即实行配售，这种方法有利于缩小开售对象范围，仅以复制业为对
象，后来增加了纱商业号，民营纱厂损失更大。

---

① 《经济部纺织事业管理委员会关于第二次各支棉纱议价表请查照办理的电报》，
1946 年，上海档案馆藏，资料号：S30 - 1 - 169 - 44。
② 同上。
③ 上海市纺织工业局、上海棉纺织工业公司永安纺织印染公司史料组：《永安纺织
织印公司》，中华书局 1964 年版，第 309 页。

民营纱厂认为严格的统制棉纱价格，不仅不能有效遏制物价上涨走势，相反还会增加黑市力量，从而进一步增大民营厂的经济损失。同业公会认为限价根本就是违反经济规律的行为。为了达到平抑物价的目的，政府需要做的是增加原棉供给，如果没有充足的物资，平抑物价只能是妄想。

1947 年元旦之后，纺管会又开始对棉纱进行新的收购办法，进一步控制物资，即凡由政府供给外汇所购棉花制成之纱，由政府收购 50%。六区同业公会会员民营纱厂一致反对，认为"纺织业既许民营，对自由买卖及自主营业之原则，似不应有所限制与妨害"，并提出激烈抗议，表示"倘不彻底改弦更张，则纱价未收稳定之效，纱厂已有停工辍工之势"①。

如果说以上行为还只是民营纱厂要求自由买卖的呼吁，民营纱厂对国民政府还抱有侥幸心理，希望能够通过实质抗议表达自己诉求的话，到了 1947 年 4 月，纺管会民营纱厂四位委员王启宇、唐星海、郭棣活和荣鸿元提出辞职一事，足以说明六区同业公会和政府之间的深刻矛盾进一步激化和公开化，表明民营纱厂开始在行动上抗议政府的纱价统制政策，同时也反映了民营纱厂的绝望和痛苦。他们在辞职信中写道："既不能为政府贯彻政策，又不能为同业图谋生存，而退出纺管会。"② 这是民营纱厂采取的一次集体行动，是对政府统制的公开抗议。民营纱厂认为纺管会政策严重影响民营企业生存，因而退出实属迫不得已。同时，六区同业公会召开临时理事会，讨论今后棉纱业的危机问题，与会代表一致认为在纺管会管理下，民营公司几乎无法生存。③ 不仅民营纱厂，即使中纺公司也对纺管会的限价表示不满，在 1947 年 3 月就 20 支纱最高定

---

①　上海市纺织工业局、上海棉纺织工业公司永安纺织印染公司史料组：《永安纺织织印公司》，中华书局 1964 年版，第 311 页。

②　上海社会科学院经济研究所：《荣家企业史料（下册）》，上海人民出版社 1980 年版，第 219 页。

③　同上书，第 490 页。

价，曾联合民营纱厂向纺管会申请调整限价①。

政府与同业公会的矛盾促使政府考虑重新制定统制措施和办法，纺管会时期的限价和议价虽然曾经起到过一定的积极作用，但是对民营纱厂的经济打击非常深远。同时，平抑物价的目的也没有达到，这些共同因素决定了纺管会的管制政策和行为是失败的，也决定了它的历史命运——必将被改组，而由其他组织机构代替。

### 三　统制的深入：纺调会

1947 年 6 月，经济部认为之前的纺管会工作重心在于"消极管制"，可同时也造成官商之间关系紧张，使纺管会与六区同业公会以及民营纱厂之间的矛盾日益加重。在物价统制方面，并没有收到良好效果，没有达到预期的目的。为了实现所谓的积极管制，消除与民营纱厂间的矛盾，经济部决定改组纺管会，重新组织成立新的统制机构——纺调会，第一任主委为邹秉文。仅从名称上看，看似是从"管理"转向了"调解"，似乎能够赋予民营纱厂更多的自由经营权，其实这都是假象，在新成立的纺调会管制下，民营纱厂面临更加严格的统制。

纺调会成立之后，首先颁布《发展纺织工业调节纱布供需实施方案》，目的在于通过"协调"方式对纺织业的原料、生产、销售等环节加以全面统制，② 实际上管制程度相对纺管会来说有过之而无不及，纺调会对价格的管制对棉纱有关行业产生巨大影响，也导致政府与同业公会以及民营纱厂关系进一步恶化。

### （一）纺调会实行机动议价

在纺管会时期，棉纱价格制度曾一度由限价转变成议价。到了纺调会以后，棉纱价格改为机动议价方式，这也是之前六区同业公会和民营纱厂所盼望的价格制度。纺管会时期议价经常与市场价格脱节，比如，1946 年 5 月至 6 月，20 支纱价每件钉在 540 万元，

---

① 《纺建及民营公司请求调整限价》，《申报》1947 年 3 月 16 日第 6 版。
② 朱婷：《抗战胜利后南京国民政府对花纱布的统制》，载张忠民等《近代中国的企业、政府与社会》，上海社会科学院出版社 2008 年版，第 82 页。

而市价已经超过此价的一倍以上①。这种强制性价格对缓和上海物价压力没有任何益处，相反更加促进了黑市交易的猖獗。纺调会机动议价与纺管会的议价不一样，它是根据具体特点实现机动议价，主要区别体现于"机动"。纺调会机动议价详细办法如下。②

首先，棉纱价格，依据生产成本，参酌市面行情，采取机动方式，随时合理议定。由纺调会督同国民营各纱厂，准备大量棉纱，共同配销，暂由中纺公司办理各项手续。

其次，所有议定价格，均按照厂盘最高售价，另加缴用利润，但最多以 5% 为限。

最后，棉纱价格议定公告以后，国民营纱厂均应绝对依照实行。如有违反限价等情事发生，如被查获，则一定严惩。

机动议价虽然是"参酌市面行情，采取机动方式"，但所议价格都低于市价。纺调会成立以后，民营纱厂和复制业同样抱以希望，认为弹性的调节政策，或者会比硬性的统制好些，至少不会出大毛病③。

纺调会在 1947 年 8 月 1 日召开的委员会上，吴味经与王启宇都要求议价遵守机动议价方式，该次会议还决定了两项原则。一是所议纱价不得高于市价；二是以棉花价格、工缴、合法利润、统税四项为核计成本依据，但前提是必须以中纺公司所提出的成本计算标准为依据。全国经济委会员规定纺调会在执行议价时如果有超过范围的，需要斟酌考虑决定，规定棉纱议价在 5% 范围内波动，可以由议价小组会自行决定。如果超过这个区间范围，则需要纺调会请示经济部，不得私自决定④。

纺调会专门成立议价小组，并于 1947 年 7 月 1 日第一次调整价格，议定 20 支标准纱每件 880 万元，其他各支纱依比例计算。8 月 17 日以后每周一、三、五挂牌一次，议价小组会各委员，则于

---

① 陈彪如：《战后棉纺织业之管理》，《中央银行月报》1949 年第 4 期。
② 同上。
③ 叶林：《花纱布管制政策的检讨》，《工商天地》1947 年第 5 期。
④ 金志焕：《中国纺织建设公司研究》，博士学位论文，复旦大学，2003 年，第 91 页。

每周二、四、六先作接触，商议次日挂牌价格①。

但是，六区同业公会所属民营纱厂都反对这种所谓的机动议价方式。机动议价，顾名思义，也正如纺调会所规定的一样，需要根据具体市面情况灵活机动地议定价格。但纺调会议价的基调和出发点是必须要低于市面价格，这必然造成民营纱厂的抗议。六区同业公会认为，对厂商方面而言，政府所施行的机动议价，并不能顾全厂商制造成本，棉纱黑市产生是经济环境所逼，厂商本身无能为力。若不从整个经济局势来改善交易环境，而仅依靠单独管制少量几种物品的售价来平抑物价，肯定无济于事。如果强制实施这样的政策，也只会牺牲生产事业，讨好少数受配者，对广大消费民众没有丝毫益处②。机动议价由于刻意追求低价，往往造成议价与市价脱节，迫使厂商追随黑市，失去了议价的意义。比如，1947 年 10 月六区同业公会指出：政府虽一再宣示棉纱议价应该合理机动，但过去事实表明恰为相反。如 20 支纱市价，当市价在 2400 万—2500 万元时，议价固定在 1520 万元，而当市价降到 2200 万元时，议价反提到 1890 万元，同业公会表示不能理解限价原因。即使以 1890 万元论，该议价也是不敷成本的。据精确核算，当时 20 支纱成本至少 2200 余万元。到了 11 月 28 日，上海 20 支棉纱市价每件为 3400 万元，而纺调会则议定价格为 2811 万元，比对相差 589 万元③。所以议价办法如不能作合理的改善，则对纱布业影响非常大。

可见，纺调会的机动议价制度与民营纱厂的愿望背道而驰，也注定了依该制度展开的一系列棉纱布统制政策必定走向失败。

**（二）再次联合配销**

抗战胜利初期至 1947 年 10 月之前，国民政府曾两次对棉纱实行联合配销。④ 第一次是纺管会时期，具体时间是从 1946 年 8 月

---

① 《纺调会议价小组会决定棉纱新价明日挂牌》，《申报》1947 年 8 月 16 日第 7 版。

② 《棉纱联合配销问题》，《纺织周刊》1947 年第 25 期。

③ 吴清泉：《棉纱联合配销问题》，《棉业月报》1947 年第 2 期。

④ 上海社会科学院经济研究所：《荣家企业史料（下册）》，上海人民出版社 1980 年版，第 220 页。

30 日至 1947 年 1 月 6 日, 当时参加联合配销的是中纺公司以及 36 家民营纱厂。原计划是每月拨棉纱 3 万件, 其中中纺公司 1 万件, 民营纱厂 2 万件, 但实际结果与计划相差很远。由于所配价格与实际市场价格相差太多, 后来停止办理。第二次是纺调会时期的临时联合配售, 自 1947 年 6 月起, 国民营纱厂都从自己产品中提出 1 万件棉纱交给纺调会, 然后由纺调会配售给客户。国营方面是中纺公司, 民营方面 1 万件由上海 41 家厂及外埠配棉厂 26 家, 按照该年 6 月开工纱锭数摊缴, 民营纱厂应交的棉纱由六区同业公会负责送交纺调会。对于配销棉纱, 除各厂自备纱以外, 还将行总配棉所纺纱之半数、各厂当年第一季外汇棉代纺纱的半数及第二季外汇棉代纺纱的全部, 统交中纺公司按纺调会议价一并配售①。当时社会舆论普遍认为之前纺管会的配销政策是失败的, "完全是白费心计"②。所以民营纱厂都希望在纺调会时期政府能够有所改观。

对于这次临时联合配销, 六区同业公会召开理监事联席会议, 指出各支棉纱价格需经纺调会议价小组会议制定公布, 希望各会员厂切实遵守③。临时联合配销时期, 纺调会虽只是控制民营纱厂的局部棉纱, 但在相当程度上已经剥夺了民营厂的自由经营权利④。

1947 年 8 月 22 日开始, 纺调会又调整议价方式, 规定今后棉纱议价, 决定每日上午 9 时, 先由纺调会、中纺公司和六区同业公会三方洽商⑤, 参照当日市价, 如认为有调整必要时, 再召开议价小组会议; 如无调整必要, 则不再召开议价小组会⑥。后来在 9 月 12 日, 纱布管理严格执行, 民营纱厂自由买卖部分也被取消。

---

① 第六区机器棉纺织工业同业公会:《第六区机器棉纺织工业同业公会第一届会务报告》, 第六区机器棉纺织工业同业公会 1948 年版, 第 8—9 页。
② 周家声:《有感于纺管撤销与纺调成立》,《纺织周刊》1947 年第 14 期。
③ 《六区公会议定共同配销简则, 详细办法交小组会议研究》,《申报》1947 年 7 月 16 日第 6 版。
④ 王菊:《近代上海棉纺业的最后辉煌 (1945—1949)》, 上海社会科学院出版社 2004 年版, 第 161 页。
⑤ 六区同业公会派出洽商代表是荣尔仁。
⑥ 《纺调会对棉纱议价参照市价临时决定》,《申报》1947 年 8 月 23 日第 7 版。

1947 年 10 月 20 日，纺调会提出联合配销①。棉纱联合配销是原来根据经济部纺调会《发展纺织工业调节纱布供需实施方案》而订立。国民政府认为纺调会前期开始的临时联合配销即国民营纱厂各出 1 万件纱的情况，已经不能满足平抑日益猛涨物价的需要，所以纺调会拟定了《棉纱凭证联合配销纲要》。

全国经济委员会 10 月 23 日举行二次会议，决定从 24 日起在上海实施，主要是根据以前所通过的发展纺织工业方案，调节纱布供应，依方案实行机动合理议价，规定统筹收购国棉并联合议价②。

其实早在 10 月 20 日纺调会提出联合配销的时候，六区同业公会已经表示不同意。21 日公会召开大会一致反对，并提出两点意见。一是请纺调会彻底实行机动议价，必须按照实际生产成本重订合理计算议价标准；二是不限区域，以花纱布全部同时实行为原则，如不能全国普遍实行，上海民营纱厂表示难以接受③。

联合配销政策一出台，虽然得到复制工业的拥护，但激起了六区同业公会和民营纱厂极大的愤怒。该公会极力反对，几乎到了不可让步的地步。民营纱厂经过政府的代纺、交换、收购及现行临时配销等办法，纱厂原已 80% 受政府控制，现在依联合配销办法的规定，则"民营纱厂之棉纱，除自用外，应全数于一定期限内售予持有纺调会购纱凭证之用户及纱号"，而且还先从上海开始办理，再推及全国各地。所以民营纱厂除资本为民有外，一切业务几乎与国营没有差别。

10 月 24 日六区同业公会召开临时会员大会，到会会员 70 多人，由理事长王启宇主持，主要通过以下四点：④

（1）公会对于联合配销办法纲要，认为影响本业生存，暂时难以接受。

（2）将上项决议案函达纺调会，并备文分呈各有关部门，推派

---

① 全国纺织业联合会：《棉纱联合配销问题》，纺织书报出版社 1947 年版，第 7 页。
② 《纺调会临时委员会商定棉纱决定联合配销》，《申报》1947 年 10 月 21 日第 7 版。
③ 全国纺织业联合会：《棉纱联合配销问题》，纺织书报出版社 1947 年版，第 8 页。
④ 《实施棉纱联合配销，决尽速组织委员会》，《申报》1947 年 10 月 25 日第 7 版。

代表进京请愿。

（3）函请全国纺联会一致力争。

（4）将本业困难情形公告全国，向各界呼吁。

但是后来经济部并没有考虑同业公会的呼吁，政府方面认为联合配销纲要，首先经纺调会会议通过，然后由六区同业公会开会讨论，并派出代表负责审查后才提交全国经委会议决，交由经济部转令纺调会执行。纺调会改组原成品配销小组委员会为联合配销委员会，研究实施详细办法。而该配销小组委会大部分委员均为民营纱厂代表。① 所以当时纺调会主委刘泗英认为"不意六区同业公会竟根本反对联合配销办法，殊令人无从索解"。② 政府部门认为办法既经议决，只有依法实施。

六区同业公会在政府面前碰了钉子之后，随即联系全国纺联会，请求出面呼吁停止棉纱联合配销。全国纺联会 10 月 29 日下午举行理监事联席会议，由理事长杜月笙亲自主持，会上达成三点意见。

首先，所谓联合配销，仅在上海实施，有失公允。

其次，关于价格问题，纺调会对于联配纲要的解释与统配统销方式相差不大，其决定价格的权利全在政府，价格只会越平越高。

最后，硬性由政府收缴，势必造成周转不灵③。

11 月 10 日，六区同业公会再一次召开紧急会议，首先由纺联会赴南京列席全国经济委员会代表荣尔仁、刘丕基报告经过，然后提出经济部棉纱联合配销试行办法④。由于六区同业公会和民营纱厂难以接受联合配销价格，公会针对价格提出意见，认为棉纱配销价格应绝对合理，由配销委员会确保再生产成本，用固定公式、以

---

① 《经济部部长陈启天会晤六区理事长王启宇，表示决不剥削合法利润》，《申报》1947 年 10 月 27 日第 7 版。

② 《棉纱联合配销问题》，《经济评论》1947 年第 5 期。

③ 《纺联理监事联席会议，请延期实行配销》，《申报》1947 年 10 月 30 日第 7 版。

④ 《六区同业公会召开紧急会议商讨棉纱联合配销问题》，《申报》1947 年 11 月 11 日第 7 版。

实物为计算基准随时决定，但以利润不得超过 15% 为原则①。但是没有被纺调会采纳。

不仅六区同业公会认为联合配销政策给机器纺织行业带来巨大损失，上海其他行业同业公会也表示难以接受联合配销政策。上海市纱号同业认为当局实施花纱布统制政策以来，业务上困难重重。纺调会制定棉纱联合配销制度，利用凭证配纱的方法，对于纱商虽有名义收入，但是并没有直接配纱的具体规定，一旦该配销政策实施，将使纱业同陷入名存实亡的危机。公会认为棉纱联配实施方案影响同业生存，认为事态严重，于 11 月 5 日召开会员大会提出讨论，会员认为与六区同业公会民营纱厂是唇亡齿寒的关系，联合配销将会影响到纱业的未来发展。当日大会选举代表十人组织请愿团，备具呈文向政府各级主管官署呼吁，请求改善棉纱联合配销办法，以谋挽救业务危机。该公会推定唐志良和周家声等十人为请愿代表进京拜谒行政院、全国经济委员会和经济部等部门②。可见，纺调会的联合配销政策不仅让六区同业公会非常不满，就连受配的纱商业也担心这项政策制度安排的后果。

后纺调会考虑到纺联会所提出的议价、资金和押汇等问题③，因为牵涉问题太多而需要从长计议，更主要因为六区同业公会强烈抗议，因而棉纱联合配销试行办法不得不搁置④。

---

① 《棉纺业昨开紧急大会：佥认棉纱联合配销办法实施困难》，《征信所报》1947年第 507 期。

② 《纱商请愿团昨晚晋京，向中枢呼吁维护业务：对于棉纱联合配销制请求改善办法》，《征信所报》1947 年第 507 期。

③ 纺联会提出除了这些问题以外，还包括应由六区棉纺织同业公会在纺调会指导监督下，成立棉纱联合配销委员会；配销委员会所代纺之棉纱，包括六区同业公会上海市民营会员厂之全部生产及六区同业公会全部民营会员厂代纺之棉纱在内，共同配销，自用织造及外销之棉纱除外；各厂因参加配销，流动资金不克及时调剂，政府负责准予借贷，以使周转；政府应准许各厂以其生产总额 20% 运销外洋，易取外棉及工业原物料等，并与国营纱厂享受同等待遇等。

④ 陈彪如：《战后棉纺织业之管理》，《中央银行月报》1949 年第 4 期。

### 四　极端的统制：纱管会

从纺管会到纺调会，国民政府不断增强花纱布的统制力度，民营纱厂不断丧失自由经营棉纱的权利。政府所有的行为归根结底就是围绕价格这个中心，竭尽全力压低纱价，以期达到平抑物价的目的。但是，纺管会和纺调会这两个阶段的实际统制效果并不理想。虽然在纺调会时期，1947 年 8 月至 12 月议价起到过一定牵制物价的作用，① 但总体来说，物价仍然处于快速上涨趋势之中，单独压制纱价并没有达到政府的预期。纺管会只着重于棉纱价格控制，纺调会虽有审议纺织原料及其成品价格的任务，但这两个机构都是局部统制，特别是仅在上海一个地区实行，对于平抑物价的作用自然非常有限。

国民政府认为 1947 年及以前的纺织事业管理都只侧重于局部管理，没有控制好原棉，对于花纱布三者不能统筹管制，虽有成效，但远没有达到预期效果。国民政府对花纱布统制的轨迹是从限价、议价到联合配销。限价和议价情况下，棉纱黑市越来越猖獗；而联合配销因为六区同业公会和民营纱厂的极力反对，最终也没有实施。政府没有从增加生产入手，而是利用极端的管制机构试图实现花纱布的全面统制，因而新的制度安排即全国花纱布管理委员会（简称"纱管会"）应运而生。

国民政府行政院于 1947 年 12 月 5 日召开临时会议，通过了花纱布管理委员会改组规程，正式成立全国花纱布管理委员会，并于 29 日公布《全国花纱布管理办法》，管理范围很广，包括棉纱棉布的代纺代织、花纱布的统购统销、输入输出以及纱布价格核定以及军需供应等各项②。对于纺织事业，全国经济委员会决定统购统销，所有民营纺织厂采用代纺代织方式，也就是政府供应民营纱厂的原棉和民营织布厂的原纱；民营纺纱厂纺成的纱全部交还政府，没有自行出售的权利；民营织布厂织成的布全部交还政府，也没有自由出售权利③。

---

① 　陈彪如：《战后棉纺织业之管理》，《中央银行月报》1949 年第 4 期。
② 　彭敦仁：《论花纱布全面管制》，《纺织建设》1947 年第 2 期。
③ 　《关于花纱布管制的五大问题》，《正言报》1947 年 12 月 27 日第 2 版。

纱管会统制的核心在于统购国棉①。据 1947 年年底的统计，当时中国纺织业共有纱锭 450 万枚，其中开工者为 360 万枚，每年需原棉 1080 万担。1946 年中国棉产为 743 万担，输入外棉加上联总所捐棉共 680 万担，纱厂勉强可以开工。到了 1947 年，棉产虽比上年增加 50%，但因战乱影响，能运送到消费地区的数量比上年要减少很多。到 1947 年 12 月底，国棉只收到 300 万担原棉，缺口达到 450 万担（合 150 万包以上）②。从 1948 年 1 月开始到"八一九"限价期间，纱管会进行从棉纱原料到成品和从生产到消费的全面管理。国民政府与民营纱厂之间一直互不信任，在之前的纺调会时期，六区同业公会曾经要求国民政府实行花纱布的全面管理。纱管会实行花纱布全面统制以后，尽管纱管会名义上要求在全国范围内实施统制政策，但实际上也仅限于上海及其周边一些地区③。由于民营纱厂完全失去生产和交易自由，代纺代织使纱厂成为替政府生产的工具，民营厂生存面临具有巨大压力，所以纱管会全面统制受到六区同业公会极力反对，纱管会全面统制最后不得不以失败而告终。

在纱管会所谓全面统制的 8 个月时间里，六区同业公会进行了一系列维权的经济活动，其中包括参与纱管会棉纱成本审议委员会，商议制定棉纱成本因素标准等。到 1948 年以后，纱管会正式开始严格管制花纱布的生产与销售。1 月 28 日纱管会正式公布《统购棉花实施细则》和《棉纱登记办法》两项办法，六区同业公会举行常务理事会，要求纱管会当局暂缓公布实施细则，并赴纱管会向新主委袁良请愿。同业公会对纱管会提出几点意见，主要涉及对代纺代织相关事宜的看法，比如，提到代纺棉纱每件用棉及工缴问题，工缴关系到棉纱生产利润和纱厂的直接利益。六区同业公会认为在计算工缴时候，应该先依照行总所规定的方案，以同等质量

---

① 朱婷：《抗战胜利后南京国民政府对花纱布的统制》，载张忠民等《近代中国的企业、政府与社会》，上海社会科学院出版社 2008 年版，第 87 页。

② 彭敦仁：《论花纱布全面管制》，《纺织建设》1947 年第 2 期。

③ 王菊：《近代上海棉纺业的最后辉煌（1945—1949）》，上海社会科学院出版社 2004 年版，第 165 页。

美棉作为计算标准，以原定方案的 9 月为计算基期。工缴中所包括的各项费用，价值因为原棉质量而不同。在工缴计算方法上，应该分析工缴构成因素，按照各种指数分月计算。六区同业公会特意制作了一份代纺工缴指数计算表，比较清晰明了地向纱管会说明工缴合理构成结构，如表 5 - 6 所示。

表 5 - 6　　　代纺工缴指数计算表（以 1947 年 9 月为基期，
根据纺调会 9 月 20 支棉纱工缴计算）

| 工缴项目 | 占工缴比例 | 依据指数 | 1947.9 | 1947.12 | 百分比① | 百分比×比例② |
|---|---|---|---|---|---|---|
| 工资 | 24% | 工人生活费指数 | 34400 | 68200 | 198 | 4758 |
| 职员薪膳 | 5% | 职员生活费指数 | 30800 | 58600 | 190 | 951 |
| 电力 | 8% | 电力每度价③ | 1243 | 6275 | 505 | 4039 |
| 物料 | 13% | 金属类指数 | 50599 | 218400 | 432 | 5611 |
| 修理 | 3% | 同上 | 50599 | 218400 | 432 | 1295 |
| 职工福利 | 2% | 总指数 | 43253 | 83796 | 194 | 387 |
| 折旧 | 4% | 美汇挂牌 | 40980 | 89000 | 217 | 869 |
| 事务费 | 9% | 总指数 | 43253 | 83796 | 194 | 1744 |
| 其他 | 6% | 同上 | 43253 | 83796 | 194 | 1162 |
| 财务费 | 9% | 利息 | 0.17 | 0.23 | 135 | 1218 |
| 货物税 | 17% | 每件货物税 | 720900 | 1642100 | 228 | 3872 |

资料来源：《第六区机器棉纺织工业同业公会关于全国花纱布管理办法意见书请采纳的函》，1948 年，上海档案馆藏，资料号：S30 - 1 - 215 - 7。

表 5 - 6 中，六区同业公会详细列出了工缴结构及其指数计算情况，从统计角度看，是很合理的。因为工缴构成中的所有项目价

---

① 此处百分比，是指以 1947 年 12 月指数除以该年 9 月指数，表示变动情况。

② 此处比例即为工缴项目占总量工缴比例，也即表格纵列的第二项数字。

③ 电力价以美元计算，其中此表格中，还有美汇挂牌和每件货物税两个指标也是用美元计算，特此说明。

格变动速度都不一样，如果笼统列出一个工缴数目，自然难以真实反映成本变化，而将工缴按照实际情况分成若干项目，则可以比较圆满地解决上述问题。它以 1947 年 9 月的数据为基期，根据这些数据以及相应项目所占比重就可以算出该月工缴指数情况。

但是，纱管会新主委袁良则认为六区同业公会及其纱厂"庸人自扰"[①]。同业公会对此表示不解，认为纱商的一番好意却被纱管会误解，因而提出解释，并认为所提意见并非恶意要挟纱管会。从这一件事，可以看出在纱管会严格全面管制花纱布的制度安排下，同业公会与政府关系存在经济利益上的冲突。

除了冲突，合作也是经常发生的现象。在纱管会成立之初，六区同业公会为纱管会花纱布管理办法召开临时大会，认为在管理物价方面，同业应该给予配合。但管理办法必须保证行业生存，如果不考虑周全而立即实施，恐怕会有困难[②]。

虽然冲突不可避免，但是由于同业公会对政府的依附关系使得公会不可能完全背离政府的意旨。在政府与行业组织的关系中，矛盾甚至冲突一直存在，可以说冲突与合作、反抗与妥协的关系自始至终都表现得非常明显。特别是在统制经济时期，这种和谐与不和谐的关系自然更是贯穿于经济活动整个过程之中。

在纱管会即将全面开始代纺代织之前，该机构认为关于代纺工缴成本的计算非常复杂，于是决定组织成立棉纱成本审议委员会，邀集有关方面共同审议。该会拟定棉纱成本审议委员会组织规则，规定设委员 9—11 人[③]。其中，六区同业公会 2 人、中纺公司 2 人、中国纺织学会 1 人、外商纱厂代表 1 人以及纱管会技术处、会计处、稽核室各 1 人[④]。六区同业公会选择代表童润夫和韩志明参加

---

① 《六区棉纺公会对袁主委发表谈话声明》，《征信所报》1948 年第 573 期。
② 《六区棉纺公会讨论花纱布管制问题，决定由两小组详加检讨，再向当局提供书面意见》，《征信所报》1948 年第 550 期。
③ 《审议棉纱成本》，《纺建》1949 年第 7 期。
④ 《纱管会着手组织棉纱成本审委会》，《申报》1948 年 2 月 11 日第 7 版。

该成本审议委员会①。

其实早在纺管会时期，六区同业公会就表达过类似诉求，它们代表民营纱厂向纺管会说明企业生产成本压力，要求按实际情形议订棉纱成本表。同业公会认为在遵照政府限价政策的前提下，考虑到物价上涨幅度以及限价与成本的差距，提出应该按照合理的方式重新计算棉花和纱布价格。但这些要求都被纺管会驳回，转而继续严格遵守限价②。1948 年 2 月，纱管会成立棉纱成本审议委员会，其重点职责在于调查国营民营纱厂，制定各支别棉纱成本因素标准表。该项工作能够为纱管会限定纱价提供参考依据，政府目的在于稳定物价而刻意压低棉纱价格，这一点与之前的纺管会和纺调会相似。从成本审议委员会成员构成方面看，除了纱管会制造处处长为当然委员外，六区同业公会和中纺公司占据的成员比例最高，这也说明国民营纱厂在审议成本的重要作用，他们的意见具有行业的专业特点，能够代表整个行业的权威观点。从侧面可以认为六区同业公会尽管没有直接制定棉纱价格的权限，但是通过成本审议间接发挥价格协调功能，因为棉纱成本因素表可以反映纱厂生产状况，而六区同业公会可以凭此向纱管会说明压力和困难，借助这种方式使得政府相关机构在做出限价时有所考虑。但是在特殊经济条件下，这种方式却很难奏效，同时说明同业公会价格协调的异常艰辛。

该成本审议委员会所制定的棉纱成本因素标准表以 20 支棉纱为标准，这份价格标准表包括了成本中的诸多因素，主要有工资、职薪、动力、物料、包装、折旧、修理、福利、杂费、业务费和财务费等项目。参照对比的对象包括国营中纺公司、民营十一家纱厂以及当时日本企业。比如成本因素中的工资项目，每件 20 支棉纱使用工人数情况是：中纺公司实际使用 15.19 人；民营纱厂最高使用 29.25 人，最低使用 22 人，平均使用 26.92 人；而当时日本纱

---

① 《经济部全国花纱布管理委员会关于组设棉纱成本审议委员会并附组织规则请查照办理的函》，1948 年，上海档案馆藏，资料号：S30 - 1 - 198 - 1。

② 《第六区机器棉纺织工业同业公会关于按实际情形议订棉纱成本表的函》，1947 年，上海档案馆藏，资料号：S30 - 1 - 195 - 79。

厂要比中国纱厂的生产效率都要高，表现在成本消耗上要低很多，其平均使用工人数只需 11.5 人至 14 人[1]。国营厂中纺公司生产能力要比民营强很多，但是相对日本标准来说，中国整体生产效率都很低。正是因为国民营纱厂存在成本差异，而纱管会所制定的限价却没有区别，即国民营纱厂都遵守同一限价，这必然造成民营纱厂的反对。在 4 月的成本审议会议上，民营纱厂认为中纺公司工作效率要远高于民营纱厂，希望纱管会能够对民营纱厂放宽标准[2]。棉纱成本审议委员会中有两位六区同业公会代表，按照该委员会组织规则，他们每月开会审议棉纱生产成本的计算方法与工缴调整事宜。从调查民营纱厂以及制定成本因素标准表的过程来看，该审议委员会非常清楚国民营纱厂生产效率的差异，但在制定限价标准的时候，并没有充分考虑这种差异因素，相反为了达到政府所要求的平抑物价的目的，往往会刻意压低价格，也就是变相地压缩了民营纱厂的利益空间。压价行为当然会招致民营纱厂的反对，但也说明了在最严格的全面统制花纱布时期，即使这种所谓的棉纱成本审议委员会，虽然标榜"为审慎核议棉纱成本"，[3] 但在实际操作过程中唯一遵守的原则仍然是平抑物价，最终以牺牲民营纱厂的正常利益为代价。很多规模较小的民营纱厂因为成本太高，而棉纱售价又远低于成本，结果不得不停工。如 1948 年 3 月，上海兴农纺织股份有限公司由于棉纺售价低于原料成本而停工。该公司在致六区同业公会信中说，"敝公司现因原料用尽罄，尤以近日花价飞涨而棉纱售价不足原料成本，前月亏蚀甚钜，故决暂行停工"。[4]

在纱管会时期，"代纺代织"容易造成工缴的纠纷。棉纱成本

---

[1] 《经济部全国花纱布管理委员会关于组设棉纱成本审议委员会并附组织规则请查照办理的函》，1948 年，上海档案馆藏，资料号：S30 - 1 - 198 - 1。

[2] 金志焕：《中国纺织建设公司研究》，博士学位论文，复旦大学，2003 年，第 121 页。

[3] 《经济部全国花纱布管理委员会关于组设棉纱成本审议委员会并附组织规则请查照办理的函》，1948 年，上海档案馆藏，资料号：S30 - 1 - 198 - 1。

[4] 《上海兴农纺织股份有限公司关于棉纱售价低于原料成本而导致纱厂停工的函》，1948 年，上海档案馆藏，资料号：S30 - 1 - 134 - 15。

审议委员会每次例会的主题之一就是调整工缴，围绕这个问题，六区同业公会与纱管会之间总是存在着严重分歧和矛盾。

1948 年 6 月 13 日，六区同业公会提出代纺计算工缴八点意见，请纱管会采纳，这八点意见涉及民营纱厂的利润、人工、职员和配纱产量等各个方面。① 但是纱管会随后做出回复，仅同意其中第八点意见，其他所有七点都因各种理由而被否决。

与民营纱厂利益休戚相关的工缴问题只是冰山一角，工缴与棉纱价格和生产成本密切相关，但政府出于极端限价的需要，往往造成民营纱厂入不敷出，限价难以弥补成本。为了避免全行业停工，6 月六区同业公会常务理事会议决定纱厂暂行减工 20%，② 巨大的经济损失激起民营纱厂的强烈反对，甚至国营的中纺公司也反对花纱布的全面统制。后经上海以及周边地区纺织业联合反对，并且向社会各界发出呼吁，最后纱管会的全面统制也并没有付诸实施③。

纱管会只维持了 8 个月的时间。从 1946 年抗战胜利至 1948 年8 月，两年多的时间里，国民政府对棉纱统制的机构进行了四次改组，④ 管制力度越来越大，但是物价仍然不断上涨，黑市更加猖獗。纱管会于 8 月 20 日被撤销，但国民政府专门设置一个纱管会结束办事处。⑤ 国民政府不从源头解决棉纱困难问题，却只从限价入手企图控制物价，无异于舍本逐末。政府管制政策的朝令夕改，使上海民营纱厂深受其害。战后短暂的辉煌过后，棉纺业屡经政府各个机构统制而元气大伤，最终深陷衰落危机之中。

---

① 《呈纱管会据各代纺厂提供计算工缴意见转请赐予采纳——附纱管会答覆本会关于提供计算工缴意见一案原文》，《棉纺会讯》1948 年第 1 期。

② 《六区棉纺公会召开二届会员大会》，《纺建》1948 年第 2 期。

③ 王菊：《近代上海棉纺业的最后辉煌（1945—1949）》，上海社会科学院出版社2004 年版，第 165 页。

④ 四次改组包括成立和改组纺管会、成立纺调会和纱管会。

⑤ 《纱管会正式撤销代替机构筹组中（八月十九日大公报）》，《棉纺会讯》1948年第 1 期。

### 五　统制的崩溃："八一九"限价

1948 年 8 月 19 日，在战后国民政府的历史中是非常特别的一天。法币恶性贬值程度在世界经济史和货币史上极其罕见，国民政府在这一天发行金圆券代替法币。币制改革的同时，在上海实施限价政策，这就是历史上非常有名的"八一九"限价。国内外学者对于"八一九"限价学术研究可谓是硕果累累，有关它的背景和历史作用等不是本书的研究范围，因而在本节论述中仅以该段历史时期为背景，说明同业公会的价格协调是如何开展的。当然，受到限价控制的行业不只是花纱布行业，其他重要行业也都一样，但本节的阐述和论证仍然以棉纺业同业公会为例。

1948 年 6 月，原六区同业公会召开第二届会员代表大会，[①] 并将原公会名称改为"苏浙皖京沪区机器棉纺织工业同业公会"，公会以江苏、浙江、安徽三省暨南京、上海两市为组织区域。入会门槛降低，与之前的同业公会存在较大差异，该同业公会规定，凡在该区域内符合《工厂法》所定标准、有机械动力设备的机器棉纺织工厂，不论国营、民营、公营，或依法登记的外侨工厂，除政府专供军用的工厂外，均应成为该会会员[②]。虽然名称发生改变，但很多会员纱厂还是习惯称之为六区同业公会，本书为了以示区别，以后统称为棉纺公会。

棉纺公会履行了原六区同业公会的职能，在"八一九"限价时期及其上海解放前，它也发挥了重要的协调作用。在价格协调方面，主要表现就是反对政府所定的限价，但也是一波三折，即与政府关系方面也是合作与冲突并存，甚至说合作也只是表面的妥协。

8 月 19 日，国民政府实行新的币制改革，用金圆券代替原来的法币，并且实行全面的价格限制政策。这次限价力度最大，政府颁

---

① 《上海市棉纺织工业同业公会（苏浙皖京沪区机器棉纺织工业同业公会）第二届会员大会记录》，1948 年，上海档案馆藏，资料号：S30 - 1 - 50。

② 《一、苏浙皖京沪区机器棉纺织工业同业公会章程（经第二届会员代表大会修正通过）》，《棉纺会讯》1948 年第 9—10 期。

布了《财政经济紧急处分令》，要求所有的商品按照 8 月 19 日的价格折合成金圆券并予以冻结，[①] 即以后所有商品的价格不能超越这个限度。蒋经国亲自来到上海，并成为上海区经济管制督导员。由于花纱布历来都是重要的民生商品，在这次限价中自然再一次被列为重要统制对象[②]。

由于政府异常严厉的限价政策，与战后纺管会以至纱管会时期一样，棉纺同业公会没有制定行业价格的权利，这里所说的价格协调，是指同业公会要求会员遵守政府限价，起到维持政府价格政策的作用。当然，妥协与反抗再一次成为同业公会与政府关系的基调。

一方面，配合政府实行限价。配合，可以说是棉纺公会迫不得已的行为。配合只能理解为政府要求同业公会调查行业售价情况，而同业公会不得不做出相应的行为。实际上，同业公会对限价很不满，配合限价与争取同业利益两方面同时存在。国民政府"八一九"限价采用冻结价格的极端方法，将所有商品价格钉住该日金圆券价格。至于棉纱价格，则钉住 20 支纱 707 元金圆券[③]。8 月 26 日，社会局局长吴开先召集棉纺同业公会、棉花商业同业公会以及中纺公司代表举行会谈，主要议题是各同业公会应该协助政府实行限价政策。当天，棉纺公会召集所属会员厂召开临时会议。在会上，棉纺公会代表刘靖基提出政府实行币制改革之后，同业应该遵守政府限价。同业会员纱厂对于纱布实际价格，必须提供具体证明，然后转呈当局予以考虑设法补救。在没有解决前，应该按照政令办理[④]。

社会局颁布的《整理财政及加强管制经济办法》第十三条规定："全国各地各种物品及劳务价格，应照民国三十七年 8 月 19 日

---

① 王菊：《近代上海棉纺业的最后辉煌（1945—1949）》，上海社会科学院出版社 2004 年版，第 208 页。
② 同上书，第 209 页。
③ 《联合与自行开售纱布》，《棉纺会讯》1948 年第 3 期。
④ 《遵办棉纱售价调查》，《棉纺会讯》1948 年第 2 期。

各该地各种物品货价依兑换率兑换金圆券出售，由当地主管官署严格监督执行"，并且"有特殊原因者，非经主管官署核准不得加价"①。第十四条规定："各种物品及劳务价格，依前条折合金圆券后，应严格执行取缔违反限价议价条例，其有特殊原因者，非经主管官署核准，不得加价。"② 棉纺公会在此期间非常关注会员纱厂所出售的棉纱价格，要求按照社会局的要求将 8 月 19 日当天售价上报给公会，在上海的每家纱厂都需要将限价时售出的棉纱价格填表上报。比如永安纱厂填报的当天售纱价格情况，如表 5－7 所示。

表 5－7　　永安公司 1948 年 8 月 19 日结算种类及售价目表

| 日期 | 种类 | 数量 | 单位价（元） | 合金圆券（元） | 客户名称 |
|---|---|---|---|---|---|
| 8. 19 | 12 支金城细斜 | 2000 尺 | 92000000 | 30. 67 | 大中华 |
| 8. 19 | 40 支金城纱 | 66 包 | 3100000000 | 1030. 33 | 大中华等户 |
| 8. 19 | 20 支金城纱 | 78 包 | 2130000000 | 710 | 熊菊记等户 |

资料来源：《上海永安纺织公司填报的 1948 年 8 月 19 日售货价目表》，1948 年，上海档案馆藏，资料号：S30－1－200－30。

表 5－7 是永安纱厂在当天的出售情况，以 20 支纱为例，限价当天售价为 710 元，与所规定的 707 元相差不大，这些报表记录作为限价参考，如果所报的价格高于 707 元，则要求同业纱厂下调价格，将所售价格维持在 707 元；但如果所售价格低于 707 元，则继续保持该价格不动，即所谓的冻结价格。

另一方面，对于棉纺公会却是一个两难问题。在配合限价的同时，会员纱厂以及同业公会也表示对限价标准不满，因而提出诉求希望政府能够调整已定限价。在 8 月 25 日的经济紧急会议上，同业公会代表荣一心认为 8 月 19 日的限价非常不合理，事先没有征

---

① 《上海市棉纺织工业同业公会通函会员填报 "八一九" 棉纱棉布售价表的往来文书》，1948 年，上海档案馆藏，资料号：S30－1－200。
② 《呈社会局汇报各厂售价表请鉴核》，《棉纺会讯》1948 年第 2 期。

得纱厂的同意。① 26 日临时会员大会上，棉纺公会表示"就自纺管会、纺调会、纱管会以来，政府实施花纱布管制，我同业一直都遵守政府限价法令，以配合国家经济施策"②。而这次币制改革之后，限价力度显然空前强大，希望同业纱厂能够自觉遵守政府的限价。但是对于棉纱限价，"虽与事实不相符合，希望当局能按照实际情况予以调整，但在未解决前，务盼同业遵照功令，顾全大局，忍痛牺牲"③。在这次大会上，棉纺公会说明将配合政府的限价，希望同业能够忍痛牺牲，说明实际上他们对于政府仍然抱有一定希望，即公会提出棉纱成本计算方式，提出棉纱生产行业的困难，也许政府能够重新考虑限价标准，从而为行业争取更多合理利益。

同业公会认为，棉纱限价 707 元，比实际成本要低，为了给上海区经济管制督导员办公处和物价审议委员会等主管机关提供参考，公会特拟定棉纱成本计算公式。棉纱生产成本因为原棉质量而有所区别，因而棉纺公会分别按照国棉和美棉为依据制定棉纱生产成本，其计算方式如下：④ 按照国棉当时限价每担 152 元计算，每件棉纱原棉成本达到 630 元；加工成本一项，前纱管会核定的 8 月代纺工缴，每件纱为 252.6 元，两项共合计 880 多元，而统税利润等都没有计算在内。统税一项，之前定为每件 17.41 元，若按新税率调整，则每件将增加 50 余元。因而，国棉制纱成本为：国棉产纱 20 支每件成本 = 630（原棉）+ 252.6（工缴）+ 17.41（统税以旧率计）= 900.1 元或 + 50（统税以新率计）= 932.6 元。美棉制纱 20 支每件成本 = 768（原棉包括工缴）+ 76.8（棉花进口关税 10%）+ 17.41（统税以旧率计）= 862.21 元或 + 50（统税以新税率计）= 894.8 元。

---

① 上海社会科学院经济研究所：《荣家企业史料（下册）》，上海人民出版社 1980 年版，第 615 页。

② 《遵办棉纱售价调查》，《棉纺会讯》1948 年第 2 期。

③ 同上。

④ 以下计算方式根据相关档案材料整理而得，有关说明可参考《棉纺会讯》1948 年第 2 期。

从上面计算公式中看到，棉纺公会在调查行业生产成本的基础上，认为 707 元的限价非常不合理。但是在大会上，同业公会依然要求会员务必遵守限价。这充分体现了在统制经济时期同业公会的软弱性。

同业公会的立场还是倾向于民营纱厂。但是在异常严厉的统制时期，它却不得不遵守政府所制定的规章制度。上海区经济管制督导员蒋经国饬令同业公会，在公布《财政经济紧急处理办法》以后，要求它通告民营纱厂如再不进行限价，就属于违反国策行为，希望"迅即依照限价，将现存纱布，尽量供应市场，以平物价；如再故违，当依法从严惩处"①。

有很多纱厂即使在当天没有出售棉纱等产品，也需要向同业公会做出说明。比如，大成纺织厂由于公司因自设纺织部，所产棉纱除极少数在常州出售外，大部分均供应织布所用。"最近一月事实上并无棉纱开售，因此对于八月十九日棉纱售价无从具报。"② 对此，棉纺公会要求这些纱厂将限价前最近一次出售情况上报给会。

自限价实施以后，为了达到预期目的，国民政府采取曾经使用过的统制方法，即联合配销。在纺管会时期，联合配销已经实施过，但效果并不理想，不仅没有成功平抑物价，反而造成更加严重的黑市交易，从而使物价进一步陷入恶性循环的泥潭。

"八一九"限价时期的联合配销，即要求民营纱厂以低价出售棉纱，频频遭到纱厂的反对。经济管制督导员办公室多次致电棉纺同业公会，要求后者配合实行联合开售。9 月 2 日，督导员蒋经国召见棉纺公会理事长王启宇，蒋询问其纱布生产成本等问题，以及各货供源等情形，同时再度表示希望民营纱厂牺牲小我，协助政府稳定纱布市价，酌量开售。当天就有德丰、恒丰和统益等纱厂开始

---

① 《呈社会局汇报各厂售价表请鉴核》，《棉纺会讯》1948 年第 2 期。
② 《大成纺织染厂股份有限公司关于报送 1948 年 8 月 29 日售价纱布价目表的函》，1948 年，上海档案馆藏，资料号：S30－1－200－5。

开售棉纱①。除此之外，国民政府还施加其他压力，包括直接威胁民营纱厂的负责人，比如逮捕统益纱厂董事、大通纱厂经理胡国梁，9月2日押送郭棣活到中央银行，9月4日以私购外汇罪逮捕荣鸿元等，一系列事件使上海棉纺资本家的精神压力特别大，甚至造成一时的恐慌。经过政府的软硬兼施，民营纱厂同意低价出售棉纱，可谓迫不得已。

9月4日，棉纺公会邀集上海市机器染织、手工纺织、针织等各复制业代表商洽临时开售事宜，会议决定开出双马、大发、飞虎、红人钟、双地球、双鱼、天女、双马等四十余种商标的 20 支纱，按每周二、四、六各联合开纱一次。第一期每次为 1017 件，价格一律按照限价为金圆券 707 元，并在会上订定 20 支上下各种棉纱议价方式。20 支业已依照限价金圆券 707 元开售，关于其他支别，如 10 支、16 支、32 支和 42 支双股棉纱之售价，经过棉纺公会国民营会员代表会商决定，以 20 支限价 707 元为标准，按原来计算比例分别议定，议定结果为：10 支纱：600 元；16 支纱 636 元；32 支 919 元；42 支 1237 元。议定结果要上报上海区经济管制督导员以及物资调节委员会备案，等正式批复以后，再通知会员纱厂执行②。

此时，棉纺公会看似具有制定或议定行业价格的权限，其实这种权限受到极大限制，因为不同支别的棉纱价格必须在 20 支棉纱707 元的前提下，况且即使这样，还须经过相关主管部门的严格审核才能做最后决定。这一点与战前同业公会具有明显区别，在"八一九"限价中，同业公会即使拥有商定价格权力，也极度有限，甚至明知所定价格小于生产成本，但也不得不按照限价要求而"牺牲小我"。

这种治标不治本的限价，仅过了一个月，到了 10 月，连治标的作用也不能达到。上海再一次刮起涨价风，金圆券的流通量几乎

---

① 琳：《蒋经国再度召见王启宇，希望民营纱厂牺牲小我》，《征信所报》1948 年第 746 期。

② 《联合与自行开售纱布》，《棉纺会讯》1948 年第 3 期。

超过发行量的最高限额的 8 倍①。上海市场发生各种抢购风，事实已经说明限价活动最终失败。最后，国民政府于 11 月 1 日不得不宣布放弃限价政策。这场只坚持了 70 多天的限价活动，对上海各个行业都造成了致命的打击，使棉纺织业元气大伤。比如永安纱厂在这一次限价售纱中，共计被迫售出各支棉纱 7285 件。据郭棣活 1948 年 10 月 20 日致郭乐、郭顺的信函中说道："纱布限价在成本之下，为纺织工业致命之打击。例如，400 磅 20 支棉纱每包限价 707 元，所需原棉至少 420 市斤，照限价每市担 130 元计算，即需 546 元，再加制造费 250 元，合计已达 796 元，即亏 89 元。"② 该厂的估计损失如下表 5 - 8 所示。

表 5 - 8　　　　　　　　　　　永安纱厂的经济损失

| 项目　　　　厂别 | 限价售纱数量（件） | 按再生产成本差额估计损失金圆券（元） | 按市场价格差额估计损失金圆券（元） |
|---|---|---|---|
| 一厂 | 237 | 109020 | 172221 |
| 二厂、四厂 | 2498 | 1149080 | 1815222 |
| 三厂 | 3342 | 1537320 | 2428531 |
| 五厂 | 1208 | 555680 | 877817 |
| 总计 | 7285 | 3351100 | 5293791 |
| 损失折 20 支棉纱件 |  | 2871.55 | 3684.76 |

　　资料来源：转引自上海市纺织工业局和上海棉纺织工业公司永安纺织印染公司史料组所编《永安纺织织印公司》第 316 页相关内容。

　　在 11 月 1 日政府宣布放弃限价政策以后，棉纺同业公会得到一次商议价格的机会。限价改为议价，关于棉纱价格问题，首先由

---

　　① 王菊：《近代上海棉纺业的最后辉煌（1945—1949）》，上海社会科学院出版社 2004 年版，第 211 页。
　　② 上海市纺织工业局上海棉纺织工业公司永安纺织印染公司史料组：《永安纺织织印公司》，中华书局 1964 年版，第 315 页。

物资调节委员会①主委刘攻芸邀请王启宇、束云章和吴味经商议结果，决定 20 支纱核本定价为 1800 元，此价格不包括统税，并立即呈经督导员办公处审核决定。棉纺公会于当日下午举行临时理监事会议，决议根据上项核本定价，统税在外，再依照以前纺管会及纺调会所决定的各支纱生产成本比率，决定 10 支棉纱 1225 元，16 支 1600 元，32 支双股 2400 元，40 支 2735 元，40 支双股 3305 元。根据 20 支棉纱核本定价 1800 元加货物税为原料成本，再按照实际生产成本决定 12 磅普通细布核本定价为 64.5 元，龙头细布为 79元，四君子哔叽为 89.80 元，最后呈督导员办公处审核做最终决定②。

国民政府的限价政策从战后一直延续到 1948 年年底，棉纺业所受影响和打击成为这段历史的一个缩影，政府认为重要的物资生产、交换和消费都需受到严厉的统制，而同业公会的价格协调功能受到极大限制。战后由于一直存在恶性通货膨胀，国民政府采取极端的限价政策，而不是从生产方面解决物价问题，最终导致国民经济的完全崩溃，这段时期很多同业公会的价格协调体现出矛盾的特点，即合作与冲突、妥协与抗争同时存在。

# 第四节　从博弈论视角分析同业公会价格协调活动

在国民政府统治中国大陆的最后四年中，通货膨胀的压力迫使政府采取各种措施解决物价飞涨的问题，最主要的手段就是限价。从经济学来看，限价根本不可能达到缓解通货膨胀的目的，相反会更加刺激物价的上涨，从而形成"物价上涨—限价—物价上涨"的恶性循环怪圈。

严格的限价统制严重削弱了价格机制在资源配置中的作用。实

---

① 该委员会成立于 1948 年 8 月，受上海区经济管制督导员的督导，负责处理上海区有关物资调节、供应和节约等事项。

② 《议订棉纱核本定价》，《棉纺会讯》1948 年第 6 期。

际上，国民政府如果从解决商品供应入手，提高生产建设能力，或许有可能逐步解决物资短缺和通货膨胀问题。通货膨胀从源头上看是货币问题，法币以及金圆券的恶性增发，结果只可能导致越来越严重的通货膨胀，指望依靠限价达到稳定物价的目的无异于南辕北辙和饮鸩止渴。在市场经济中，商品和物品的相对价格变化是市场配置资源的基本途径。在政府管制过程中，由于信息不对称等原因，政府很难或者根本不能区分哪些价格变动代表合理的相对价格变动，哪些物价变化意味着社会经济物价水平的整体上升，所以国民政府只好笼统地实施管制。但是由于没有医治通货膨胀根源，相反只是从限价方面试图解决物价的表面问题，国民政府的限价管制难以继续最终被迫放弃。由于受管制压力，暂时不能释放的物价上升能量将会以更快的增速爆炸报复性地释放出来，物价管制失败是必然的。

而从同业公会方面来看，从民国以降到上海解放前夕，它们在社会经济扮演的角色因时代和经济形势差异而表现非常不同。抗战之前总体来说，物价上涨水平有限，通货膨胀的压力较小；而在孤岛和上海彻底沦陷以后，由于战争的影响，上海物价曾经出现过不断上涨的过程；在抗战胜利以后，内战、物资短缺和国民政府失败的经济政策促使发生恶性通货膨胀。上海各行业同业公会角色依然是政府与市场之间的中间桥梁，但是行业调节作用呈现逐渐减弱的趋势。同业公会的价格协调作用表现在与政府和同业之间的沟通，协调并不是直接商议制定价格标准，而是执行政府制定的价格。中间桥梁的作用表现为在政府强压下，不得不要求会员遵守政府的价格，这是与以往自由经济时期不同之处。沟通过程充满曲折和反复，从抗战结束初期到上海解放，国民政府对上海物价的管理力度逐渐增强，各种限价制度安排和机构设立使同业公会价格协调活动空间不断缩小，这种状况激化了同业公会与政府的矛盾，二者间的矛盾随着统制经济的深入而变得异常尖锐。

以博弈论为分析工具，研究分析在有国家政府制度强制执行的情况下，同业公会与国家政府的博弈关系。前面有关章节分析战前同业公会价格协调时，采用历史比较制度分析是可行的。因为在缺乏政府管制或政府力量相对较弱的情况下，该分析方法是奏效的，可以解释制度的自我实施特点和原因。在国民政府加强经济统制的背景条件下，由于同业公会的价格协调并不是自我实施的制度安排，相反它由政府强迫实施，因而在分析方法上要做必要的修正，即需要将分析纳入国家和同业公会博弈的框架，不能忽视国家力量，这是与历史比较制度分析不同的地方，但是可以通过博弈论分析同业公会与国家以及会员间的关系变化。

在经济相对自由时期，行业价格协调方面，博弈的主体是同业公会和会员。而在统制经济时期，同业公会需要从政府的限价中争取同业利益，博弈的主体是政府和同业公会。政会双方博弈以价格为中心，所有的经济活动都围绕价格。一方面，政府理所当然认为限价就能够缓解通货膨胀压力，逐步加强对上海行业价格管制；另一方面同业公会对于政府限价的态度不断发生变化，既有合作和配合，也存在较量与抗议。通过博弈论分析在统制经济条件下，同业公会价格协调的行为中所需要考虑的因素即支付，比较不同行为策略下的支付结果，从而尝试论证政府和同业公会最优战略组合，旨在说明限价活动中双方围绕价格所采取的行动及其原因。

## 一　相关假设

抗战胜利后，上海同业公会受到政府统制经济政策的约束和限制，同业价格协调功能受到较大影响。同业公会的价格协调主要表现在处理政府的限价方面，而行业内部价格协调作用表现不够，至少在政府严加统制的行业具有这些特点。博弈双方包括政府和同业公会，为了使分析具有一般性，对战后上海同业公会种类、性质以及特点进行抽象总结归纳，不再区分具体行业，所有同业公会的共性集中于该行业是政府认为比较重要的，政府对这些行业的统制力量较大。政府制定价格政策和标准之后，通过同业公会要求会员厂商遵守所定价格。政府和同业公会之间具有完全信息，政府在制定和颁布限价管制政策的时候，同业公会部分重要人员有可能参与讨论限价事宜，这个过程双方具有完全信息。政府首先行动，然后是同业公会采取相应的措施，因而是一个完全信息动态博弈过程。

1. 假设博弈双方即政府与同业公会分别用 G 和 T 表示。政府面对日益严重的恶性通货膨胀，自认为通过价格管制就能实现物价平抑，它的战略空间为 |统制，不统制|。同业公会是行业中间组织力量，成为政府重要的统制工具，它的战略空间为 |执行，不执行|，即对于限价政策采取执行或不执行态度。随着统制经济程度加深，同业公会受政府的约束也逐渐增加。同时由于行业发展的诉求，它们也会对政府的限价政策提出反对意见，二者的博弈过程受诸多变量的影响。

2. 一方面，当国民政府采取严格统制政策时，其支付为 W，这是政府的财政收益。从史料来看，政府所采取的限价政策本质上违反经济规律，其根本动机在于解决财政和军需困难，达到填补财政赤字的目的①。同时，假设政府由于实施经济统制必然会因此而付出相应成本，统制成本包括成立限价机构、进行限价活动以及监督市场价格行为等各个方面的所有支出，设该项成本为 C；另一方面，如果国民政府能够认识到价格并非通过严格行政干预和管制就能控制，政府可以选择对价格持放任自流态度，从而不实施统制，此时政府的支付为 0，但也没有任何统制成本支出。

3. 同业公会方面，只有两种选择，即执行或不执行限价。执行统制政策，则接受政府的限价规则，在行业内部履行价格协调职责，协调收益即博弈支付结果与政府支付成正比，为 $K_1W$，可以理解成政府给予的肯定和褒奖，$K_1 \in (0, 1)$。协调成本包括直接成本和间接成本，直接成本是指按照政府限价政令采取措施要求同业共同遵守所产生的成本，包括协调所耗费的财力、精力和人力等。间接成本是指同业公会所受来自同业会员的压力，会员一般都会极力反对忽视经济规律的限价活动，如果同业公会按照指令要求同业

---

① 王菊：《近代上海棉纺业的最后辉煌（1945—1949）》，上海社会科学院出版社 2004 年版，第 160 页；朱婷：《抗战胜利后南京国民政府对花纱布的统制》，载张忠民等《近代中国的企业、政府与社会》，上海社会科学院出版社 2008 年版，第 111 页。

遵守，无疑会侵犯行业的合法利益，必然会导致会员的反对。这两种成本构成同业公会价格协调的总成本，设值为 $\alpha K_1 W$，也即成本与政府褒奖成正比，$\alpha$ 的取值可大于或小于1，说明成本可能会大于或小于政府褒奖，具体情况要视政府统制力度以及同业反对程度而定。

如果同业公会不执行政府的限价法令，将会大幅增加政府限价成本从而影响执行效果，而同业公会不执行的立场会得到会员的支持和拥护，双方此消彼长，其支付结果与会员收益具有一致性，由于会员不遵守限价，政府损失财政收入 $W$，$W$ 恰好就等于同业会员的收益，假设同业公会因此得到支付为 $k_2 W$，$k_2 \in (0, 1)$。但在这种情况下，同业公会所经受成本会非常大，主要来自政府的强迫压力，设成本为 $\beta k_2 W$，表明成本与所获得支付成正比。

4. 假设国民政府实施统制价格政策的力度为 $P_1$，$P_1 \in [0, 1]$，$P_1 = 0$ 和 $P_1 = 1$ 是两种极端情况，分别表明政府取消管制和进行完全价格统制，国民政府在"八一九"限价期间曾经采取过完全统制，由于极度通货膨胀的影响最终使国民政府不得不放弃物价统制，所以 $P_1$ 的假设具有合理性。

同时，假设同业公会执行政府统制的可能性或力度为 $P_2$，$P_2 \in (0, 1)$，在统制经济时期，同业公会执行价格限价政策时出现过反复，即妥协与反抗同时存在，可能性介于0与1之间，所以这种假设具有可行性。

5. 假设政府和同业公会都是理性的经济人，博弈过程中的战略选择都基于支付与成本的对比。

## 二　博弈模型

根据以上的假设，可以设计政府与同业公会两方博弈模型。这是一个完全信息动态模型，政府首先制定限价统制政策，同业公会决定是否执行政府限价，后者考虑的因素主要是执行支付以及成本，同业公会执行价格协调出现妥协与抗争，根本原因在于权衡比较支付与成本的变化。根据博弈关系，分析政府和同业公会在价格协调方面的关系发生变化的主要影响因素。

（一）动态博弈扩展图

此动态博弈关系可以用如图5-2所示的博弈扩展式（博弈树）表示：

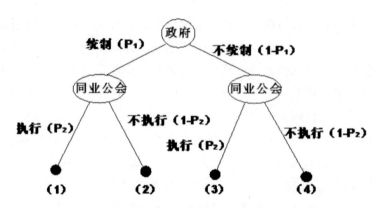

图5-2　政府与同业公会博弈扩展图

此博弈扩展表达式列出了政府与同业公会博弈四种结果，如表5-9所示，用（1）、（2）、（3）和（4）表示。根据前文假设，可以得到以下博弈双方支付矩阵，其中括号中第一项表示政府支付，第二项为同业公会支付。

表5-9　　　　　　　　　　　博弈支付结果

| 战略组合 | （1） | （2） | （3） | （4） |
|---|---|---|---|---|
| 支付结果 | $(w-c,\ k_1w-\alpha k_1w)$ | $(-c,\ k_2w-\beta k_2w)$ | $(0,\ -\alpha k_1w)$ | $(0,\ k_2w)$ |

（二）政府与同业公会支付期望

对于以上四种可能的支付可能，政府和同业公会要考虑在各种概率（力度）下的支付期望，再设政府和同业公会支付期望分别为$\Pi_1$和$\Pi_2$，根据博弈假设和支付矩阵，可以得到二者的期望值分别为：

$$\Pi_1 = P_1 \cdot P_2 \cdot (W - C) + P_1 \cdot (1 - P_2) \cdot (-C) \tag{1}$$

$$\Pi_2 = P_1 \cdot P_2 \cdot (K_1 W - \alpha K_1 W) + P_1 \cdot (1 - P_2) \cdot$$
$$(K_2 W - \beta K_2 W) + P_2 \cdot (1 - P_1) \cdot (-\alpha K_1 W) +$$
$$(1 - P_1) \cdot (1 - P_2) \cdot K_2 W \tag{2}$$

又有理性人的假设，政府和同业公会都考虑自身利益最大化，在博弈论中，也就是要计算在不同概率可能下支付结果最大化，从而可以根据（1）式和（2）式求最大值即可。

（1）式最大值，也即政府支付最大化，可以计算其对 $P_1$ 的偏导数，看什么条件下能够使偏导数为 0：

$$\frac{\partial \Pi_1}{\partial P_1} = P_2 \cdot (W - C) - C \cdot (1 - P_2) = 0$$

解这个等式，结果是：$P_2 = \dfrac{C}{W}$（3）

同理，也可以求出（2）式的最大值及其条件：

$$\frac{\partial \Pi_2}{\partial P_2} = P_1 \cdot (1 - \alpha) \cdot K_1 W - P_1 \cdot (1 - \beta) \cdot K_2 W - (1 - P_1) \cdot$$
$$\alpha K_1 W - (1 - P_1) \cdot K_2 W = 0$$

此等式成立条件是：$P_1 = \dfrac{\alpha K_1 - K_2}{K_1 + \beta K_2}$或者写成 $P_1 = \dfrac{\alpha - \dfrac{K_2}{K_1}}{1 + \beta \dfrac{K_2}{K_1}}$（4）

**（三）博弈结果**

由博弈双方国民政府与同业公会支付最大化条件，可以得到如下两个命题：

命题 1：限价统制条件下，同业公会执行限价进行行业价格协调的可能性，与行业整体利益受损程度成反比，也即政府限价越偏离行业正常市价，同业公会越没有动力或意愿拥护和执行政府限价政策。

证明：（3）式表示同业公会采取价格协调执行政府限价政策的可能性，非常明显，$P_2$ 与政府支付 W 成反比，W 是政府通过限价得到的财政收入利益，同时也就是整个行业由于限价所受的损失，所以命题 1 可以得证。

国民政府所定限价政策是统制物价上限，即通过行政力量强制限制商品服务的最高价，只要市场上存在有高于规定限价出售商品和服务的行为，即被视为超越限价，属于违法行为。而这种强制价格通常远低于正常市场价格，必然会造成行业利益的损失，结果是导致行业的集体反对和抗议。下面通过一个限价示意图，以便更好地解释命题 1。

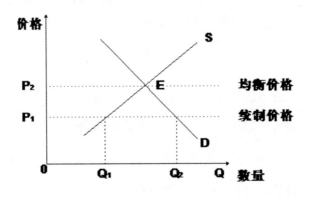

图 5 – 3　国民政府上限价格统制示意图

图 5 – 3 示意图简单说明了国民政府限价政策的效果，在政府统制的商品中，任何交易都不能超出限价，但是由于限价明显低于市场供需均衡时的价格，往往会造成供求的缺口，导致供需矛盾的加深。图中 $P_1$ 为均衡价格，$P_2$ 为政府限价，二者的差距直接影响同业公会配合政府限价的态度。根据经济学基本理论，厂商生产停止营业临界值在商品价格等于生产商品的平均可变成本，可变成本是指生产过程中所用到的劳动力、燃料和原料等。如果商品价格低于平均可变成本，则厂商将会停止生产，因为收益不足以弥补可变成本。因而同业公会在面对政府的限价时，必然会从行业利益角度考虑成本因素的变化和可承受范围，在同业公会认为可以接受或者说是比较适当的范围内，公会将考虑妥协，从而接受政府的限价。一

且限价超过行业生存的底线，则同业公会将反抗政府的限价，而且反抗程度随行业整体利益受损程度而发生正向变动。

命题2：如果同业公会受行业利益驱使程度越高，同业会员对同业公会呼吁越多，那么，政府异常严厉的价格统制越难维持成本越高，执行限价力度会越来越弱。

证明：（4）式中，$\frac{K_2}{K_1}$表示集团利益或者说是行业整体利益与政府给予同业公会的利益比较，如果$\frac{K_2}{K_1}$值增大，意味着行业利益相对政府的好处要增加得快，这种情况下，同业会员对行业中间组织的作用诉求增多，同业公会将更多考虑行业整体利益，因而$\frac{K_2}{K_1}$的值有可能增加。从这个表达式中，可以清晰地看到，此数值增大的结果将导致$P_1$减少，也即政府统制限价的力度或可能性会降低，证明完毕。

命题1和命题2，可以比较充分地解释抗战胜利后，在国民政府实施经济统制并进行严厉的限价政策条件下，同业公会与政府间的博弈关系变化。从博弈模型中看到，二者间的关系变化是几个变量的函数，当这些变量发生变化时，它们围绕价格而产生的关系也随之发生变化。不仅如此，国民政府的最高限价政策造成了市场供需矛盾深化，扼杀了生产厂商的积极性，直接导致通货膨胀恶性循环，同业公会受同业会员的请求代表行业利益进行维权行动，当行业损失利益足够大的时候，政府也必将自食其果，而不得不宣布限价政策失败。

## 第五节　其他非重要行业同业公会的价格协调

此处非重要行业，是指国民政府认为对于上海物价影响力并不大的行业，它们价格也会变动，但政府认为并不是整体物价上升的主要根源。本章前面几节都是论述重要行业同业公会的价格协调活动，主要以棉纺业为例说明。在抗战胜利以后，国民政府为了遏制日益奔腾上涨的物价，开始实施限价政策，很多行业比如棉纺业、面粉业、米业、煤业等直接关系到民生问题，因而其格外受到政府的重视，也自然成为限价的重点对象。相对地，其他一些行业即使是面对政府限价，由于不在政府严厉管制范围之内，则可以比较自由地制定行业价格，这些行业的同业公会可以比较充分地发挥价格协调功能。之所以加上这部分论述，是为了更全面更完整地说明抗战胜利后上海同业公会的价格功能，以免以偏概全；但是篇幅较短，原因在于非重点行业同业公会价格协调与战前同业公会的行为具有一致性，在此只在补充说明，因而无须过多赘言。

从目前所了解的历史档案材料来看，有关重要行业的同业公会史料比较丰富，上海档案馆有非常详细的资料，但是关于小的非重点行业同业公会史料本来就少，而集中于限价这个主题语境下的同业公会经济活动就更少了。经过长时间的搜集，找到一些比较零碎的档案材料证明即使在严格的统制限价时期，有些同业公会也能够自主协调价格。换句话说，可以论证在国民政府统制的最后时期，同业公会也并没有完全丧失独立性这个结论。下文将以轮船商业同业公会与纱管工业同业公会为例说明。

1947年2月，在棉纺业管制中刚好处于纺管会时期，而在其他行业情况或许并不一样。上海纱管工业同业公会为了协调市场秩序，召集同业协商并且成立了一个评价委员会。评价委员会制度我们并不陌生，在早期行会时期就出现过这种制度安排，在全面抗战之前的上海同业公会中经常出现同业开会商议价格，并且组织成立评价委员会评定行业价格的现象。

该业评价委员会以挽救同业危机、划一售价、不谋暴利和推进生产为宗旨[①]。这一点与抗战前很多同业公会规定一样，都表明了同业公会的公益性质。评价委员会详细规定了处罚规则，对于会员

---

① 《上海市纱管工业同业公会评价委员会组织条例及处罚办法的文件》，1947年，上海档案馆藏，资料号：S55-1-12-82。

违反评价的行为，该会将按照一定的规则进行处罚，以保证评价制度的有效性和权威性。比如第十条规定，评价经通知后自规定之日起，如会员中发生违反决议，擅自跌价或不依照规定缴纳定银者，均处以该批产品全部货价30%的违约金，并规定将该违约金作为补充职工福利事业的经费。如果会员遇到次品必须低价出售时，应先将数量、售价和受主等基本情况以书面报告上交该会核定，否则以违反第十条论，可见对于低价形式的价格竞争管理较严。

为了应付市场价格的起伏，同业评价委员会制定比较机动的规定，即如遇原料成本涨跌，会员可以调整价格，但是必须经过会员1/3之共同署名并提出适当理由向该会请求随时调整，调整的程序也相当严格，既要有一定数量会员签名，又要具有同业公会认可的合理理由，只有当这些因素同时都具备时，同业公会评价委员会才同意会员的价格调整请求。

这是工业同业公会的案例，在商业同业公会方面，也具有比较典型的例子可以证明某些非重要行业同业公会的自主协调价格功能。

1947年6月上海市轮船商业同业公会第21次理监事联席会议商议决定实施新的运输价格，并制定运输价格表发放各会员以遵守同业公会价格①。该同业公会制定了非常详细的运价说明，其中规定：

（1）运价共分三类。第一类为米、小麦和面粉；第二类为杂粮（包括豆类、麦类、苞米、红粱）、食盐以及食油；第三类为杂货，如木板、木材、水泥、石膏及其自由购运的煤，装整船者照第二类计算，零星装载者按第三类计算；

（2）矿物、油类、桶装者四桶按一吨运价计算，散装船色油照杂货运价加20%，白油照货运价加50%；

（3）汉宜段运价与沪汉段相同；

---

① 《上海市轮船商业同业公会议定货物运价表》，1947年，上海档案馆藏，资料号：Q374 - 22 - 2 - 80。

（4）汉口至沙市与汉宜段相同价格，沙宜段运价照长江区航政局短航运价办理；

（5）原有各种折扣一律取消；

（6）上海转口费每吨另加4.2万元，汉口宜昌转口费每处每吨3万元。

这一份运价表很详细地规定了所载物品的种类、特性以及不同距离的运价。该同业公会经过理监事联席会议制定行业价格，并且要求上海全业在6月12日起开始实行。由于通货膨胀的影响，这份运输价格表在7月7日又做了一次调整，在原来商议价格的基础上全部增加了50%。

这两个案例说明了在抗战胜利后，在一些非重要行业中，同业公会依然行使比较自由和自主的价格协调功能，这一点与1937年之前的同业公会并没有太多区别，可见同业公会在民国后期并非完全丧失独立性，由于行业的不同特性，政府管制的不同力度，每个行业同业公会在发挥价格协调方面的权限、角色、地位以及作用都是不一样的。但有一点是可以肯定的，即不管在什么的经济条件和背景下，同业公会都具有中间桥梁的作用，都在扮演行业中间人的角色，起着必要的经济协调和调解作用。

# 第六节　小结

本章从抗战胜利后上海通货膨胀形势入手，分析在物价飞速上涨时期，同业公会在维持行业价格过程中所扮演的角色。围绕物价稳定的核心问题，南京国民政府制定了种种限价或议价政策，并成立各种评议价格的机构，但最终都没有取得成功。而同业公会却在政府限价过程中起到了重要作用。以重要行业棉纺业为例，结合六区棉纺织业同业公会史料，总结得到这一时期同业公会协调价格的特点和作用。

六区公会具有典型性和代表性，因为棉纺织业一直都是上海最重要的工业之一，在战后限价政策具有重要的作用。在棉纺织业，自抗战胜利后，依次经历了纺管会、纺调会和纱管会三个阶段，所受限制越来越多，行业冲击也越来越严重，但事实上，这种严格管制的方式并没有缓解物价上涨的压力。但是，在协调过程中，我们可以看到六区同业公会的矛盾处境，既要争取行业利益，又要配合政府的限价政策，表现在同业公会一方面向政府请愿，并呼吁全国纺联会一起力争权益，另一方面却又声明要支持政府的限价政策，可谓反抗与妥协同时存在，这也是统制经济时期同业公会的一种典型生存状态。

最后，通过博弈论分析，博弈的双方分别是政府和同业公会，二者间的关系围绕价格变化而发生改变，政府采取严厉的限价政策，最终的结果是行业利益损失增加，当损失足够大的时候，政府也不会获得正当收益。因而，采取高压的限价政策，最终只能是两败俱伤，以失败而告终。

# 第六章　结语

行文至此，笔者脑海中呈现出这样的图景：民国上海同业公会召开会员大会商议行业价格，一幅幅画面如此逼真，就像一部年代久远的电影一般从我眼前慢慢滑过。一个个商界精英出入同业公会会址与政府之间，进行有关价格问题的斡旋，一面要求同业遵守行业价格标准，一面请求政府体恤商艰和缓解商困。让我不禁感叹民国同业公会的价格协调之路。同业公会在近代上海经济发展中发挥过重要协调作用，成为连接政府和市场的重要中间力量。在近代市场发育过程中，它们曾经扮演着积极的协调角色，起到稳定行业价格、规范行业竞争和维持市场秩序的作用。对上海近代市场经济发展起着推动和促进作用。

在价格方面，同业公会因为时代变迁而呈现不同的管理和协调方式。清末以降，上海已经出现很多同业组织，虽然还没有正式被称作同业公会，功能上也与新式工商团体的同业公会存在较大区别，但为了比较研究分析，将早期行业组织比如会馆和公所的价格职能也纳入研究体系，目的在于能够更加全面完整地讨论近代同业公会价格协调机制的特点和嬗变规律。

本书的研究沿着两条主线展开，即第一条主线是同业公会价格协调的方式、特点和作用的研究。从狭义上来说，1917 年北洋政府颁布《工商同业规则》之后，新式工商团体组织开始代替旧式行业组织，这种新式工商团体组织才是同业公会。而从广义上来看，同业公会还应该包括旧式行业组织在内。近代上海行业组织经历了从会馆、公所到同业公会的变迁，经济功能也在不断发展与完善。至于行业价格协调，不管是旧式行业组织，还是新式的同业公会，它们在制定业规和章程的过程中，一般都将"价格"作为主要内容之一。由于经济形势的改变，同业公会价格协调的方式和作用也在发生变化，最终的影响作用也因时代不同而存在很大差异。

第二条主线是同业公会与政府、同业会员的博弈关系。同业公会的行业组织的性质决定了它与外部环境和组织的关系，而这种关系随着社会经济因素的变化而发生改变。在抗战之前的上海，为了实施和执行价格协调，同业公会博弈的对象主体主要是同业会员，通过与会员的互动，形成价格生成、执行和处罚机制。而在汪伪以及战后统制经济阶段，同业公会最主要的博弈对象是政府。同业公会实施价格协调受到政府的限制，具有妥协性。但是当政府的政策造成行业生存压力时，同业公会出于行业利益的诉求，表现出具有积极抗争的一面。

两条主线交错并行，构成了民国上海同业公会价格协调的整体概况。在总述民国上海同业公会价格协调方式、特点和作用时，以第二条主线为纬，即以同业公会与政府和会员的关系变化贯穿始终，渐次展开完整脉络。

## 一　同业公会价格协调：从行业自律到利益诉求

会员是同业公会的重要组成力量，近代工商法规中都曾规定符合一定条件的个体从业者必须加入同业公会。同业公会制定的章程中明确规定"以维持同业公共利益，矫正营业上之弊害为宗旨"。同业公会是重要的工商团体，本书将工商同业公会视为利益集团，它们有着共同的目标，在价格协调过程中具有一般利益。

市场交易中，同业会员非常关心行业价格变化。价格本应由市场自动调节，随着商品和服务供求关系变化，价格应该随之发生变动变化，这是市场规律的正常表现。但是在市场发育程度较低阶段，市场中交易经常出现违规现象，在价格方面表现为市场价格竞争，从而导致市场秩序紊乱，仅依靠市场"看不见的手"往往很难解决价格混乱局面。同业公会业规中规定避免同业价格竞争，要求同业根据公会所制定的标准，或是严格执行，或是合理浮动。不仅如此，同业公会还要求会员开店的空间最小距离，这样可以防止价格竞争。

在自由经济阶段，同业公会成为市场价格调节的重要力量，在会员代表大会中，由主要会员共同商议价格标准①。同业公会在价格信息方面与会员保持积极互动关系，会员向同业公会反映行业经营状况，要求同业公会审时度势根据市场行情制定价格标准，然后通过会员大会表决，最后向同业宣布价格标准，这是上海同业公会中普遍流行的做法。互动过程体现了同业公会作为市场中间组织的功能和作用。

为了能够切实执行所定价格，同业公会以契约形式规定会员的权利和义务。契约中规定会员必须遵守协商价格，为了使市场价格保持稳定，即使非会员也要遵守该价格。对于贸然违反业规私自改变价格的行为，同业公会制定严格的惩罚措施。由于缺少政府法律限制，同业公会的价格规定便成了民间习惯法，能够比较有效地约束同业价格违规行为②。

从广义上看，价格协调机制包括价格形成机制、执行机制和惩罚机制三个方面。三者相互影响，相辅相成，形成一个完整系统。其中，价格形成机制主要以同业商议形式为主，同业公会代表可谓行业智囊，他们很清楚本行业价格行情，能够制定出比较合理的价格；执行机制是确保所定价格能够顺利执行的系列制度安排，比如订定契约和保证金制度等，这些都是事先制度安排，有利于促使同业公会或非会员遵守价格；惩罚机制则是事后制度安排，一旦有从业人员发生价格违规事宜，同业公会将采取措施惩罚违规者。价格协调机制具有较强自主性，是行业自主权限内系列制度安排的

---

① 会员重要程度一般由缴纳会费多少而决定。
② 当然，毕竟只是软约束，不可能完全避免同业会员的价格违规行为。

总和。

而在统制经济时期，限价成为政府统制的主要措施之一。政府认为商品价格是引起通货膨胀的主要原因，企图从价格管制入手降低整体物价水平，从而达到有效控制通货膨胀的目的。这种错误的认识，只能使物价陷入更深泥潭，其中受到最大伤害的是从业者和消费者。绝大多数同业公会已经失去昔日自主决定权限，它们在物价统制面前不得不遵守政府所定限价。从相关档案史料来看，同业公会在得到政府限价通知以后，一般都会首先要求同业会员恪守限价，并且派相关人员进行价格监督以确保限价得到较好执行。这种行为似乎已经违背了同业公会的宗旨，自然会引起会员的反对。其实，同业公会的境遇相当尴尬，作为政府和市场之间的沟通桥梁，政府限价法令自然不敢贸然违抗，除非限价已经达到或超越行业承受底线。而在会员方面，会员是同业公会的基础，如果没有会员，同业公会自然被解散而不复存在。行业利益也是同业公会必须考虑的因素之一，如何综合平衡政府和行业利益，的确成为考验同业公会能力和智慧的重大问题。

会员的正当诉求是同业公会无法也是不可能回避的事实，除了劝说会员遵守限价以外，同业公会更重要的职能表现在积极争取合理利益。同业公会组织机构中很多重要人物都是某些会员公司（厂）的法人代表，当然同业公会也要代表行业利益。同业公会存在的意义在于能够形成利益集团，谈判能力的增强可以有效减少维权成本，这是单个会员很难甚至无法做到的。政府限价政策逐渐严厉，统制对象也越来越多，当限价超越一定限度，同业生存压力就会空前增大，于是同业公会成为争取行业合法权益的重要力量。

## 二 同业公会价格协调：从自我实施到政府管制

早期行业组织行会也具有价格协调功能，它们往往具有一定的封建性和封闭性，比如制定价格限制竞争等，行业自律能力通过所谓的多边惩罚机制自动实现。同业内部通过制定行业规则约束同业的行为，同业包括会员和非会员，会馆和公所等组织一般都要求同业加入会员，否则很难享受相应权限和保障。由于政局不稳，政府管理能力相对较弱，社会力量能够起到弥补政府功能不足的作用。行会组织直接制定行业标准价格并且制定业规，在业规中明确规定违规价格竞争的惩罚条例。在政府管理很弱或者几乎缺失的条件下，行会组织可以利用中国传统文化中的道义和义利观约束成员的价格行为，由于违规价格行为的代价非常高昂，即一旦违规，则将面临严厉惩罚，包括经济、声誉、社会地位等方面的代价。借助于多边惩罚机制，同业组织价格规则得以比较严格的遵守。清末民初的同业组织具有很强的价格管理能力，尤其体现在执行和惩罚方面。

1917 年北洋政府颁布了《工商同业公会规则》，第一次以立法的形式规定了同业公会的规则和宗旨，标志着新式工商同业公会开始代替以往旧式行会组织。南京国民政府成立以后，1929 年的《工商同业公会法》更全面更完整地规定了同业公会的功能、作用和地位，最终确立了同业公会行业中间组织的角色。从 1912 年民国成立至 1937 年抗战前夕，虽然存在统制经济思潮以及部分政府统制，但上海经济总体上来说是以自由竞争形态为主。1937 年之前的同业公会价格功能主要表现为自主协调。同业公会普遍制定章程和业规，其中都有价格条规，规定价格制定方式、调整条件以及违规处罚规则。通过同业集议，共同商议价格制定标准，体现了同业公会价格协调的自主独立性。在执行价格方面，同业公会要求会员和非会员都必须严格遵守，否则公会有权惩罚违规会员。一般来说，惩罚都是经济上的，在事先签订遵守业规合约时，会员就被要求预先支付保证金。同时，同业公会也具有公益性质，公会用违规会员所缴纳的罚金充作公益事业基金。

抗战之前的同业公会，有关价格协调的制度设计和安排具有自我实施的特点，即不需要政府强行管制，公会有关价格机制可以实现自我实施。对于具有自我实施特点的制度，可以用历史比较制度分析方法解释和说明。该方法提供一个全新视角，以博弈论为分析工具。价格协调的过程涉及同业公会和会员博弈双方，政府只是局外人，当政府批准成立同业公会以后，行业内部协调的职能基本由同业公会完成。经过前期调查工作，同业公会以同业大会的形式讨论具体价格标准，此过程中没有政府的参与。民国有关价格法律供给相对缺乏，同业公会的章程和业规可以起到民间习惯法的作用。历史比较制度分析认为，双方处于一个动态博弈过程中，最终的结果是一个子博弈精炼均衡解。双方博弈均衡决定了制度的自我实施特点，即不需要外力就可以达到均衡。这一理论方法，可以解释战前上海同业公会价格协调机制形成机理和执行原因。

1937 年之后，由于战争的影响，上海依次经历了孤岛、汪伪政府和国民政府时期。这三段时期，上海同业公会的作用差别甚大，价格协调作用发挥方式、特点和作用都迥然不同。

孤岛时期的上海与国内地区联系割断，只有部分的海外市场联系。虽然重庆国民政府没有放弃对上海工商界管理，但于两租界内部，主要是公共租界工部局和法租界法公董局处理相关事宜，同业公会处于一个相对自由发展时期。两租界内同业公会的价格协调功能和作用类似于抗战前，两租界当局对同业公会干涉相对较少。但也存在一些比较特殊的现象，比如有同业会员先斩后奏，首先私自调整价格，然后再将结果报告同业公会，同业公会有时也的确清楚物价上涨所造成的成本压力，因而理解同业的行为。

在上海完全沦陷之后，上海成为汪伪政府的重要统治区域。汪伪政府时期，上海也存在严重的物价上涨现象，当局实施限价政策，要求同业公会配合成立物品评价委员会，由同业公会管理行业买卖事宜，当局希望通过这种手段达到限价目的。到了 1943 年，汪伪政府成立了全国商业统制总会，实行严格的物资统制政策。"商统会"名义上是一个自治商业团体，具有法人属性，其基层成员主要是中方的同业公会和日方的商业组合。为了加强物资统制，汪伪政府联合相近行业同业公会，组织成立规模较大的同业联合会，比如特别成立棉制品同业联合会，该会包括苏浙皖地区的纱号、棉纺、织布和织带等多个行业的同业公会。在汪伪限价期间，同业公会价格协调作用与战前具有不同特点，不再是由行业自主决定和实施价格，而是从直接管理转到配合协调，这是一个明显转折，同业公会在经济统制时期开始出现功能的转变，同业公会或者同业联合会传达商统会价格要求，配合商统会物资收购行动，这由汪伪政府的特性和战时经济特点所决定。即使这样，同业公会也没有完全放弃正当的利益诉求，在执行伪政府限价的同时也进行维护行业利益的行动。

1945 年日本投降之后，在经济上，统制政策并没有结束。相反，由于严重的通货膨胀压力，南京国民政府加强物价控制，对上海关系国计民生的主要商品实行更加严厉的限价政策，尤其是棉纺等行业。棉纺是战后上海非常重要的行业，该业同业公会价格协调活动很具有代表性和典型性，通过案例描写和论述，较全面地分析了抗战胜利后重要行业同业公会围绕价格问题与政府的互动、较量和博弈。从抗战胜利后到上海解放这四年时间里，国民政府的限价力度呈现逐渐增强的趋势，到了 1948 年 8 月 19 日，更是采用极端的冻结价格的行为，最终不得不因为经济史上罕见的通胀而放弃限价。整个限价过程中，同业公会的价格协调活动开展得异常艰难，与政府关系方面表现为妥协与反抗同时存在。政府的限价远远低于市场价格，一方面，同业公会迫于压力必须执行政府限价政策，另一方面，同业会员的诉求使同业公会不得不考虑行业整体利益。政府与行业利益差异导致二者矛盾不断升级，因为成本过高，政府限价政策不得不停止，而同业公会也由于行业利益受损严重难以遵守政府限价政策，二者的博弈导致双输的结果。通过博弈论的分析，可以合理解释同业公会对政府态度的起伏变化原因，从妥协到反抗，由于双方利益的相对变化改变了各自的战略空间，导致两者在限价问题上存在较大分歧，迫使政府在限价决策问题上采取让步政策。

当引入政府严厉管制政策以后，同业公会处理价格问题，不再是战前自由经济的背景条件，当国民政府政策环境改变以后，同业公会的地位和作用发生重大改变。自由经济时期，同业公会是行业中间组织力量的代表，能够制定规则约束同业价格行为，尽管只是软约束，但是通过惩罚机制可以达到限制减少同业违规行为的目的。同业公会成为协调市场交易价格的主要力量，协调范围包括行业内部和行业之间两个方面。同业会员不同的经济形势下，要求和呼吁同业公会管理协调行业价格，避免恶性竞争，维持同业共同生存和发展。同时，对于相关行业价格协调，市场交易联系逐渐频繁，每个行业不可能孤立发展，同业公会价格协调往往超越自身行业的限制，要求其他有关行业参与协调价格，以维护本行业的整体利益，协调价格过程中，同业公会一直保持独立的行业中间组织角色。而在统制经济时期，尤其是战争年代，政府出于战争、物资和物价考虑，实行范围广泛的经济统制活动，首先表现在物价管理和限制上。同业公会的作用相应发生变化，在价格协调方面，不再是原来的直接制定和执行价格，而变成转达政府的特定限价，然后让同业遵守政府的限价，协调价格由主动积极转化成被动配合。如汪伪政府和抗战胜利后的南京国民政府都采取过限价政策，前者是为了日本侵略物资的需要，后者是为了缓解日益困难的财政和恶性循环的通货膨胀压力。不管怎样的目的，政府限价对同业公会价格协调职能都存在很大影响，具体表现在以下两个方面。

（一）价格制定权在政府而不是同业公会，同业公会仅提供与价格有关的参考意见，而且最后决定权完全在于政府。同业公会一直反对政府把持行业价格制定权，认为工商团体几乎丧失独立自主性，完全成为政府统制的附庸。正因为同业公会的期望与政府存在巨大差距，最终导致二者间的矛盾激化。

（二）同业公会的协调体现为被动配合，所以与政府的矛盾难以避免。由于行业价格制定权的丧失，同业公会被迫配合政府的限价政策。需要说明一点的是，同业公会被动配合限价，并不等于放弃争取正当利益。同业公会作为市场经济第三方组织，需要一个自由的市场环境，而在政府极端统制条件下，同业公会发挥价格协调作用的环境和方式发生变化，比如行业调查、行业成本计算以及同业商议等行为和特点都不同于自由经济时期。

总之，民国上海同业公会价格协调功能的实施，以全面抗战爆发的 1937 年为时间界限，之前的同业公会价格协调机制能够自我实施，主要是同业公会与会员之间的博弈；而之后的价格协调体现在同业公会与政府的博弈，由于双方利益的格局变化，造成同业公会在执行政府限价时出现妥协和抗争同时存在的局面。

## 三 借鉴意义

党的十八大报告中提出"强化企事业单位、人民团体在社会管理和服务中的职责，引导社会组织健康有序发展"。社会组织是社会经济发展中非常重要的力量。20 世纪末，中国经济也处于转轨时期，由传统的计划经济向市场经济转变，20 世纪 90 年代市场经济体制正式在中国建立起来，市场发育离不开经济主体的成长，曾经消失了的同业公会和类似的行业协会又开始在中国大地上出现。行业组织在经济社会中发挥着重要的功能。现今行业协会作为行业利益代表，积极协调行业与政府、会员以及国内外其他经济主体的关系，行业协会实现行业自律的重要力量。它们于行业内部制定相应章程规则，实行对会员的约束；对外则积极争取合法利益，起到了规范与维护的作用，尤其是中国成功加入 WTO 以后，在这十几年与其他国家发展经济贸易往来中，机遇与挑战同时存在，贸易冲突时有发生，而与之相关的中国行业协会在处理争端过程中扮演着很重要的斡旋和调解作用。客观上说，有些国内企业在参与国际化竞争过程中，为拓展海外市场、争夺国际市场份额而采取违法乱纪行为，这些行为严重扰乱了企业国际竞争秩序，同时也损毁了中国企业在国际市场上的形象，削弱了中国企业的市场竞争力。为了实现中国经济与国际经济的顺利接轨，提高企业国际竞争力，必须要规范企业的经济行为，除了政府的管理，行业协会的自律和协调功能将显得非常重要。

　　但是，如今行业协会面临许多问题，比如在行业自律方面，往往存在着与政府和会员之间的矛盾和冲突，甚至是行业协会政会不分，在行业利益调整过程中扮演"二政府"的角色，如何提高行业协会自律能力、规范行业内部管理、协调与政府和其他经济主体间的关系等，这些都是需要解决的现实问题。

　　而在经济史上，同业公会的价格协调功能对于今天的行业协会具有积极的借鉴意义。我国现在处于经济转型时期，由于市场机制的不完善，市场中存在着价格扭曲的现象，价格矛盾也时常发生在市场交易中。行业协会是市场经济中重要的第三方组织，能够比较有效地克服市场失灵和政府失灵所带来的各种不利影响。

　　行业价格协调并非价格卡特尔，也不是价格联盟，而是积极地协调行业内部价格，是行业自律行为。价格自律与正常市场竞争和国家相关法律规定不仅不矛盾，而且在一定程度上能够矫正价格扭曲，能够有效避免行业恶意价格竞争。进行价格监督，维护行业从业者的合法利益，有益于规范市场正常秩序。我国 1997 年 12 月 29 日通过《中华人民共和国价格法》，其中第十七条明确规定："行业组织应当遵守价格法律、法规，加强价格自律，接受政府价格主管部门的工作指导"，其中特意提到价格自律。2007 年 8 月 30 日《反垄断法》出台，其中第十四条明确规定一些情况不属于价格垄断①。行业协会在不违反《反垄断法》的情况下，可以利用该法中特有的豁免条款制定统一对外销售价格。这种价格协调是合法和必需的，不仅对行业价格具有参考意义，而且还可以提高行业协会内企业的创新力和竞争力，这种正常价格行为对行业和经济发展具有

――――――――――

　　① 第十四条明确规定一些情况不属于价格垄断，只要生产经营者能够证明所达成的协议属于下列情形之一：（一）为改进技术、研究开发新产品的；（二）为提高产品质量、降低成本、增进效率，统一产品规格、标准或者实行专业化分工的；（三）为提高中小经营者经营效率，增强中小经营者竞争力的；（四）为实现节约能源、保护环境、救灾救助等社会公共利益的；（五）因经济不景气，为缓解销售量严重下降或者生产明显过剩的；（六）为保障对外贸易和对外经济合作中的正当利益的；（七）法律和国务院规定的其他情形。经营者还应当证明所达成的协议不会严重限制相关市场的竞争，并且能够使消费者分享由此产生的利益。

较强的推动意义。当然，国家相关法律同时规定行业协会价格协调不能损害消费者合法权益。

因而在我国加快市场经济发展步伐的过程中，行业价格自律有利于解决行业内部价格矛盾，有利于行业内部的良性竞争，促使行业健康有序发展。如果每个行业协会都能约束成员自行价格自律，可以节约社会总体交易成本，有利于促进我国市场经济的健康发展。

# 参考文献

## 一 民国报纸、著作和期刊

### （一）报纸

《申报》《新闻报》《益世报（上海）》《商报》《正言报》《中央日报》《大公报（上海版）》等。

### （二）民国著作

1. 第六区机器棉纺织工业同业公会：《第六区机器棉纺织工业同业公会第一届会务报告》，1948 年版。

2. 居衡：《商业统制机构及其法规》，1944 年版。

3. 李森堡：《同业公会研究》，青年书店 1947 年版。

4. 罗敦伟：《中国统制经济论》，新生命书局 1935 年版。

5. 马寅初：《中国经济改造》，商务印书馆 1935 年版。

6. 彭敦仁：《纺建要览》，中国纺织建设公司董事会 1948 年版。

7. 全国纺织业联合会：《棉纺联合配销问题》，纺织书报出版社 1947 年版。

8. 王季深：《战时上海经济·第 1 辑》，立达图书公司 1945 年版。

9. 物资统制审议委员会秘书处：《物资统制法规》，1944 年版。

10. 严谔声：《上海商事惯例》，新声通讯社出版部 1936 年版。

11. 于捷锋：《统制经济常识》，中国联合出版公司 1943 年版。

### （三）期刊

1. 《国内要闻：物价暴腾与平价问题》，《银行周报》1939 年第 50 期。

2. 《上海铅印业同业涨价》，《艺文印刷月刊》1939 年第 1 期。

3. 《战时统制物价法规：非常时期定评物价取缔投机办法》，《经济动员》193 年第 2 期。

4. 《战后上海之工商各业》，《经济研究》1940 年第 4 期。

5. 《国内要闻：上海法租界组设平价会》，《银行周报》1940 年第 9 期。

6. 《国内要闻：上海两租界当局合作抑平物价》，《银行周报》1940 年第 11 期。

7. 《上海管理物价新则》，《经济动员》1940 年第 4 期。

8. 《上海趸售物价指数表》，《上海物价月报》1941 年第 7 期。

9. 《报告：关于物价事宜报告：本局请纳税人举报操纵囤积情事》，《上海公共租界工部局公报》1941 年第 22 期。

10. 《上海物价的前途》，《时代妇女（上海）》1941 年第创刊号期。

11. 《关于整理货币之法令文告：安定物价临时办法（民国三十一年五月二十八日）》，《华兴商业银行经济汇刊》1942 年第 5 期。

12. 《关于金融物统制之法令布告：主要商品同业公会暂行业务规程》，《华兴商业银行经济汇刊》1942 年第 9 期。

13. 《时事一月：全国商业统制总会筹备成立》，《潮声》1943 年第 4 期。

14. 《会员概况：棉制品业同业联合会暂行章程》，《商业统制会刊》1943 年创刊号。

15. 《上海批发物价指数表》，《中外经济统计汇报》1943 年第 5 期。

16. 《上海特别市棉布临时配给特辑：办理沪市棉布临时配给经

过》，《商业统制会刊》1944 年第 5 期。

17. 《调查资料：各联合会所属会员一览表：棉制品业同业联合会会员表》，《商业统制会刊》1944 年第 5 期。

18. 《外汇汇率新调整》，《财政评论》1946 年第 2 期。

19. 《纺管两次重要会议议定棉纱配销新办法》，《纺织周刊》1946 年第 30 期。

20. 超然：《经济常识：统制经济和计划经济》，《职业与修养》1940 年第 2 期。

21. 陈彪如：《战后棉纺织业之管理》，《中央银行月报》1949 年第 4 期。

22. 陈敦常：《社会科学常识：统制经济与计划经济》，《绸缪月刊》1937 年第 10 期。

23. 陈维稷：《论纺织事业管理委员会之设立》，《客观》1945 年第 4 期。

24. 陈长蘅：《民生主义之计划经济及统制经济》，《经济学季刊》1935 年第 4 期。

25. 陈志让：《自由经济与计划经济》，《读书与生活》1946 年第 2 期。

26. 道明：《由自由主义经济到统制主义经济》，《读书杂志》1933 年第 7 期。

27. 冯克昌：《上海繁荣的观察》，《商业月报》1939 年第 5 期。

28. 胡宝泰：《统制经济与自由经济的界限》，《经济通讯》1948 年第 773 期。

29. 胡竟良：《中国棉业复兴刍议》，《东方杂志》1947 年第 13 期。

30. 季君勉：《中国棉纺的幸运和厄运》，《纺织周刊》1948 年第 9 期。

31. 寄梅：《战时花纱布管制工作的回顾》，《纺织周刊》1947 年第 2 期。

32. 景仁：《渐趋没落之上海畸形繁荣》，《商业月报》1940 年第 8 期。

33. 李紫翔：《中国与自由经济》，《东方杂志》1948 年第 2 期。

34. 李自发：《合作经济与自由经济比较观》，《复兴月刊》1933 年第 3 期。

35. 罗敦伟：《中国战时经济及统制政策》，《现代学生（上海 1930）》1933 年第 2 期。

36. 罗敦伟：《国难出路与统制经济》，《国闻周报》1933 年第 38 期。

37. 罗敦伟：《中国统制经济的客观条件》，《银行周报》1933 年第 42 期。

38. 罗敦伟：《中国统制经济的目标与区域》，《银行周报》1933 年第 40 期。

39. 罗敦伟：《事业文献：统制经济的实施程序》，《纺织周刊》1934 年第 3 期。

40. 罗敦伟：《事业文献：棉纱业统制方案》，《纺织周刊》1934 年第 1 期。

41. 罗敦伟：《省统制经济的正轨与歧途》，《银行周报》1934 年第 43 期。

42. 罗敦伟：《物价统制的总检讨》，《财政评论》1941 年第 1 期。

43. 罗敦伟：《统制物价的实际方法》，《经济汇报》1941 年第 3 期。

44. 罗敦伟、青云梯：《非常时期：中国经济建设研究：中国统制经济问题》，《读书季刊》1936 年第 1 期。

45. 罗敦伟、青云梯：《怎样实施战时经济建设》，《经济动员》1938 年第 6 期。

46. 骆清华：《同业公会之隶属问题》，《商业月报》1946 年第 1 期。

47. 马寅初：《统制经济问题》，《时事月报》1934 年第 6 期。

48. 糜中丹：《统制经济与计划经济》，《上海法学院商专季刊》1936 年第 11 期。

49. 穆藕初：《统制经济与中国》，《纺织周刊》1933 年第 40 期。

50. 彭敦仁：《论花纱布全面管制》，《纺织建设》1947 年第 2 期。

51. 铅印业同业公会：《沪市笔墨业再度涨价》，《艺文印刷月刊》1940 年第 10 期。

52. 潜园：《怎样去管理纺织事业所望于纺织事业管理委员会者》，《纺织周刊》1946 年第 5 期。

53. 秋园：《统制经济与经济统制》，《十日谈》1933 年第 10 期。

54. 泉清：《从无为而治到统制经济》，《新经济》1940 年第 8 期。

55. 任培元、方纪难：《自由经济与计划经济》，《银行周报》1943 年第 27 期。

56. 沈文辅：《论统购国棉》，《纺织周刊》1948 年第 11 期。

57. 沈文辅：《论当前花纱布管理政策》，《东方杂志》1948 年第 2 期。

58. 盛克中：《全国经济委员会棉业统制委员会实习报告书》，《商专年刊》1935 年第 2 期。

59. 施鑫泉：《战事结束以来上海纱布市情之演变》，《纺织周刊》1946 年第 4 期。

60. 史亦闻：《战后上海繁荣本质论》，《银钱界》1939 年第 9 期。

61. 守真：《战时花纱布管制概述》，《纺织周刊》1948 年第 11 期。

62. 汤心仪：《自由经济与统制经济》，《银行周报》1943 年第 41 期。

63. 吴清泉：《棉纱联合配销问题》，《棉业月报》1947 年第 2 期。

64. 小言：《棉纱棉布实施收买前上海之物价》，《经济月报》1943 年第 5 期。

65. 辛膺：《经济政策与工业发展》，《中央银行月报》1948 年第 7 期。

66. 徐思予：《从计划经济与统制经济之比较的研究说到"民生主义的计划经济"》，《中苏文化杂志》1937 年第 1 期。

67. 严钟湛：《论棉花核价与调整棉价问题》，《东方杂志》1946 年第 16 期。

68. 杨荫越：《建设全国同业公会之计划》，《东方杂志》1920 年第

5 期。

69. 姚同樾：《仲伯德计划经济理论撮要：各经济学派统制经济理论撮要之一》，《国民经济建设》1936 年第 1 期。

70. 叶林：《花纱布管制政策的检讨》，《工商天地》1947 年第 5 期。

71. 荫南：《自由经济制度在哪里?》，《复兴月刊》1933 年第 2 期。

72. 张培刚：《管制与国营之理论的基础》，《中央银行月报》1948 年第 5 期。

73. 张奇瑛：《三十六年中国经济概况》，《东方杂志》1948 年第 7 期。

74. 张琦英：《三十五年度的中国经济（上）》，《东方杂志》1947 年第 10 期。

75. 张琦英：《三十五年度的中国经济（下）》，《东方杂志》1947 年第 11 期。

76. 张素民：《统制经济与计划经济》，《复兴月刊》1933 年第 12 期。

77. 赵乃抟：《经济计划与统制》，《独立评论》1937 年第 242 期。

78. 郑独步：《德国战时经济统制的考察》，《经理月刊》1935 年第 2 期。

79. 周家声：《有感于纺管撤销与纺调成立》，《纺织周刊》1947 年第 14 期。

80. 朱剑农：《略论计划经济与统制经济》，《新文化》1941 年第 5 期。

81. 朱汝霖：《论自由经济》，《震旦法律经济杂志》1946 年第 7 期。

82. 庄心在：《全国经济委员会之回顾与展望》，《时代公报（南京)》1933 年第 80 期。

# 二 当代主要参考文献

## （一）著作部分

1. 安慧：《梦幻石头城：汪伪国民政府实录》，团结出版社 1995 年版。

2. 蔡德金：《历史的怪胎：汪伪国民政府始末》，团结出版社 2008 年版。

3. 陈存仁：《抗战时代生活史》，上海人民出版社 2001 年版。

4. ［美］道格拉斯·C. 诺斯（Douglass C. North）：《经济史的结构与变迁》，陈郁、罗华平等译，上海三联书店、上海人民出版社 1994 年版。

5. ［美］道格拉斯·C. 诺斯（Douglass C. North）：《制度、制度变迁与经济绩效》，杭行译，上海三联书店 2008 年版。

6. 邓正来：《国家与社会：中国市民社会研究》，北京大学出版社 2008 年版。

7. 冯筱才：《在商言商：政治变局中的江浙商人》，上海社会科学院出版社 2004 年版。

8. 复旦大学历史系：《日本帝国主义对外侵略史料选编（1931—1945）》，上海人民出版社 1975 年版。

9. ［日］冈崎哲二：《经济发展中的制度与组织》，何平译，中信出版社 2010 年版。

10. 高其才：《中国习惯法论》，湖南出版社 1995 年版。

11. ［德］尤尔根·哈贝马斯（Jürgen Habermas）：《公共领域的结构转型》，曹卫东等译，学林出版社 1999 年版。

12. 韩毅：《西方制度经济史研究——理论、方法与问题》，中国人民大学出版社 2007 年版。

13. 何柄棣：《中国会馆史论》，台湾学生书局 1966 年版。

14. 何增科：《公民社会与民主治理》，中央编译出版社 2007 年版。

15. 黄美真：《伪廷幽影录——对汪伪政权的回忆纪实》，中国文史出版社 1991 年版。

16. 黄苇、夏林根：《近代上海地区方志经济史料选辑（1840—
    1949)》，上海人民出版社 1984 年版。

17. 季立刚：《民国商事立法研究》，复旦大学出版社 2006 年版。

18. 贾西津等：《转型时期的行业协会——角色、功能与管理体
    制》，社会科学文献出版社 2004 年版。

19. 金炳华：《抗日战争与上海》，上海人民出版社 1997 年版。

20. 雷鸣：《日本战时统制经济研究》，人民出版社 2007 年版。

21. 黎军：《行业组织的行政法问题研究》，北京大学出版社 2002
    年版。

22. 刘佛丁、李一翔、张东刚，等：《工商制度志》，上海人民出版
    社 1998 年版。

23. 鲁篱：《行业协会经济自治权研究》，法律出版社 2003 年版。

24. 陆满平、贾秀岩：《民国价格史》，中国物价出版社 1992 年版。

25. 马敏、朱英：《传统与近代的二重变奏——晚清苏州商会个案
    研究》，巴蜀书社出版社 1992 年版。

26. 马长山：《国家、市民社会与法治》，商务印书馆 2002 年版。

27. ［美］曼瑟·奥尔森：《集体行动的逻辑》，陈郁等译，上海三
    联书店 1995 年版。

28. 南京重庆北京市工商行政管理局合编：《中华民国时期的工商
    行政管理》，工商出版社 1987 年版。

29. 潘连贵：《上海货币史》，上海人民出版社 2004 年版。

30. 庞玉洁：《开埠通商与近代天津商人》，天津古籍出版社 2004
    年版。

31. 彭南生：《行会制度的近代命运》，人民出版社 2002 年版。

32. 彭泽益：《中国工商行会史料集》，中华书局 1995 年版。

33. 秦孝仪：《中华民国经济发展史（第二册）》，台北近代中国出
    版社 1983 年版。

34. ［日］青木昌彦：《比较制度分析》，周黎安译，上海远东出版
    社 2001 年版。

35. 全汉升：《中国行会制度史》，百花文艺出版社 2007 年版。

36. 上海百货公司、上海社会科学院经济研究所、上海市工商行政
    管理局：《上海近代百货商业史》，上海社会科学院出版社
    1988 年版。

37. 上海工商社团志编纂委员会：《上海工商社团志》，上海社会科
    学院出版社 2001 年版。

38. 上海社会科学院：《上海解放前后物价资料汇编（1921—
    1957)》，上海社会科学院出版社 1958 年版。

39. 上海社会科学院经济研究所：《荣家企业史料（下册)》，上海
    人民出版社 1980 年版。

40. 上海市纺织工业局、上海棉纺织工业公司永安纺织印染公司史
    料组：《永安纺织织印公司》，中华书局 1964 年版。

41. 沈宗洲、傅勤：《上海旧事》，学苑出版社 2000 年版。

42. 施正康：《南京政府的十年经济》，载许纪霖、陈达凯《中国现
    代化史 第一卷 1800—1949》，上海世纪出版股份有限公司
    2006 年版。

43. 隋福民：《创新与融合——美国新经济史革命及对中国的影响
    （1957—2004)》，天津古籍出版社 2009 年版。

44. 唐振常：《上海史》，上海人民出版社 1989 年版。

45. 陶菊隐：《孤岛见闻——抗战时期的上海》，上海人民出版社
    1979 年版。

46. 汪耀华：《上海书业同业公会史料与研究》，上海交通大学出版
    社 2010 年版。

47. 王菊：《近代上海棉纺业的最后辉煌（1945—1949)》，上海社
    会科学院出版社 2004 年版。

48. 王玉茹、燕红忠：《世界市场价格变动与近代中国产业结构模
    式研究》，人民出版社 2007 年版。

49. ［美］加里·沃塞曼（Gary Wasserman）：《美国政治基础》，陆
    震纶等译，中国社会科学出版社 1994 年版。

50. 熊月之：《上海通史》，上海人民出版社 1999 年版。

51. 徐牲民：《上海市民社会史论》，文汇出版社 2007 年版。

52. 许涤新、吴承明：《中国资本主义发展史　第一卷　中国资本主义的萌芽》，人民出版社 2007 年版。

53. 许维雍、黄汉民：《荣家企业发展史》，人民出版社 1985 年版。

54. 严中平：《中国棉纺织史稿》，科学出版社 1955 年版。

55. 袁愈佺：《日本加强掠夺华中战略物资炮制"商统会"的经过》，载黄美真《伪廷幽影录——对汪伪政权的回忆纪实》，中国文史出版社 1991 年版。

56. ［英］约翰·伊特韦尔、［美］默里·米尔盖特、［美］彼得·纽曼：《新帕尔格雷夫经济学大辞典（第二卷 E—J)》，经济科学出版社 1996 年版。

57. 张捷、徐林清：《商会治理与市场经济——经济转型期中国产业中间组织研究》，经济科学出版社 2010 年版。

58. 张培刚：《新发展经济学》，河南人民出版社 1999 年版。

59. 张铨、庄志龄、陈正卿：《日军在上海的罪行与统治》，上海人民出版社 2000 年版。

60. 张赛群：《上海"孤岛"贸易研究》，知识产权出版社 2006 年版。

61. 张维迎：《博弈论与信息经济学》，格致出版社 2012 年版。

62. 张亚培：《上海工商社团志》，上海社会科学院出版社 2001 年版。

63. 张仲礼：《近代上海城市研究》，上海人民出版社 1990 年版。

64. 赵宁渌：《中华民国商业档案资料汇编第一卷（1912—1928）》，中国商业出版社 1991 年版。

65. 周佛海：《周佛海日记》，中国文联出版社 2003 年版。

66. 朱英：《中国近代同业公会与当代行业协会》，中国人民大学出版社 2004 年版。

67. Bentley A, *The Process of Government*, New Brunswick：Transaction Publishers, 1995.

68. Greif A, *Institutions and The Path to The Modern Economy：Lessons*

*from Medieval Trade*，London：Cambridge University Press，2006.

**（二）学位论文、期刊文章以及论文集等**

1. ［美］阿夫纳·格瑞夫、戴维·莱廷等：《内生制度变迁理论》，刘涛译，《制度经济学研究》2005 年第 2 期。

2. 白平则：《论我国国家与社会关系改革的目标模式："强社会、强国家"》，《科学社会主义》2011 年第 3 期。

3. 毕艳峰：《利益集团视野下的中国近代化同业公会的政治参与》，《河南社会科学》2008 年第 6 期。

4. 陈雷：《国民政府战时统制经济研究》，博士学位论文，河北师范大学，2008 年。

5. 陈涛：《明代食盐专卖制度演进研究》，博士学位论文，辽宁大学，2007 年。

6. 陈争平：《中国早期现代化进程中工商社团的社会整合作用》，第四期中国现代化研究论坛，北京，2006 年。

7. 程洪：《汪伪统制经济述论》，载复旦大学历史系中国现代史研究室《汪精卫汉奸政权的兴亡——汪伪政权史研究论集》，复旦大学出版社 1987 年版。

8. 崔予姝：《马克思市民社会理论研究》，博士学位论文，东北师范大学，2009 年。

9. 杜恂诚：《关于金融法制的几点断想》，载吴景平、李克渊《现代化与国际化进程中的中国金融法制建设》，复旦大学出版社 2008 年版。

10. 杜恂诚：《北洋政府时期的经济》，载许纪霖、陈达凯《中国现代化史 第一卷 1800—1949》，上海世纪出版股份有限公司 2006 年版。

11. 樊卫国：《近代上海的市场特点与口岸经济的形成》，《学术季刊》1994 年第 2 期。

12. 樊卫国：《近代上海非政府组织的社会经济协调作用——以近代经济群体为中心》，《上海经济研究》2007 年第 11 期。

13. 樊卫国：《民国上海同业公会处罚制度及其施行机制》，《社会科学》2008 年第 10 期。

14. 樊卫国：《论民国沪地同业公会与其他社会群体的关系》，《上海经济研究》2009 年第 12 期。

15. 范宇航：《民国时期商法文献举要》，《法律文献信息与研究》2008 年第 2 期。

16. 冯静：《中间团体在现代国家形成中的政治功能研究》，博士学位论文，复旦大学，2008 年。

17. 盖威：《市民社会视角的中国社团立法研究》，博士学位论文，复旦大学，2010 年。

18. 甘慧杰：《论孤岛时期日本对上海公共租界行政权的争夺》，《档案与史学》2001 年第 6 期。

19. 郭强：《论马克思"社会—国家"理论及其当代价值》，博士学位论文，南开大学，2010 年。

20. 郭薇：《政府监管与行业自律》，博士学位论文，南开大学，2010 年。

21. 韩毅：《经验归纳方法、历史主义传统与制度经济史研究》，《中国经济史研究》2007 年第 2 期。

22. 胡光明：《论国民党政权覆亡前的天津商会与工业会》，《天津社会科学》1999 年第 1 期。

23. 黄福才、李永乐：《论清末商会与行会并存的原因》，《中国社会经济史研究》1999 年第 3 期。

24. 黄汉民：《近代上海行业管理组织在企业发展与城市进步中的作用》，载张仲礼《中国近代城市企业·社会·空间》，上海社会科学院出版社 1998 年版。

25. 季铭：《解放前上海粮食同业公会与交易市场情况》，《中国粮食经济》1996 年第 4 期。

26. 姜铎：《上海沦陷前期的"孤岛繁荣"》，《经济学术资料》1983 年第 10 期。

27. 李柏槐：《商民的利益集团：商民协会——成都与上海等地商

民协会差异之比较》，《社会科学战线》2005 年第 1 期。

28. 李景鹏：《中国现阶段社会团体状况分析》，《唯实》1998 年第 8 期。

29. 李永忠：《近现代中国的市民社会问题》，《甘肃社会科学》 2011 年第 3 期。

30. 梁丽莎：《近代工商会馆市场化因素及其对现代市场经济的启示》，硕士学位论文，西北大学，2008 年。

31. 刘殿君：《评抗战时期国民政府经济统制》，《南开经济研究》 1996 年第 3 期。

32. 刘方健：《战时统制经济》，载许纪霖、陈达凯《中国现代化史 第一卷 1800—1949》，上海世纪出版股份有限公司 2006 年版。

33. 刘兰兮：《厦门 15 种重要商品批发物价指数的编制与辨析 （1929—1935）》，《中国经济史研究》2006 年第 4 期。

34. 刘志英：《国民政府对上海"孤岛"的商业管理》，《江海学刊》2001 年第 1 期。

35. 鲁篱：《行业协会经济自治权研究》，法律出版社 2003 年版。

36. 陆和健：《抗战胜利后上海资本家与国民政府关系的演变》，载 张宪文《民国研究（第 16 辑）》，社会科学文献出版社 2010 年版。

37. 马德坤：《民国时期济南同业公会研究》，博士学位论文，山东 大学，2012 年。

38. 马飞跃：《清代工商业会馆公所规章制度探析》，硕士学位论 文，上海师范大学，2008 年。

39. 马力：《主导与共存》，博士学位论文，吉林大学，2009 年。

40. 马敏：《商事裁判与商会——论晚清苏州商中纠纷的调处》， 《历史研究》1996 年第 1 期。

41. 马敏：《中国同业公会史研究中的几个问题》，《理论月刊》 2004 年第 4 期。

42. 马敏、付海宴：《近 20 年来的中国商会史研究（1990—

2009 )》，《近代史研究》2010 年第 2 期。

43. 马敏、朱英：《浅谈晚清苏州商会与行会的区别及其联系》，《中国经济史研究》1988 年第 3 期。

44. 马长林：《民国时期上海金融界银行团机制探析》，《档案与史学》2000 年第 4 期。

45. 聂辉华：《制度均衡：一个博弈论的视角》，《管理世界》2008 年第 8 期。

46. 彭南生：《近代工商同业公会制度的现代性刍论》，《江苏社会科学》2002 年第 2 期。

47. 钱滔：《地方政府、制度变迁与民营经济发展》，博士学位论文，浙江大学，2005 年。

48. 钱滔：《比较历史制度分析（CHIA）述评》，《浙江社会科学》2007 年第 3 期。

49. 秦海：《阿弗纳·格雷夫的历史制度分析》，《经济社会体制比较》2001 年第 2 期。

50. 邱澎生：《商人团体与社会变迁：清代苏州的会馆公所与商会》，博士学位论文，台湾大学，1995 年。

51. 盛洪：《关于中国市场化改革的过渡过程的研究》，《经济研究》1996 年第 1 期。

52. 史晋川：《温州模式的历史制度分析——从人格化交易与非人格化交易视角的观察》，《浙江社会科学》2004 年第 2 期。

53. 宋伦：《明清时期山陕会馆研究》，博士学位论文，西北大学，2008 年。

54. 宋涛：《抗战之后上海市棉布商业同业公会研究》，硕士学位论文，华中师范大学，2012 年。

55. 宋钻友：《从会馆、公所到同业公会的制度变迁——兼论政府与同业组织现代化的关系》，《档案与史学》2001 年第 3 期。

56. 孙景宇：《利益集团与制度变迁——对转型之谜的一个解析》，《江苏社会科学》2007 年第 4 期。

57. 孙立清：《中国民间化行业协会制度经济学分析》，博士学位论文，南开大学，2007 年。

58. 孙丽军：《行业协会的制度逻辑》，博士学位论文，复旦大学，2004 年。

59. 汤兆云：《商业界与上海孤岛的米业市场》，《甘肃社会科学》2003 年第 1 期。

60. 屠世超：《契约视角下的行业自治研究》，博士学位论文，华东政法大学，2008 年。

61. 王春英：《"统制"与"合作"：中日战争时期的上海商人（1937—1945）》，博士学位论文，复旦大学，2009 年。

62. 王琨：《民国时期济南同业公会研究（1929—1948）》，硕士学位论文，山东师范大学，2012 年。

63. 王琳：《沦陷时期的上海市百货商业同业公会研究（1937—1945）》，硕士学位论文，华中师范大学，2012 年。

64. 王相钦：《市场、市场经济与近代市场》，《商业经济与管理》1995 年第 1 期。

65. 王翔：《近代中国手工业行会的演变》，《历史研究》1998 年第 4 期。

66. 王小宝：《上海书业同业公会研究（1930—1937）》，硕士学位论文，东华大学，2011 年。

67. 王玉茹：《城市批发物价变动与近代中国经济增长》，《山西大学学报》（哲学社会科学版）2006 年第 5 期。

68. 魏文享：《近代工商同业公会的社会功能分析（1918—1937）——以上海、苏州为例》，硕士学位论文，华中师范大学，2001 年。

69. 魏文享：《制约、授权与规范——论南京国民政府时期对同业公会的管理》，《华中师范大学学报》（人文社会科学版）2004 年第 4 期。

70. 魏文享：《民国时期的工商同业公会研究（1918—1949）》，博士学位论文，华中师范大学，2004 年。

71. 吴慧：《会馆、公所、行会：清代商人组织演变述要》，《中国

　　经济史研究》1999 年第 3 期。

72. 谢俊美：《清代上海会馆公所述略》，《华东师范大学学报》
　　（哲学社会科学版）2000 年第 2 期。

73. 谢增福：《行业协会功能研究》，博士学位论文，中南大学，
　　2008 年。

74. 徐鼎新：《清末上海若干行会的演变和商会的早期形态》，载中
　　国近代经济史丛书编委会《中国近代经济史研究资料 9》，上
　　海社会科学院出版社 1989 年版。

75. 严跃平、樊卫国：《行会行规的历史比较制度分析：以惩罚机
　　制为中心》，《上海金融学院学报》2012 年第 3 期。

76. 严跃平、樊卫国：《浅析 1937 年之前的上海同业公会价格协调
　　机制》，《上海经济研究》2012 年第 9 期。

77. 杨福林：《国民政府战时贸易统制政策研究》，博士学位论文，
　　江西财经大学，2010 年。

78. 杨庆武：《近代上海旅业同业公会研究》，硕士学位论文，湖南
　　师范大学，2011 年。

79. 杨天亮：《试析汪伪统治时期上海环球货品（百货公司）业同
　　业公会》，载邢建榕《上海档案史料研究　第 5 辑》，上海三联
　　书店 2008 年版。

80. 虞和平：《鸦片战争后通商口岸行会的近代化》，《历史研究》
　　1991 年第 6 期。

81. 虞和平：《以国家力量为主导的早期现代化建设——南京国民
　　政府时期的国营经济与民营经济》，中华民国史（1912—
　　1949）国际学术讨论会，北京，2002 年。

82. 翟梅宇：《民国时期上海地区时装业研究》，硕士学位论文，江
　　南大学，2007 年。

83. 张根福：《汪伪全国商业统制总会述论》，《档案与史学》1997
　　年第 3 期。

84. 张劲：《日伪对华中沦陷区物资的统制与掠夺》，载黄美真《日
　　伪对华中沦陷区经济的掠夺与统制》，社会科学文献出版社

2005 年版。

85. 张赛群：《抗战前期租界当局对上海"孤岛"的商业管制》，《江苏行政学院学报》2005 年第 3 期。

86. 张胜平：《上海市轮船业同业公会研究 1925—1949》，硕士学位论文，东华大学，2009 年。

87. 张姚俊：《维护商业诚信的制度化探索——20 世纪三四十年代上海同业公会业规刍议》，载上海市档案馆《近代城市发展与社会转型——上海档案史料研究》，上海三联书店 2008 年版。

88. 张忠民：《从同业公会"业规"看近代上海同业公会的功能、作用与地位——以 20 世纪 30 年代为中心》，《江汉论坛》2007 年第 3 期。

89. 赵国壮：《从"自由市场"到"统制市场"：四川沱江流域蔗糖经济研究（1911～1949）》，博士学位论文，华中师范大学，2011 年。

90. 赵志勇：《论市民社会与国家二分架构——市民社会与国家关系研究》，博士学位论文，吉林大学，2010 年。

91. 郑会欣：《战前"统制经济"学说的讨论及其实践》，《南京大学学报》（哲学·人文科学·社会科学版）2006 年第 1 期。

92. 郑泽青：《近代上海工商业同业公会机构和职能述评》，载上海市档案馆《档案里的上海》，上海辞书出版社 2006 年版。

93. 朱婷：《抗战胜利后南京国民政府对花纱布的统制》，载张忠民等《近代中国的企业、政府与社会》，上海社会科学院出版社 2008 年版。

94. Becker G S，"A theory of competition among pressure groups for political influence". *Quarterly Journal of Economics*，Vol. 98，No. 3，1983.

95. Elinor O，"A Behavioral Approach to the Rational Choice Theory of Collective Action". *The American Political Science Review*，Vol. 92，No. 1，1998.

96. Greif A，"Contract Enforceability and Economic Institution in Early

Trade: the Maghribi Traders' Coalition". *The American Economic Review*, *Vol.* 83, No. 3, 1993.

97. Greif A, "Cultural Beliefs and the Organization of Society: A Historical and Theoretical Reflection on Collectivist and Individualist Societies". *The Journal of Political Economy*, Vol. 102, No. 5, 1994.

98. Greif A, "History Lessons: The Birth of Impersonal Exchange: The Community Responsibility System and Impartial Justice". *The Journal of Economic Perspectives*, Vol. 20, No. 2, 2006.

# 后　记

　　本书是在笔者博士论文的基础上修改完成的，2013 年从上海社会科学院经济研究所毕业，时光荏苒，白驹过隙，一转眼四年已经过去。书山有路勤为径，学海无涯苦作舟。2010—2013 年短暂的博士生涯，是我一生中非常重要的学习阶段。在学术科研领域，从最初的懵懂到逐渐了解其中的奥秘，最终爱上了学术研究中的乐趣；心态上，从起初的浮躁到毕业时的理性，我更清楚学术研究中的信念和追求。宝贵的求学经历，让我对经济史的兴趣日益深厚。

　　回想博士求学三年中，上海社会科学院给我留下了太多的美好回忆。在这所学术殿堂中，我很荣幸遇到了很多良师益友，他们给我的学习和生活带来了极大的帮助。首先是我的导师樊卫国研究员，他对上海近代经济史有很深的研究造诣，治学严谨，多次找我面谈，询问研究方向的心得和进展。每次完成一篇论文，樊老师都会非常仔细地阅读并指出存在的问题，从写作思路、论证、结论、行文直到文章的格式，甚至是一个标点都能提出修改意见。毕业以来，我在学术道路上逐渐成熟，对樊老师是发自内心的尊敬和感谢，让我由衷地想到了："一日为师，终身为父。"其次社会科学院经济所的其他老师也对我提供了无私帮助，张忠民老师无论在课上还是课下，都给我道出了许多宝贵的治学经验，使我受益匪浅，他对经济史的理解尤其令我敬佩和尊敬。陆兴龙老师是一位非常和蔼可亲的长者，他给我提供了许多上海近代企业史有关史料。朱婷老师对我论文写作有非常大的帮助，其中有关战后南京国民政府实行花纱布统制的大部分资料都来自于她。另外，经济所钟祥财、贺水金、李正图、方书生等老师和朋友都对我的论文提出了宝贵的意见，在此一并感谢。

书稿完成，我非常感谢我的妻子李燕君。当我到上海攻读博士学位时候，儿子汉琪才一岁。除了上班，她还要照顾孩子，每当儿子生病时，我都无法尽到做父亲的责任，我不免心生内疚。毕业之后，一直从事经济的研究，经常需要到上海档案馆查询史料档案，她一直在支持和鼓励我永不放弃。现在儿子已经八岁了，在这个过程中她的付出是最多的。我还要感谢岳父母，他们从退休以后一直帮我照顾这个家，儿子的成长与他们的精心照料是密不可分的。书稿的完成，也离不开我妹妹的支持。

在做论文和书稿的过程中，我非常感谢社会科学院图书馆和上海档案馆的文献支持，如果没有这些宝贵的资料，很难想象本书写作的进度。在社会科学院的小院里，求学中遇到许多志同道合的同学，我们经常一起讨论学习，使我的博士学习充满了动力和乐趣，毕业多年，友情难以忘怀。吴治忠、宋剑奇、周婷、李文俊、王永华等同学陪伴我度过了难忘的三年，我在此表示深深的感谢。

本书对博士论文进行了大量的修改，通过最近几年的史料收集和整理，特别是对于之前的一些不成熟的看法，有了新的感受和认识。博士论文中集中于同业公会对国内市场价格的协调，博弈的对象限于政府和国内市场经营者。而通过挖掘史料，发现同业公会价格协调和管理的职能，远不止在国内市场，其博弈对象还有外国公会和厂商，围绕这些问题，同业公会的价格协调更具有经济意义，比如面对洋货倾销，同业公会就是一股非常重要的反倾销力量，与政府和企业构成反倾销的经济主体。所以，在本书中，笔者特意增加了同业公会在反倾销中的价格协调作用论述。

当然，由于笔者水平有限，书中难免纰漏和不周之处，还请读者朋友们批评指正。